JN173056

建築環境

松原斎樹・長野和雄 編著

芳村惠司・宮本雅子・宇野朋子
甲谷寿史・竹村明久・川井敬二 著

学芸出版社

はじめに

　本書『図説　建築環境』は、建築環境工学の教科書であるが、建築計画原論から発展した分野であることを強調する意味も込めて、このタイトルにさせていただいた。建築環境工学は、機械設備を駆使した工学的技術に重点をおいた教育に比重が移りつつあると言えるだろう。しかし、建築環境工学はあくまでも建築空間をデザインすることで健康で快適な環境を創り出すための知識・技術を教える科目であり、機械やエネルギーを使用することは、最小限にとどめるべきことを強調したいという気持ちの表れである。もちろん、難易度としては、我が国の建築士制度を踏まえて、一級建築士受験のレベルを目標としている。

　多くの大学では、建築環境の科目は2年生ないし3年生で必修科目とされていることが多いだろう。まだ、ゼミ配属前であるし、意匠系、計画系を希望している学生も多い中で、必修で教えることの苦労を長年経験してきた立場から考えてみた。講義が始まると同時に、熱貫流率や換気量の計算を教えても、なぜ、建築を学ぶ中でそれが大切なのか、がピンと来ない学生、あるいは意義はわかるけど面白くない、という学生は、少なくない。学ぶ学生のモティベーションを高めるにはどうしたらいいのだろうか、と長年考えてきた。

　そこで、思いついたのが、設計演習で出題された課題のエスキスを考えるヒントが得られるような写真や図版をとっかかりにすることだった。2章〜6章の各章の冒頭は、「イラストと写真で学ぶ○○のデザイン」と題して、建築環境の知識・技術を直感的に伝えて、設計演習で出題された課題のエスキスを考えるヒント、造形のヒントにしてもらう努力をしてみた。形を考えることは設計・デザインの大きな部分を占めるが、その根拠として採光、日よけ、通風・換気、防風、遮音…のイメージを活かすことは、省エネルギー的であり、地球温暖化防止に有効であるし、その上で、美しい造形をめざしてほしいと思う。

　また1章は、類書の序論と比較すると、やや個性的なものになっている。これは、編著者のこだわりであるが、建築環境は、単なる技術学ではないので、学問のルーツについては、是非とも触れたかった。産業革命以後の、住宅・都市の劣悪な環境を改善する「正義の味方」のような活動が、建築環境分野のルーツなのだ、ということを知ることも、学ぶモティベーションを高めるだろう。また、R. バンハム（堀江悟郎訳）の『環境としての建築』には、この科目と近代建築史の接点とも言える話題が多いので、本書でも随所で引用をさせていただいた。

　本書が、4年生大学はもとより、短期大学、工業高等専門学校、専修学校等で建築を学ぶ学生のよきパートナーとなってくれることを期待したい。

松原斎樹

01

建築環境とは

1・1　建築環境と人間の暮らしの変化

1　なぜ建築環境を学ぶのか？

　建築学、住居学を専攻する学生諸君が、本書を学ぶ理由は、建築環境が建築・住宅のありかたの根本に関わる内容だからであり、よい建築設計をするためである。建築の設計・デザインというと、形や色のことを思い浮かべる人が多いだろう。しかし、建築は彫刻と異なって、その内外で人間が生活をするものなので、生活しやすい快適な環境が形成される必要がある。同時に、省エネルギー的であるべきだ。具体的には、夏に涼しく過ごすためには、日よけ、通風などに配慮すること、冬に暖かく過ごすためには、壁や屋根・床の断熱、日射熱の活用などに配慮すること、また、音の面でも適度な静けさ・心地よさを実現するためには、窓や壁の遮音性能や吸音性能を考慮すること、光の面では、家事や読書・TV 視聴などがしやすい明るさを考慮することなどが必要である。そのためには、建築に

おける熱・空気・音・光の物理的な挙動に関する知識が必要となる。「建築環境（工学）」はこれらの基礎的な知識を学ぶ科目であり、設計演習・デザイン実習等の課題のエスキスを考えるときに有益な知識として活用できる。建築デザインを考える上で、極めて重要な事柄を学ぶ科目だ。**無駄なエネルギーを使わないで、快適な空間を実現するデザインを発想するための基本を学ぶ科目である。**

2　建築の進化と要求されるもの

　人類が建築を作りはじめた理由の一つは、外敵や自然の脅威から身を守ることであるが、他にも風雨をしのぐこと、そして何よりも、体温調節のため、という理由は重要であった。

　生物としてのヒトは深部体温を約 37℃ に保つ恒温動物であり、体温調節の能力をもっており、そのために自律性体温調節と行動性体温調節を駆使している。摂取カロリーの 80% が体温調節に消費されると言われており、体温を維持することに大きな労力が割かれていると言える。建築＝シェルターの建設も行動性体

図 1・1　高温乾燥地域の住まい　トルコ ハランの納屋と住居 (出典：吉田桂二『図説　世界の民家・町並み事典』柏書房、pp.104 〜 105)

図 1・2　高温多湿地域の住まい　カレン族高床の家 (出典：吉田桂二『図説　世界の民家・町並み事典』柏書房、p.67)

図 1・3　寒冷地の住まい　ポーランド イステブナの住宅 (出典：吉田桂二『図説　世界の民家・町並み事典』柏書房、p.170)

温調節の一種であり、これが建築活動の始まりである。当初は、技術も低い状態で、防暑防寒を重視して建てるわけであるから、当然、その地域で入手しやすい材料を用い、地域の気候条件に適応した形態の建築が作られることとなった（図1・1〜図1・3）。室内気候をある範囲に収めるようなデザインについて生気候図が提案されている（図1・4）。この図は、人間が快適と感じる温湿度範囲に加えて日射や風速などが体感温度に与える影響を図示しており、デザイン的に日除けや通風を工夫することで快適な状態が得られることを示している。

気候条件に適応した建築には、造形的な制約があるので、自由にデザインをしたいという欲求をもつデザイナーは、この制約を取り払うことを切望した。この願望は技術の進歩の中で、エネルギー消費の増大という犠牲をはらって達成されていった。長いスパンで見ると世界人口は急速に増加し、都市が拡がりつづけてきた。世界人口は現在約65億人であるが、西暦1500年には約10億人、産業革命が起こる前は20億人、20世紀初頭には約40億人にすぎず、20世紀以後の増加が著しい。また、人口増加とエネルギー消費量の増加には、かなり密接な関連が見られる（図1・5）。

都市では建築が高密に立ち並ぶので、伝統的民家のような気候適応した形態の維持は困難であるが、エネルギーの浪費を避ける造形的な工夫はたくさんある。

人間活動によって都市が汚染されてきても、広大な自然環境があれば、十分に希釈されて改善されると考えられてきたが、今日では、人口の増加が著しく、人類が発生させる汚染が地球レベルにまで進み、人類の生存が脅かされるレベルに到達しようとしている。このことを建築の専門家として受け止める必要がある。

3 近代主義の建築デザインの功罪と建築環境

建築の形態は、構造技術・新材料の開発が進むにつれて、自由度が増してきた。しかし、構造的には建築可能であっても、温熱環境などがある程度の範囲に保たれなければ、人間の居住する建築として実現しえない。その点では、20世紀初頭に開発された空調技術は、建築の形態を地域固有のものから解き放つ決定的な役割を果たしたと言える。空調を利用すれば寒暑は調節出来るので、エネルギー消費を問題にしなければ、気候条件を無視したデザインが可能になったのである。

古代ギリシャの時代から建築は芸術の一分野でもあり、西洋でも日本でも建築は美しさや芸術性を表現する対象でもあったが、技術が低い段階では造形的な制約が大きかった。その点では、鉄とガラスとコンクリートを自由に使えるようになった時代には、近代主義の建築が興隆し、空調技術の恩恵を受けて、世界各地に自由なデザインの建築が広く建設されるようになった。バンハム（1980）は、エネルギーコストを気にしなければ「今や世界中のどんな地域でも、好きなところで好みの名のついたどんな姿や形の家にも住むことができる…。湿気の多い熱帯で低い天井の下に住むこともできるし、北極で薄い壁の中にも、砂漠で断熱していない屋根の下にも住むことができよう」と述べている。この予想は極端としても、その後、建築がエネルギー多消費の元凶と化していったことは事実である。コンパクトなエアコンをバンハムが「不吉な前兆」と

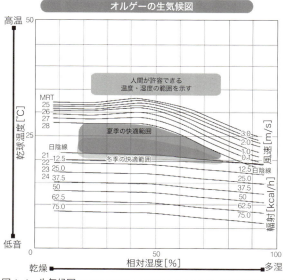

図1・4　生気候図（出典：前真之「人の暮らしとエネルギー消費の現実」http://dannetsujyutaku.com/serial/column/3_index/3_03）

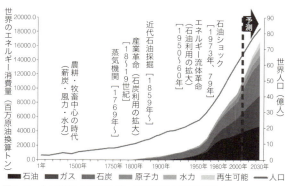

図1・5　人口増加とエネルギー消費量の歴史的変化（出典：資源エネルギー庁HP　http://www.enecho.meti.go.jp/about/whitepaper/2013html/1-1-1.html）

称したのは言い得て妙である。

　ファンズワース邸（図1・6）は、独身女性医師の週末住宅として計画されたが、日射遮蔽が不十分で通風も自由に出来なかったためにかなりの暑さに苦しんだと言われている。一方、P.ジョンソン自邸（図1・7）は、設計者本人がファンズワース邸のスケッチを見たと述懐しているように、造形的には似ているが、樹木での日よけと目隠しがなされており、また通風も可能であったために、居住性はかなりましであったと言われている。同じようなデザインでも、日よけや通風等の配慮により、室内環境がかなり異なる例である。

　ル・コルビュジエの作品である救世軍難民院（1929、図1・8）はブリーズソレイユと呼ばれる日よけが南前面に設置されている。しかし、この建築は当初ブリーズソレイユがなく、夏期には南面窓から流入する多量の日射熱のため、居住者はたいへんな暑さに苦しんだ。当初は暑さ対策として二重ガラスにして、その隙間を

空調することになっていたが、建設費の高騰などにより、設置予定だった中央冷却装置は設置されなかったからだという。その後、1935年に開閉可能窓に変更され、第二次大戦後にブリーズソレイユが設置されている（図1・9）。ただし、二重窓の間を空調する案は、熱的にはまずい計画であったことは、本書の4章を勉強するとよく理解できるはずだ。

　以上の例は、見た目のデザインを偏重してガラスを多用し、温熱的快適性やエネルギー消費量を軽視した事例の一部である。

4　環境配慮デザインへの変化

　環境配慮の乏しい建築デザインは、最初は、エネルギーコストの問題として、そして、90年代からは地球温暖化の問題として、意識されるようになって来た。我が国では、1970年代のオイルショック（政治経済的な原因）を契機として、省エネルギーが注目されるよ

図1・6　ファンズワース邸（出典：『熱と環境』Vol.32、p.8、1991）

図1・7　P.ジョンソン邸（出典：『熱と環境』Vol.32、p.8、1991）

図1・8　救世軍難民院（初期）（出典：R.Banham, *The architecture of the well-tempered environment*, The second Edtion, The University of Chicago Press, p.156, 1984）

図1・9　救世軍難民院（ブリーズソレイユ設置後）（出典：R.Banham, *The architecture of the well-tempered environment*, The second Edtion, The University of Chicago Press, p.157, 1984）

うになったが、90年代以後は情勢が一変した。地球温暖化＝気候変動は、エネルギー消費自体が問題になるからである。建築分野から排出される温室効果ガスの緩和対策が問題とされるようになってきた。

このような中で、施主や設計者の任意の努力ではなく、社会的な仕組みを作って、建築の消費エネルギーや環境負荷を抑制することが議論されてきた。例えば環境負荷を設計段階で予測評価するシステムとしてBREEAM（英国）、LEED（北米）、CASBEE（日本）などがある。また、法律や基準によって、省エネルギー建築を促進することなどがあり、社会との関わりに関しては1・3でもう少し詳しく述べる。

EUでは1992年に建築家の手引きとして『エネルギー配慮デザイン（Energy Conscious Design）』という書籍を出版している。我が国では、国土交通省が「自立循環型住宅」を提唱し、設計ガイドラインを作成している。太陽熱、太陽光、風などを最大限に活かすような設計を意図しており、90年代以後の、気候適応の動きといってよいだろう。

近代主義建築を意識したものとして脱近代（ポストモダン）のデザイン潮流もある。近代主義が装飾を廃し、シンプルな機能美を追究したことに対するアンチテーゼという面が強いが、中にはVernacularという潮流もあった。これは、エネルギーと設備依存であった近代主義建築を気候適応していた伝統的建築の方向に回帰させようとするものだと考えられる。建築の世界が地球環境問題への対応を迫られている今日、参考にすべきことは多いと思われる。

5　生活水準の向上と建築環境

エネルギー消費増大のもう一つの原因は、人々の快適さへの欲求が高まり、暮らし方・住まい方が変化し

てきたことである。

居住者の欲求が高まり、暖冷房、照明等のエネルギー消費量が増大していると考えられる。図1・10は、我が国の1973年以後の部門別のエネルギー消費量を示している。産業、運輸と比較すると、快適性の高まりによる民生部門（業務他部門＋家庭部門）の伸びが大きい。家庭と職場における快適性の要求が高まっていることの表れである。また家庭用の内訳（図1・11）では、給湯・暖房等、寒暑の感覚と関連するエネルギー消費が大きい。家庭用エネルギー消費量の推移は、2005年頃までは増加、その後横ばいから減少に転じており、減少した理由は、省エネルギー技術の普及、省エネルギー意識の高まり等である。以上より、省エネルギーを実現するためには、建築というハードウェアの性能だけではなく、居住者の欲求・満足をあわせて考える必要性がある。建築デザインが、エネルギー配慮型であるか否かを検討する場合にも、建物の断熱性能や気密性能のみでなく、通風・換気の行動がしやすいか、どのような環境が求められるのか等の観点から考えることは重要である。生活水準・快適さを高める欲求の評価は重要な論点であり、心理学的な観点（1・5参照）から学ぶ姿勢も必要である。[1]

1・2　建築環境工学の歴史

1　産業革命期およびその後の住環境

人類の生存環境を考える時、18世紀の英国で起こった産業革命（1760～1830年）は、人々の生活環境を大きく変化させるほどの影響を持っていた。工場労働者の需要に対応するために、多くの人々が農村から都市に移動し、都市人口は急増した。当時の都市には、

図1・10　わが国の部門別エネルギー消費（出典：資源エネルギー庁「総合エネルギー統計」、内閣府「国民経済計算」、日本エネルギー経済研究所「エネルギー・経済統計要覧」を基に作成）

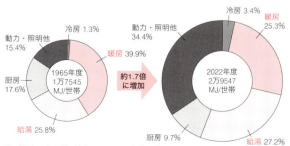

注：「総合エネルギー統計」では、1990年度以降、数値の算出方法が変更されている。

図1・11　わが国の家庭用エネルギー消費の内訳（出典：資源エネルギー庁「エネルギー白書2024」をもとに作成）

これらの市民の生活を支えるだけの住宅やその他の条件が整っていなかったので、その結果、都市、住宅の環境や、人々の衛生状態は極めて劣悪なものになった。このあたりの状況についてはチャドウィック、**エンゲルス、ベネヴォロ**などの著作に詳しい。当時のロンドンの貧民街（図1·12）、過密住宅の図面（図1·13）に見られるように、極めて劣悪な環境であった。

一方、蒸気機関の発明が海運を発展させ、船による人々の移動が盛んになり、インドからコレラがヨーロッパにもたらされて1830年代に大流行するなど、猛威を振るった。これらの社会情勢の中で、健康的な環境を整えるために、いろいろな法律や条例の制定が行われた。英国では1840年代に近代的給排水設備の条例、公衆衛生法が作られ、1858年のテムズ川の「大悪臭」を受けて、上水道と下水道を本格的に改良する工事が行われた。ドイツでは1860年代に大学で衛生学教室の設立があいついだ。米国では南北戦争（1861～65年）の後、工業が急成長し、東部の都市が急成長して環境悪化が進んだ。これに対し1870年ワシントン市給排水設備規則が作られた。

以上にみられるように、大気、水、気候などが健康に大きな影響を与えることはよく知られていた。これらの時期には、建築の専門家ではなく、医者・医学者が住まいの衛生の問題に深く関わっていた。

2 医学・衛生学から建築衛生学へ

前項では、人々の健康が問題になった時に、下水道などの給排水設備に解決を求めた例を見た。一方、図1·14は健康のために換気のよい建築設計を医者が行った例（Heyward博士のオクタゴン）である。当時の照明はランプやろうそく、ガス灯など裸火の燃焼によったので、照明を使用することは室内空気の汚染をもたらした（図1·15）。オクタゴンの設計は、室内空気を少しでも清潔に保つために、換気を意図して建物の断面・平面を工夫したものである。注意すべき点は、建築の専門家がこの種の課題に興味を示さなかったことである。建築を芸術作品として扱える裕福な施主を対象としており、庶民の住まいや暮らしには関心がなかったのかも知れない。

図1·12　産業革命期のロンドンの貧民街（出典：Leonard Benevolo, *Storia della citta*, Editori Laterza, p.745, 1978）

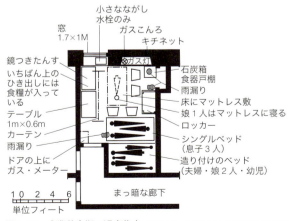

図1·13　産業革命期の過密住宅（出典：L. ベネヴォロ, 横山正訳『近代都市計画の起源』鹿島出版会、p.37）

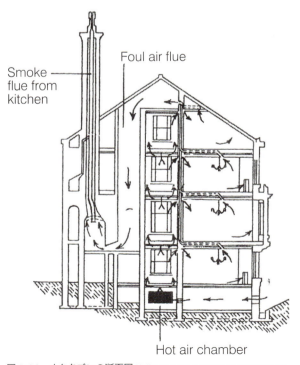

図1·14　オクタゴンの断面図（出典：R.Banham, *The architecture of the well-tempered environment*, The second Edtion, The University of Chicago Press, p.36, 1984）

我が国では、明治期の文豪森鴎外が、建築環境工学の研究のルーツの一人と考えられている。森林太郎（鴎外の本名、図1・16）は軍医であり、衛生学の研究のためにドイツに留学し（1884年）、換気理論で有名なペッテンコーフェル（近代衛生学の父。ミュンヘン大学衛生学教室初代教授）、コッホ等に師事し、帰国後の活躍が医学分野と建築分野をつなぐ役割を果たしたと考えられている。

森は留学中に「日本における家屋の民俗学的衛生学的研究（原文ドイツ語）」を、帰国後に『日本家屋説自抄』（1888年）、『陸軍衛生教程』（1889年）を著すと同時に、当時の東京市の都市計画において外観や経済効率だけでなく、人の住生活と保健を中心において衛生都市としようという意欲を持って活動をしていた。東京市は日本の都市計画法制の発端となる東京市区改正条例（1888年8月）と東京市区改正土地処分規則（1889年）を制定した。これに対する批判として、森は「市区改正ハ果シテ衛生上ノコトニ非サルカ」と題する論説を『東京医事新誌』に1889年1月から6回にわたって連載した。上水下水の精査、その結果を検討して計画すべきことなどを主張している。

外観や経済効率でなく、人々の健康のために衛生的な都市を計画するべきであるという思想は（実際はそうならなかったが）、森に限らず、古くはヒポクラテス、あるいはナイチンゲールの著作にも見られるものである。細菌学ではない衛生学の専門家の活躍が今日の建築環境工学につながったと言えよう。

現在の建築学会の前身である造家学会（1886年）が設立され、翌1887年から『建築雑誌』が発刊される。林太郎は1894年に造家学会に招かれて「造家衛生の要旨」という講演を行ったが、この中で造家衛生、建築衛生という言葉が初めて使われた。これらの森や他の衛生学者の活躍に対して、中村（1984）は「日本の建築環境工学の研究は、森林太郎をはじめとするドイツ式衛生学者達によって基礎が築かれたと言っても過言ではない」と記している。しかし、森自身のキャリアからすると、軍医および文学者としての活動に比して、残念ながら、建築環境研究の先達という部分はかなり小さいものであったと言えよう。

その後、京都帝国大学衛生学教室戸田正三教授のもとで、1916年頃から建築衛生学に関する研究が盛んに行われるようになり、雑誌『国民衛生』が発刊される。衛生学者が建築衛生に取り組むにあたり、微生物学から分かれた衛生学の講座を担当することになり、日常生活の中での環境と健康の問題を研究することにしたのである。「困ったことに講義の原稿がない。…仕方がないから講義の方は当分ゴマかして、わが風土と衣食住の諸研究に着手した。或方からは、和食や和服、日本家屋や畳などを研究するのも学問かと冷笑されたが、それらに無頓着に、文献のない俗学研究に突進した」（1954年『国民衛生』21巻）。衛生学者が、建築

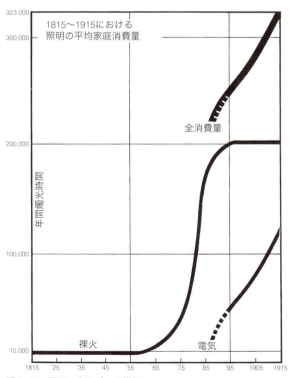

1815〜1915における
照明の平均家庭消費量

全消費量

年間燭光時間

裸火　　　電気

図1・15　照明エネルギーの増加（出典：R.Banham, *The architecture of the well-tempered environment*, The second Edtion, The University of Chicago Press, p.62, 1984）

図1・16　森林太郎（出典：国立国会図書館ウェブサイト　電子展示会「近代日本人の肖像」）

表 1・1　国民衛生掲載の住居衛生学的研究 (出典：中村泰人「環境物理学の歴史」『新建築学大系「環境物理」』彰国社、p.17、1984)

其一　隔壁ノ造構及ビ性質ト気候調節力ノ難易ニ關スル防温、防暑、防寒上ノ諸関係）	小學校舎ノ衛生學的研究（第一編換気ノ部）
疊ノ衛生學的研究	小學校舎ノ衛生學的研究（第二編溫濕度ノ部）
本邦建築材料ノ熱傳導計數ノ測定	室壁材料ノ通氣量及ビ透過性係數、理論的換氣量及ビ換氣囘數ニ就テ
本邦家屋室壁材料ノ比熱（熱容量）測定	普通居室ノ隔壁材ト瓦斯中毒トノ關係ニ就テ
ばらつく生活ノ冬ト夏	石油、瓦斯各煖爐及ビ火鉢煖房法ノ衛生學的比較研究
亞鉛ばらつく建築ノ室溫ノ變化ニ就テ	和洋折衷型室ノ自然換氣並ニ排氣口ノ影響ニ就テ
本邦建築材料ノ比熱（熱容量）測定	室内外ノ溫差ニ基ク自然換氣量ノ測定
隔壁材料ノ熱衛生學的研究	日本家屋ノ自然換氣ニ關スル總合的研究
建築材料ノ吸濕性, 放濕性ニ關スル衛生學的研究	ざいでる氏ノ換氣量測定公式ノ應用
建築材料ノ結露性ニ關スル衛生學的研究	日本家具ノ衛生學的研究
亞鉛ばらつく防暑防寒ニ對スル實驗的研究	朝鮮家屋（おんどる室）ノ衛生學的研究
壁ノ乾燥ニ關スル衛生學的研究	小學校教室内空氣汚染ニ就テ
赤外線ノ性質ト保溫ノ關係ニ就テ	電車ノ衛生學的研究
防暑防寒的效果ヨリ見タル本邦各種造構家屋ノ比較的研究	電車ノ衛生學的研究, 就中其換氣促進方法ニ就テ
屋根ノ防暑的研究（其一）	電車内氣ノ塵埃及ビ細菌ニ就テ
屋根ノ防暑的研究（其ニ）二重屋根ノ應用ニ就テ	電車内ノ空氣傳染、特ニ咳嗽泡沫ノ運命ニ就テ
其ニ　換気及ビ煖房ニ關スルモノ	其三　採光ニ関スルモノ
自然換氣研究法論	本邦氣候ト家屋ノ採光方法ニ就テ
室壁材料ノ通氣量及ビ透過性係數測定	光ノ衛生學的研究概論
炭火中毒	遮光方法ノ衛生學的研究
汽車及ビ自働車ノ換氣ニ就テ	眼瞼閉鎖時ニ於ケル光感ト睡眠時ニ於ケル採光方法ニ就テ
家屋ノ自然換氣ニ及ボス氣流ノ影響ニ就テ	餘ノ考案セル光神計ニ就テ
家屋ノ自然換氣ニ及ボス擴散現象ノ研究	壁ノ色合ト室内照明トノ關係
擴散量, 擴散率並ニ所謂假換氣量の一般的算出法	散光ノ室内分布ニ就テ
火燵デ育ツ本邦乳兒ノ運命	本邦家屋就中市街建築ト其自然採光方法ニ就テ
火燵ノ衛生學的研究	庇及ビ Hope 式窓ニヨル防暑ト室内照度ノ關係
寢床及ビ火燵ノ衛生學的研究ト所謂乳兒ノ壓迫死ニ就テ	
餘ガ考案セル改良火燵ニ就テ	其四　爾他ノモノ
室ノ高低ト煖房體ノ位置トニ因ル煖房能率ノ關係ニ就テ	本邦隔壁材料ノ防響ノ批判
普通燃燒産生物ノ室内ニ於ケル分布ニ就テ	本邦各種上塗壁ノ自然的消毒力ニ就テ
煖房效果ノ簡易增進法ニ就テ	障子紙ノ細菌通過性ト其衛生學的意義ニ就テ
所謂冷却率ヨリ觀測セル夏期ノ興行場内ニ就テ	涙菌ノ培養例
	Deahtnetz ノ應用ニ關スル衛生學的批判

衛生の研究に真剣に取り組んでおり、その後、『国民衛生』には 1 〜 12 号まで 280 編のうち、住居の研究が 61 編掲載されている（表1・1）。

3　建築計画原論から建築環境工学へ

　近年、日本の環境共生住宅の元祖として注目されている聴竹居の設計者である藤井厚二（1888 〜 1938 年）の功績が先の建築衛生学の流れにつづく建築環境工学の前史にあたると言える。日本の気候に適応した住宅をめざして、自らの資産を投入して 5 つの住宅を設計・建設した。各種の壁の熱・換気・通風の性状を調査し、環境工学的な観点から改良を重ね、5 回目の住宅「聴竹居」が建設された（図1・17）。この一連のプロセスに基づいて、「我が国住宅建築の改善に関する研究」（1925 年）と題した論文を著し『国民衛生』に掲載された。のちに一般向けの書籍として出版された『日本の住宅』はこれらをとりまとめたものである。建築出身者として初の建築環境工学の論文を著した、と

図 1・17　聴竹居外観 （提供：竹中工務店、撮影：古川泰造）

評価されている（西山 1976、中村 1984、堀越ら 1988）。藤井は当時の建築学に対して、構造、意匠装飾、歴史の研究は多いが、「設備の学は他学を究むるる人々に全くまかせて建築家は顧みなかった。…衛生上の問題を基礎として吾人の健康を維持し快感を共有するにはいかなる設備を為せば適当なるかを考究するのが衛生設備である」と述べ、建築の専門家が健康・快感の課

表 1・2　環境調節のために考案された設備（出典：堀越哲美他「藤井厚二の体感温度を考慮した建築気候設計の理論と住宅デザイン」『日本建築学会計画系論文報告集』386 号、p.40、表 3、1988）

対象部位等	設備（装置・工夫）	ねらい・効果
平面	南北 2 列に配置	日射調整
	家具の寒暑変化に対応した移動	日射調整
	縁側の設置	日射調整
	開放性・居間中心・可動間仕切り・欄間	気流の促進
	主風向の考慮と平面計画	気流の促進
壁	小舞壁・煉瓦壁が良好	遮熱
	壁内中空層を小区分	断熱
	壁内中空層に外気を流通させる	冷却
床下	床下通風・換気口	湿気除去
	換気筒　土台下空気取入れ	冷却（防犯）
	室内換気筒・換気口	冷却（防犯）
屋根	瓦屋根（柿葺）	遮熱
	屋根裏の利用・妻面の換気窓	冷却
	（冬季閉鎖：暖気の保護）	保湿
	ひさしの設置・深い軒	日射調整・雨仕舞
気象条件	建物周囲の気温分布の考慮	冷却・換気
	気流分布の考慮	冷却・換気
	床下・屋根裏の温度差の利用	冷却・換気
	夏季午後 4 時以後の外気取入れ	冷却・換気
窓	引き違い窓	換気
	ガラスと紙障子の二重窓	防賊風・保湿
	紙障子の散光性	採光

題にもっと携わるべきであると主張した。一方で、都市内の衛生問題など、「都市内での低層密住な地域での町家などの都市型住宅環境調節の具体的手法や設備には触れられて」いないことを、堀越は西山を引用して、「庶民のものとは距離が感じられる」と指摘している。藤井の言う設備とは「環境調節の手法は、主に建築化されたり建築構造そのものの工夫に委ねられたものが多く、いわゆる機械設備とは異なっているものが大半である」「あらゆる機器や構法手法を含む統合化された環境調節手法（ハード・ソフト面）をしめすと解される」（堀越ら 1988）。（表 1・2）

衛生学者・三浦運一の「防暑防寒的効果より見たる本邦各種造構家屋の比較研究」（『国民衛生』1925 〜 26）の中で登場した室温変動率（＝周壁の熱損失係数 / 室の熱容量）は、今日の物理数学的な建築環境工学の端緒的な動きだと言えよう。当時、三浦運一教授の下で助手を務めていた前田敏男は、戦後、室温変動理論など、数学・物理学的手法を導入して、建築の伝熱理論等の構築に貢献したが、衛生学的研究が建築の専門家

に移行していく時期の動きとして興味深い。

1964 年に建築設計計画規準委員会を環境工学委員会と改称し、1965 年の研究年報で「建築環境工学」を建築計画原論と建築設備を総括した呼び名として確立した。

4　建築環境工学の現代史

建築環境工学分野では、しばしば方向性についての議論が起こるが、『建築雑誌』1398 号（1996 年）では、「建築環境工学の新しい展開　環境デザイン学をめざして」という特集が組まれた。この中で、堀江悟郎は、環境工学分野が確立する前後の動きに対して、「本来ならば研究成果を設計に対してもっとわかりやすい形で還元すべきだったが、設計に応用する努力が十分でなかったために、計画学から分離していった」という主旨を述べている。また、将来的には「人間を中心に置いた環境工学」「プレースの環境工学」が盛んになることを予想した。近年は、環境物理学中心の学問から人間の認知的な心理を扱う研究が増えていること、心理も精神物理学的な研究から認知を重視する研究が増えつつあることからすると、この予測はある程度当たっていたと言えよう。

近年の住まいの健康に関しては、1990 年代の室内空気汚染・シックハウス問題があり、建築基準法の改正が急ピッチで行われたことは興味深い。この問題については、住まいの気密性が低い間は特に問題のなかった建材・家具が、高気密化することによって、新たに健康被害を生じさせ、規制対象になったという点が興味深い。今後、歴史的観点から考察することが期待される。

1・3　社会における建築環境

1　環境問題と環境政策

(1)公害対策から環境政策へ

近代における日本の環境政策は、公害対策が始まりであり、当初は、国における施策よりも地域住民の生活に密着した問題として、特に大規模工業地域を有する地方自治体が率先して対策を行い、公害規制のための条例を制定してきた。1949 年の東京都工場公害防

止条例に続き、1950年に大阪府、1951年に神奈川県が独自の公害防止条例の制定を行っている。

一方、国においては、1950年代の水俣病等の公害の対策として、健康目標に重点を置いた施策を行ってきた。そのため、自主的取組や規制的手法が多用される傾向にあり、当時発足した公害対策本部等の組織や、公害対策基本法等、初期の環境法もそれを目的としてきた。その後、環境庁（当時）が発足し、ほぼ同時に制定された自然保護の基本法としての役割を担った自然環境保全法（1972年6月22日公布）やその他法令により、生活環境施設の整備、自然環境や文化的遺産等の保全といった幅広い環境対策へと拡大してきた。

また昨今の社会情勢としては、地球温暖化が重要となってきている。

(2)地球温暖化問題

IPCC（Intergovernmental Panel on Climate Change; 気候変動に関する政府間パネル）第5次報告書（2015年）では、地球温暖化の原因は、人類の活動である可能性が極めて高いと結論づけた。IPCC第5次報告書では、2100年には平均気温が0.3〜4.8℃上昇し、海面は26〜82cm上昇すると予測されている。現状のまま推移すると、生態系の損失などの自然界における影響にくわえて、インフラや食糧の不足、水不足など人間社会を含めて深刻な影響が生じて、人類の生存が脅かされることが危惧されている。建築分野もこの情勢を受けとめて、建物の建設時、運用時、廃棄時に発生する温室効果ガスの排出抑制などの対策を強く意識する必要がある。

温暖化対策の国際会議である気候変動枠組み条約の締約国会議は1995年に第1回（COP1）が開催されており、1997年12月には京都で第3回（COP3）が開催され、京都議定書が採択された。そこでは、日本は第一約束期間（2008〜2012年）においては温室効果ガス排出量を基準年（1990年）比で6%削減する義務を負ったが、森林吸収と京都メカニズムのクレジットを加味して目標を達成することができた。

しかし同議定書では、途上国に対して削減義務を課していないなどの理由により、第二約束期間（2013〜2020年）は不参加となったため、国際的な批判も強かった。

2020年以降の国際協力の枠組みとして、2015年のCOP2I で「パリ協定」が採択され、先進国、途上国すべての国が参加するものとなり、我が国も協定に参加することになった。

(3)地球温暖化と建築

社会経済情勢の変化に伴い、建築物におけるエネルギーの消費量が増加しており、他部門では産業は漸減、運輸が横ばいを示すなか、建築にかかわる民生部門（業務他部門＋家庭部門）のエネルギー消費量は2007年までは著しく増加してきた（90年比で約44%増、73年比で業務部門約2.7倍、家庭部門2.1倍）。しかし、その後は経済危機の影響や省エネルギー対策の進展等の影響もあってやや減少しつつあるが、それでも2020年時点で全エネルギー消費量の約1/3が民生部門である（p.11、図1·10参照）。さらにCOP21（2015年）で採択されたパリ協定では、わが国の温室効果ガス排出量の約束草案（2020年以降の削減目標）は、2030年度に2013年度比26.0%減（2005年度比25.4%減）となっており、建築分野での温暖化対策は喫緊の課題である。建築分野での温暖化対策とは、設備機器の性能や断熱性能の向上のみではなく、配置計画や建築デザイン等を含めた総合的な課題である。

(4)地球温暖化対策と自然保護の推進

京都議定書（1997年）を契機として、我が国の対策も進みつつあり、1998年には「地球温暖化対策の推進に関する法律」（地球温暖化対策推進法）の制定及びエネルギーの使用の合理化等に関する法律」（省エネ法）の改正、2000年には「循環型社会形成推進基本法」が制定された。また、地球温暖化は、人間以外の生物にも多大な悪影響を及ぼしており、少なくない生物の絶滅が進みつつある。地球温暖化防止と並んで生物多様性の保全の動きも世界的に活発になっており、1994年の第1回の生物多様性に関する条約締約国会議（COP1）以降、2年に1回開催されている。日本では、第10回（COP10）が2010年に名古屋で開催され、2024年にはコロンビアで第16回（COP16）が開催された。自然と生物多様性の豊かさが、過去50年間で73%減少したことが、WWFインターナショナルにより報告されており、この事態に建築や都市開発も影響していることを考えると、建築を学ぶ学生もこのような環境問題に深い関心を持つ必要があるといえよう。

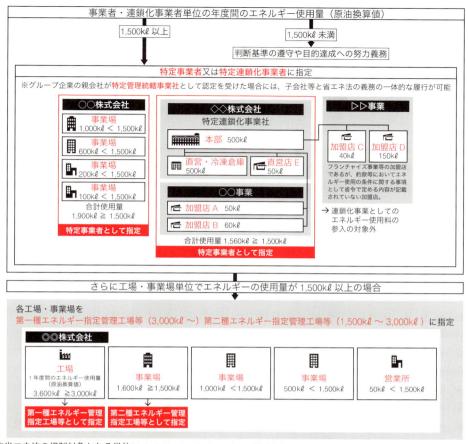

図1・18　建築物省エネ法の規制対象となる単位（出典：資源エネルギー庁ウェブサイト「事業者向け省エネ関連情報　工場・事業場の省エネ法規制」https://www.enecho.meti.go.jp/category/saving_and_new/saving/enterprise/factory/procedure/）

2　省エネ法と建築物省エネ法

(1)省エネ法

1)概要

　1979年に「エネルギーの使用の合理化に関する法律」（省エネ法）が制定された。当時は、第四次中東戦争と関連する原油価格の高騰による石油危機を契機とした、国内外のエネルギー事情の悪化に対応することが求められていた。その後、内外のエネルギーをめぐる経済的社会的環境に応じて、改正されてきた。

　地球環境問題、特に二酸化炭素等の温室効果ガスの排出による地球温暖化への対応が求められるようになり、1997年には京都議定書が採択されたため、1998年に省エネ法の大幅な改正が行われ、トップランナー方式の導入などが行われた。そして、2011年の東日本大震災後の電力不足を受けて、エネルギー消費における電力の使用の見直しがいっそう進められた。2013年には電気の需要の平準化など、ピーク時間帯の節電などの効率的な運用が求められた。住宅・建築物については、2015年に新たに「建築物のエネルギー消費性能の向上に関する法律」（建築物省エネ法）が制定された。省エネ法は、当初は化石エネルギーの使用の合理化が主な目的であったが、2050年のカーボンニュートラルの目標を達成するため、2022年にはすべてのエネルギーの使用の合理化、非化石エネルギーへの転換、電力需要の最適化を目指し、「エネルギーの使用の合理化及び非化石エネルギーへの転換等に関する法律」（省エネ法）として改正された。

2)エネルギー管理の規制対象となる単位

　事業者全体（本社、工場、支店、営業所、店舗等）のエネルギー使用量（原油換算値）が合計1500kℓ/年度以上の事業者は国へエネルギー使用量（原油換算値）を届け出て、特定事業者の指定を受けなければならない（図1・18）。また、フランチャイズチェーン事業者(連鎖化事業者)で、加盟店を含む事業全体のエネルギー使用量（原油換算値）が合計1500kℓ以上/年度以上の事業者は国へエネルギー使用量（原油換算値）を届け出て、本部が特定連鎖化事業者の指定を受けなければ

ならない。さらに、個別の工場や事業場など事業所単位でエネルギー使用量（原油換算値）が 1500 kℓ / 年以上の場合は、当該の工場・事業場のエネルギー使用量（原油換算値）を事業者全体のエネルギー使用量（原油換算値）の内訳としてエネルギー使用状況を届ける必要がある。

(2) 建築物のエネルギー

1) 概要

国の最終エネルギー消費量の約 3 割を占めている建築物分野において、カーボンニュートラルに向けた取組みが急務であり、建築物省エネ法が制定された。2022 年には、「建築物のエネルギー消費性能の向上等に関する法律」（建築物省エネ法）の改正法が公布され、すべての建築物の省エネ基準適合の義務化、省エネ性能の底上げや高い省エネ性能への誘導などの措置が取られている。将来的には ZEH［ゼッチ］（ネット・ゼロ・エネルギー・ハウス）、ZEB［ゼブ］（ネット・ゼロ・エネ

ルギー・ビル）水準の省エネ性能の確保が求められる。

建築物省エネ法は、それまでの普及啓発から、エネルギー消費を強く意識した省エネ設計を促進することを求めた点において、歴史的に大きな変化だといえる。基準や制度は日々更新されていることから、経済産業省や国土交通省の最新の情報を確認していただきたい。

2) 規制措置：省エネ基準適合義務化

すべての住宅・非住宅に対して、新築時に省エネ基準適合義務が課され（2025 年 4 月施行予定）、また、2030 年には新築について ZEH・ZEB 水準の省エネ性能の確保を目指して義務基準の引き上げが行われる予定である。省エネ基準に適合しない場合は、建築基準法の確認済証が交付されないため、建築できない。なお、増改築の場合は増改築部が省エネ基準に適合する必要がある。

3) 誘導措置

住宅・建築物を販売・賃貸する事業者に対して、規定のラベルによる省エネルギー性能の表示が努力義務

図 1・19　建築物の省エネ性能ラベル（住宅［住戸］・第三者評価 BELS）
(出典：国土交通省「建築物省エネ法に基づく建築物の販売・賃貸時の省エネ性能表示制度」建築物の省エネ性能ラベル　https://www.mlit.go.jp/shoene-label/)

図 1・20　建築物の省エネ性能ラベル（非住宅・第三者評価 BELS）
(出典：国土交通省「建築物省エネ法に基づく建築物の販売・賃貸時の省エネ性能表示制度」建築物の省エネ性能ラベル　https://www.mlit.go.jp/shoene-label/)

表 1・3　建築物省エネ法に基づく基準の水準 (出典：国土交通省資料「誘導基準の見直し（建築物省エネ法）及び低炭素建築物の認定基準の見直し（エコまち法）について」（令和 4 年 10 月 1 日施行）をもとに作成。https://www.mlit.go.jp/shoene-label/insulation.html)

| | | 建築物省エネ法 省エネ基準 | 建築物省エネ法　誘導基準 エコまち法　低炭素建築物認定基準 | | ZEB Oriented 相当の省エネ性能 | |
			事務所等、学校等、工場等	ホテル等、病院等、百貨店等、飲食店等、集会所等	事務所等、学校等、工場等	ホテル等、病院等、百貨店等、飲食店等、集会所等
非住宅	一次エネ：BEI	1.0	0.6[※2]	0.7[※2]	0.6[※2]	0.7[※2]
	外皮：BPI	−	1.0	1.0	−	−

		建築物省エネ法 省エネ基準	建築物省エネ法　誘導基準 エコまち法　低炭素建築物認定基準	ZEH
	---	---	---	---
住宅（地域区分 6 の例）	一次エネ：BEI	1.0[※1]	0.8[※2]	0.8[※2]
	外皮：U_A	0.87	0.6	0.6
	外皮：η_{AC}	2.8	2.8	2.8

※ 1：太陽光設備およびコジェネ設備の発電量のうち自家消費を含む。
※ 2：太陽光発電設備を除き、コジェネ設備の発電量のうち自家消費を含む。

化されている。告示に従った表示をしていない事業者は勧告等の対象となる。ラベルには、エネルギー消費性能、断熱性能、目安の光熱費などが表示される（図1・19、1・20）。

　1年間に一定戸数以上の住宅を供給する事業者に対して、より高い省エネ性能を掲げ、達成を促す**住宅トップランナー制度**が設けられている。この制度では、国が目標年度と省エネ基準を超える水準の基準（**トップランナー基準**）を定め、対象事業者においてはトップランナー基準の達成の努力義務が課される。制度の対象は、建売戸建て住宅、注文戸建て住宅、賃貸アパート、分譲マンションであり、順次拡大されている。

　太陽光発電設備などの再生可能エネルギー利用設備の導入促進のため、**建築物再生可能エネルギー利用促進区域制度**が創設された。市町村が促進区域と定めた区域について促進計画が作成・公表された場合に、建築士による再エネ導入効果の説明義務、建築主の再エネ設備設置の努力義務があり、要件に適合している場合の容積率緩和などの特例を受けることができる。

4）建築物省エネ法に係る基準の概要

　建築物省エネ法では**省エネ基準**を設定しており、住宅と非住宅で異なる。住宅の場合は、省エネに直接関係する**一次エネルギー消費量基準**と、ヒートショックや結露などのエネルギー消費では評価されない室内環境維持に関係する**外皮性能基準**に適合する必要があり、非住宅の場合は一次エネルギー消費量基準に適合する必要がある。

　一次エネルギー消費量基準では、設計時の建築設備（冷暖房、換気、照明、給湯、非住宅の昇降機）に係る一次エネルギー消費量の合計から太陽光発電などによる創エネ量を引いた一次エネルギー消費量が、基準値以下となることが求められる。ここでは、設計一次エネルギー消費量を基準一次エネルギー消費量で除した数値、**一次エネルギー消費性能**（BEI 値）で表され、BEI が 1.0 以下の場合に基準に適合していることとなる（表1・3）。誘導基準として 0.6 ～ 0.7 以下となることが求められている。また、非住宅の断熱性能（外皮性能）は、屋内周囲空間（ペリメーターゾーン）の床面積あたりの年間熱負荷を表す**PAL***［パルスター］（図1・22）で表され、誘導基準や低炭素基準では、当該建築物の PAL* を国が定める基準 PAL* で除した **BPI**（Building Palstar Index）が外皮基準として求められている。

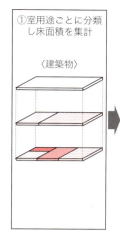

室用途	空調の基準値[GJ/m²·年]	床面積[m²]	各室用途ごとの合計[GJ/年]（基準値 × 床面積）
事務室	1.0	2000	2000
会議室	0.8	1000	800
ロビー	0.9	500	450
更衣室	1.0	200	200
合計		3700	3450

①室用途ごとに分類し床面積を集計〈建築物〉　②室用途ごとの基準一次エネルギー消費量を用いて、設備ごとの基準一次エネルギー消費量を算出（例：空調）

設備ごとの基準一次エネルギー消費量[GJ/年] ＝ 全室用途 Σ（室用途ごとの設備ごとの基準一次エネルギー消費量[GJ/m²·年] × 室ごとの面積[m²]）

③設備ごとの基準一次エネルギー消費量を合計し、建物全体の基準一次エネルギー消費量を算出

建物全体の基準一次エネルギー消費量[GJ/年] ＝ 全設備 Σ 設備ごとの基準一次エネルギー消費量[GJ/年]

図1・21　基準エネルギー消費量の算定

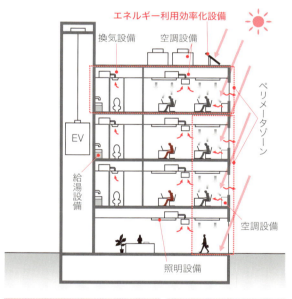

エネルギー利用効率化設備

換気設備　空調設備　ペリメータゾーン　EV　給湯設備　空調設備　照明設備

外皮性能（PAL*）

● ペリメータゾーンの年間熱負荷係数

$$PAL* = \frac{各階ペリメータゾーンの年間熱負荷[MJ/年]}{ペリメータゾーンの床面積の合計[m²]}$$

● 1年間における①～④までに掲げる熱による暖房負荷および冷房負荷を合計したもの
① 外気とペリメータゾーンの温度差：
② 外壁・窓等からの日射熱：
③ ペリメータゾーンで発生する熱：
④ 取入外気とペリメータゾーンとの温湿度の差および取入外気量にもとづく取入外気の熱

ペリメータゾーンとは

各階の外気に接する壁の中心線から水平距離が 5m 以内の屋内の空間、屋根直下の階の屋内の空間および外気に接する床の直上の屋内の空間をいう。

一次エネルギー消費量

空調設備一次エネルギー消費量
＋
換気設備一次エネルギー消費量
＋
照明設備一次エネルギー消費量
＋
給湯設備一次エネルギー消費量
＋
昇降機一次エネルギー消費量
＋
その他（OA 機器等）一次エネルギー消費量
＝
エネルギー利用効率化設備による一次エネルギー消費量の削減量
＝
一次エネルギー消費量

図1・22　非住宅の省エネ基準

住宅においては、外皮性能基準を満たす必要がある。室内と外気の熱の出入りのしやすさの指標として**外皮平均熱貫流率（UA 値）**、太陽日射熱の室内への入りやすさの指標として、冷房期の**平均日射熱取得率（η AC 値）**の 2 つに基準が定められている（図 1·23、1·25）。基準値は地域区分（図 1·24）に応じて設定されている。

5) 建築物省エネ法に係る表示制度 BELS

省エネ性能表示には自己評価制度と第三者評価制度の 2 種類がある。自己評価制度は、事業者が国指定の WEB プログラムなどで自ら評価を行うものであり、第三者評価制度は **BELS**（ベルス、Building-Housing Energy-efficiency Labeling System の略称）と呼ばれ、第三者の評価機関が省エネ性能を評価するものである。BELS では、新築・既存を問わず、すべての建築物の評価が可能である。

ラベルには、住宅ではエネルギー消費性能、断熱性能、目安光熱費、再エネ設備の有無、ZEH 水準、ネット・ゼロ・エネルギーの項目が、非住宅では、エネルギー消費性能、ZEH 水準、再エネ設備の有無、ネット・ゼロ・エネルギーが表示される。

(3) 省エネ法と建築物省エネ法の比較

建築物省エネ法は、建築物の一層の省エネルギー化が求められたことから、省エネ法を補完するために制定された。すなわち、一定規模以上の建築物の建築物エネルギー消費性能基準への適合性を確保するための措置、建築物エネルギー消費性能向上計画の認定その他の措置を講ずることにより、エネルギーの使用の合理化等に関する法律（昭和 54 年法律第 49 号）と相まって、建築物のエネルギー消費性能の向上を目的としている。

省エネ法との最も大きな差異は、省エネ法では届け出義務であったものが、建築物省エネ法では適合義務すなわち確認申請に連動するようになったことである。適合義務の対象は、大規模非住宅からはじまり、住宅まで拡大されてきている（図 1·26）。

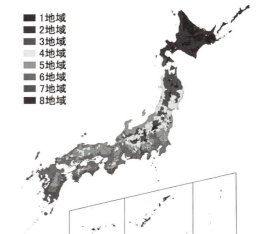

図 1·24　省エネ法における地域区分（出典：国土交通省「建築物省エネ法に基づく建築物の販売・賃貸時の省エネ性能表示制度」ラベル項目の解説 https://www.mlit.go.jp/shoene-label/insulation.html）

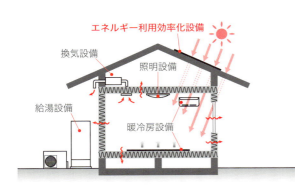

図 1·23　住宅の省エネ基準

※ UA 値は数値が小さいほど省エネ性能が高いことを示します。

※ η AC 値は数値が小さいほど省エネ性能が高いことを示します。

図 1·25　外皮性能と等級（出典：国土交通省「建築物省エネ法に基づく建築物の販売・賃貸時の省エネ性能表示制度」ラベル項目の解説　https://www.mlit.go.jp/shoene-label/insulation.html）

		省エネ法	建築物省エネ法		
		2017（平成 29）年 3 月末まで	2017（平成 29）年 4 月から	2021（令和 3）年 4 月から	2025（令和 7）年 4 月から（予定）
大規模建築物（2,000m² 以上）	非住宅	届出義務［著しく不十分な場合、指示・命令等］	適合義務［建築確認手続きに連動］	適合義務［建築確認手続きに連動］	適合義務［建築確認手続きに連動］
	住宅			届出義務［基準に適合せず、必要と認める場合、指示・命令等］	
中規模建築物（300m² 以上 2,000m² 未満）	非住宅	届出義務［著しく不十分な場合、勧告］	届出義務［基準に適合せず、必要と認める場合、指示・命令等］	適合義務［建築確認手続きに連動］	
	住宅			届出義務［基準に適合せず、必要と認める場合、指示・命令等］	
小規模（300m² 未満）	非住宅	努力義務	努力義務	努力義務建築士の説明義務	
	住宅				
修繕・模様替え設備の設置・改修の届出義務		届出義務［著しく不十分な場合、指示・命令等］	廃止		
定期報告制度		報告義務［著しく不十分な場合、勧告］			

図 1・26　省エネ法と建築物省エネ法における適合義務の変遷

LCCO₂＝設計・建設時に排出する CO₂
　　　＋改修・運用・維持管理時に排出する CO₂
　　　＋廃棄・解体時に排出する CO₂

図 1・27　建築物の LCCO₂ の概要

3　建築物の $LCCO_2$

(1) 概要

　建築のライフサイクルは、企画・設計、初期建設、運用（光熱水、保守管理、修繕）、改修、廃棄されるまでの期間であり、この期間中に、各種の資材やエネルギーを消費することによって、結果的に大気に CO_2 などの温室効果ガスを排出する。

　建築のライフサイクルにおける二酸化炭素の排出量が、$LCCO_2$（ライフサイクル CO_2、生涯二酸化炭素放出量）であり、地球環境に及ぼす影響を定量的に評価する手法の一つである。

　建築の分野では、従来から、LCC（生涯コスト）が経済性評価の手法として、用いられてきた。そこで CO_2 排出量もライフサイクルで評価するようなってきた。具体的には、機器類に関しては、機器能力から CO_2 排出量算出式により、建設分の CO_2 排出量を算出する。ダクト・配管は、CO_2 排出量原単位にダクト面積、配管重量を掛けて建設分の CO_2 排出量を算出する。また、エネルギーについては、CO_2 排出原単位にエネルギー消費量を掛けて、運用における CO_2 排出量を算出する。ある試算例では、建設後の割合は LCC は全体の 70% であるが、$LCCO_2$ では全体の 84% に及び、特に運用に伴うエネルギー消費が全体の 63% を占めていた。これは、設計時に、建築のライフサイクルを考える必要があることを示している。

　$LCCO_2$*（LCCO2 スター）は、CO_2 だけを対象とするのではなく、CO_2 以外の温室効果ガス（フロン、メタン、NO_X 等）を地球温暖化係数 GWP で CO_X に換算して加えたものである。

(2)　CO_2 排出原単位

　排出原単位とは、ある特定の単位当たりの環境汚染物質の排出量を示す値である。地球温暖化の主因とされている二酸化炭素（CO_2）ついては、製品を 1 トン生産する過程において排出される CO_2 の量を「生産量 1 トン当たりの CO_2 排出原単位」という。同様に企業における売上高、国内総生産量（GDP）、あるいは人口 1 人当たりなど色々な CO_2 排出原単位が考えられる。なお、二酸化炭素（CO_2）の排出原単位は、kg-CO_2 で表す（環境情報科学センターの CO_2 排出原単位表より）。

(3) 断熱強化による CO_2 排出換算量の比較

　旧省エネ基準適合から次世代基準適合へと断熱強化した場合、硬質ウレタンとグラスウールの $LCCO_2$ を比較すると、空調負荷低減による CO_2 削減量は同等であるが、硬質ウレタンは製造時の CO_2 排出量がグラス

ウールの約50倍なのでCO_2削減効果が得られない。むしろ、断熱材を増やすほどCO_2排出量を増やす結果となっている。すなわち、断熱強化によるCO_2削減を図るためには、断熱材の断熱性能だけでなく、断熱材そのものの$LCCO_2$削減効果を考える必要がある。

(4)グリーン庁舎

グリーン庁舎とは、「環境配慮型官庁施設」のことであり、計画から、建設、運用、廃棄に至るまでの、ライフサイクルを通じた環境負荷の低減に配慮し、わが国の建築分野における環境保全対策の模範となる官庁施設をいう。

計画・設計に当たっては、「周辺環境への配慮」、負荷の抑制・自然エネルギー利用・エネルギーの有効利用・資源の有効利用などの「運用段階の省エネルギー・省資源」「長寿命化」「エコマテリアルの使用」「適正使用・適正処理」の観点から対策を講じ、環境負荷について、$LCCO_2$を主たる指標として、可能な限り、定量的・定性的な評価を行う。

計画フローは以下の通りである。

基本計画時
①建築・設備種目の決定
②$LCCO_2$およびグリーン配慮度の大まかな目標値設定
③グリーン化技術選定シートによる環境負荷低減技術の選定
④グリーン庁舎チェックシートによる環境配慮の度合いの確認

基本設計後
⑤$LCCO_2$計算法（庁舎版）による$LCCO_2$削減目標達成を確認
⑥実施設計着手

4　ESCO事業

(1) ESCO事業の仕組み

ESCO事業とは、Energy Service Companyの略称で、1970年代に米国で開発された省エネルギービジネスの1つであり、省エネ改修に要する費用を省エネで生み出された光熱費で賄うものである（図1・28）。

ESCO事業者はビルオーナーに対し、工場やビルの省エネルギーの診断をはじめ、省エネルギー方策導入のために、設計・施工、導入設備の保守・運転管理、事業資金の調達など、「包括的なサービス」を行い、そ

れまでの環境条件を損うことなく省エネルギー改修工事を実現し、なおかつ省エネルギー効果を保証する事業をいう。ESCO事業者は、ビルオーナーの省エネルギー効果（メリット）の一部をESCOサービス料（事業者の報酬）として受け取る。

「包括的なサービス」を以下に示す。
①省エネルギー方策発掘のための診断・コンサルティング
②方策導入のための計画立案・設計施工・施工管理
③導入後の省エネルギー効果の計測・検証
④導入した設備やシステムの保守・運転管理
⑤光熱水費削減額の保証
⑥事業資金の調達・ファイナンス

ESCO事業には省エネ改修の費用をビルオーナーが負担する**ギャランティード・セイビング方式**（図1・29）と省エネ改修の費用をESCO事業者が負担する**シェアード・セイビング方式**（図1・30）がある。

またESCO事業は、一般的な省エネ改修工事と異なり、省エネルギー診断から改修工事、設計、工事、設備の運転管理にESCO事業者が包括的に携わり、効果の計測・検証まで責任を持って行うことができるため、省エネルギー効果の保証が可能となる。

この制度によりビルオーナーの省エネルギーへの関心が高まり、社会全体が省エネルギー建築を志向する方向に変化していくことが期待される。

(2) ESCO事業の省エネ改修手法

一般的な省エネ改修手法とESCO事業で用いられる省エネ改修手法を（図1・31）に示す。ESCO事業で用いられる省エネ改修手法は、照明、空調、節水、断熱強化など多岐にわたっており、トップランナー機器や先進的な技術を駆使して省エネを推進し、光熱費の低減を図るものである。

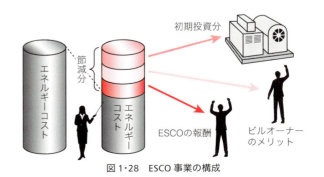

図1・28　ESCO事業の構成

（3）ESCO事業の展望

　ESCO事業の分野は、電気、給排水・衛生、空気調和などを包括しており、いずれの場合においても熱やエネルギーなどによって空気、水をはじめとする環境に大きな影響を与えており、さらにフロンによるオゾン層の破壊などの問題も持ち上ってきた。熱源として用いるシステムによってはCO_2、NO_X、フロン、廃熱など環境に悪影響をおよぼすものを多く排出しており、これらの問題は、関わりが深く避けて通ることができなくなった。特に地球温暖化に対しては「京都議定書」

さらには「パリ協定」が発効し、温暖化対策が強く求められるようになった。

　わが国も、更なるCO_2の削減が必要になった。これを果たすには、今まで以上に環境対策を進める必要がある。環境対策を議論する場合、必ずコストや経済性についての課題が取り上げられる。しかし環境対策は、必ずしも経済性の面で不利になるわけではない。ESCO事業は、その好例である。

　我が国では、高度経済成長期に建築された建築物の数は非常に多く、ESCO事業の潜在的需要は極めて多

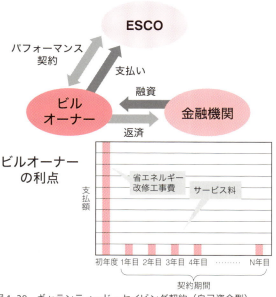

図1・29　ギャランティード・セイビング契約（自己資金型）
（出典：大阪府立労働センター『ESCO事業事例紹介』p.7、2006）

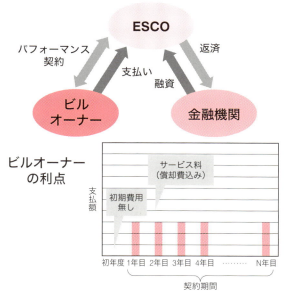

図1・30　シェアード・セイビング契約（民間資金）活用型
（出典：大阪府立労働センター『ESCO事業事例紹介』p.7、2006）

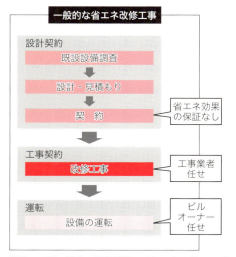

設計、工事、設備の運転管理のそれぞれの契約は、別々となることが多いため、省エネルギー効果を得ることは困難である。

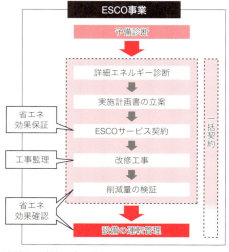

省エネルギー診断から改修工事、導入設備の運転管理に至るまでESCO事業者が包括的に携わり、初期の省エネルギー改修工事の計画を、省エネルギー効果の計測・検証まで責任を持って行うことができるため、省エネルギー効果の保証が可能となる。

図1・31　一般的な改修工事とESCO事業　（出典：大阪府立労働センター『ESCO事業事例紹介』、p.7、2006）

いため、大いに省エネルギー化が期待できる。

(4)我が国のESCO事業

　我が国では高度成長期の昭和30〜40年代に建てられた多くの事務所、公共建物、工場、学校など建築物のあらゆる分野でのリニューアル、改修、改築、修理が迫られている。また地球温暖化対策や省エネルギー対策が求められている。しかし低成長期に入り、資金不足のため必ずしも円滑に進んでいるとは言えない。そこで米国で開発されたESCO事業が取り入れられた。これはわが国の省エネルギー推進に大きな役割を果たしていくものと考えられている。1996年以降、資源エネルギー庁や（財）省エネルギーセンターにおいてESCO事業をわが国に導入する際のさまざまな条件整備や可能性についての検証を行い、導入へと進んだ。また1999年には、エネルギー利用の効率化と地球環境の保全のための全国レベルの組織として**ESCO推進協議会**が設立された。

　2001年には、大阪府立母子保健総合医療センターにおいてESCO事業をスタートさせた。以後、かなりのESCO事業化調査や実施が見られるようになった。

　また全分野のESCO事業実績は、関東が全体の半数近くを占めている。次に中部、近畿となっており、四国・中国、東北、九州、北海道とつづいている（図1・32）。

1・4　各種環境要因の測定

　ここでは環境の測定方法や人間の感覚の測定方法について述べる。

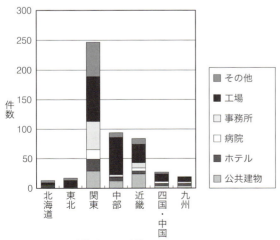

図1・32　全分野地域別ESCO実績（出典：『京都精華大紀要第36号』p.198）

1　環境要因の測定法

(1)気温の測定

①棒状温度計

　液体封入ガラス温度計が正式な名称であり、**水銀温度計**と**アルコール温度計**がある。精度は前者がよいが、水俣条約により水銀温度計の入手は、今後困難になる見込みである。

②オーガスタ式温湿度計

　乾球温度と湿球温度を測定して湿度を算出するものに、**オーガスタ式温湿度計**と**アスマン通風乾湿計**がある。

③アスマン通風乾湿計

　強制通風（5m/s）式の温湿度計（図4・26 ► p.104）。

④熱電対

　異なる2種類の金属を（図1・33）のように接続すると、両端に温度差があるときには、熱起電力が発生し（**ゼーベック効果**）、電圧として測定できる。建築分野で使用されるのはc-c熱電対（銅−コンスタン、Tタイプ）が多い。基準起電力はJISで定められている。

(2)湿度の測定

　乾球温度と湿球温度を測定して、早見表から湿度を読み取る方法が一般的である。湿度計には、センサーに人間の毛髪を使用した毛髪湿度計や半導体センサーを用いたものなどがあるが、現状では、**アスマン通風乾湿計**の示度から湿度を換算するのがもっとも正確である。

　半導体センサーを用いた自動記録機能を持つ温湿度計（**温湿度ロガー**）が増えており、扱いが簡単なため、広く普及している（図1・34）。

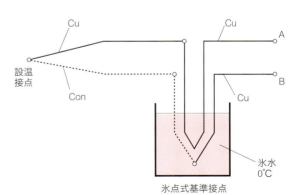

図1・33　ゼーベック効果と熱電対（図のAB間の電圧を測定して温度に換算する）

(3) 放射の測定

放射計を用いる。もっとも一般的な**グローブ温度計**は、直径約15cmのつや消し黒塗り銅球の密閉した内部の温度を測定するものである（図4・25 ► p.104）。

放射温度計、**放射カメラ**は測定対象物の放射エネルギー量を非接触で測定することによって、温度を推定する装置である。スポット型のものと面状に測定できるものがある。建物の表面温度を測定して断熱材の施工不良を確認したり、人体の体表面温度の測定などに使用される。近年では、スマートフォンをサーモカメラとして使用するためのアダプターも市販されており、精度はあまり高くないが、容易に表面温度を測定できるようになっていることは注目すべきである（図1・35）。

(4) 気流の測定

風速計を用いて測定する。建築分野では**熱線風速計**がよく用いられる（図1・36）。これは、加熱した熱線の熱損失と対流熱伝達率（風速の関数）の関係に着目して、風速を測定するものである。熱線風速計のセンサーには、指向性のものと無指向性のものがある。他に**超音波風速計**、ビラム式風速計等がある。

(5) 騒音レベルの測定

騒音計（図6・19 ► p.155）は、人の聴感特性にあわせたフィルターが使われており、A特性とC特性がある。A特性は、等ラウドネス曲線の40phonの聴感曲線 ► p.153 に対応する周波数感度補正のことである。

(6) 照度の測定

照度計が用いられる（図1・37）。多くの場合水平面照度のみを問題とするが、状況に応じて、鉛直照度が問題になる場合もある。温湿度ロガーに照度センサーがセットになった製品もあり、かなり安価に自動記録できるようになってきた。

2 建築環境に関連する心理測定法

建築環境工学の目標の一つは、熱・空気・音・光などの物理環境を人間が快適に暮らせるように整えることである。そのために、心理的な反応を測定する必要がある。心理測定には、様々な尺度を用いる。温冷感、寒暑感、温熱的快適感、音の大きさ、やかましさ、うるささ、明るさ感、まぶしさ感、臭気強度等々である。

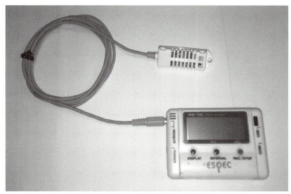

図1・34　小型温湿度ロガー

図1・35　サーモカメラ（出典：FLIR社HPから）

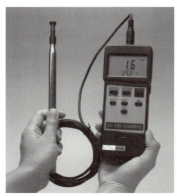

図1・36　熱線式風速計

図1・37　照度計

(1)尺度の種類

　名義尺度とは、電話番号や背番号など、ものの区別や分類のために用いられる数で、名前や記号と同じような性質を持つ。加減乗除いずれの演算も不可能である。

　順序尺度とは、鉱物の硬度、成績の順位などのように、順序を表すものであるが、同じ1番の差異でも、その間隔が等しいとは限らない。大小の比較をし、不等号で示せるが、加減乗除や平均はできない。

　間隔尺度とは、温度、年号などのように、等しい間隔は等しい意味を持つが、原点となる0の位置は任意に決められており、特別な意味はない。加算減算は可能だが、乗算除算はできない。間隔を問題とし、相加平均には意味があるが、比には意味がない。

　比率尺度とは、長さ、重さ、エネルギーなどのように、加減乗除が可能な最も高い段階にある数量である。0は原点であり、特別な意味を持つ。平均を算出することに加え、間隔にも比にも意味がある。

(2)建築環境分野で用いられる心理的評価尺度

1)7段階温冷感尺度

　ASHRAEの7段階尺度（図1・38）はcold-hotを7段階で測定する尺度である。日本語の**7段階温冷感尺度**はANSI/ASHRAE55-2010、ISO7730、ISO10551で定められている尺度の日本語訳である。ただし、英語では、cold-cool -warm-hotという並び方に問題はないが、日本語訳を寒い－涼しい－暖かい－暑いとするとやや問題が生じる。暖かい、涼しいには「快適」の意味が含まれる場合が多いからである。従って、この尺度で測定する場合、各カテゴリー用語は暑さ、寒さの強弱の程度を表すことを明示することが必要である。

　7段階温冷感尺度（**寒暑尺度**）は「寒い－涼しい－暖かい－暑い」という並びの問題点を改善するために、寒い－暑いという言葉だけで構成した尺度である。

```
1  cold
2  cool
3  slightly cool
4  neutral
5  slightly warm
6  warm
7  hot
```

図1・38　温冷感尺度

2)熱的快適感尺度

①単極快適感尺度（図1・39）

　温冷感が、環境温度を温冷感尺度に沿って評価するものであるのに対し、快－不快という感情は別のものであることがわかっている。そこで、温冷感とは別に温熱的快適および温熱的不快を単極尺度（片側尺度）で測定する尺度がある。「快適（0）」から「非常に不快（3）」の4段階、または「極めて不快（4）」の5段階とする。

②7段階快適感尺度（両極尺度）

　中央のカテゴリーを「快適でも不快でもない」（0）として、「非常に不快（－3）」から「非常に快適（＋3）」の7段階で尋ねる尺度である。

③熱的受容尺度

　対象の温熱環境が、受け入れられるか否かを二者択一で回答させる尺度で、ISO10551の和訳である。

④気流感、放射感

　「感じない」「やや感じる」「感じる」「非常に感じる」の4段階で尋ねる方法が多い。

⑤音の大きさ、やかましさ、うるささ

　音の心理評価としては、**大きさ**（loudness）、**やかましさ**（noisiness）、**うるささ**（annoyance）が使われる。

⑥臭気強度

　においの尺度は片側尺度が普通であり、**6段階臭気強度尺度**などがある（図1・40）。

3　測定値と有効数字

(1)誤差と不確かさ

　長さでも重さでも温度でも、測定によって得られるのはもっともらしい値すなわち最良推定値であって、

```
1  comfortable
2  slightly uncomfortable
3  uncomfortable
4  very uncomfortable
```

図1・39　温熱的快適感尺度

```
0：無臭
1：やっと感知できるにおい（検知閾値）
2：何のにおいであるかわかる弱いにおい（認知閾値）
3：楽に感知できるにおい
4：強いにおい
5：強烈なにおい
```

図1・40　6段階臭気強度尺度

どれだけ精度の良い測定器で測っても完全ということはない。そのため、本来の長さ・重さ・温度すなわち真値とは異なる。この測定値と真値の差を誤差という。したがって真値も誤差もわかり得ない。

繰り返し測定すると、測定する環境や手順、方法などにより測定値はある一定の範囲でばらつく。その曖昧さを測定の不確かさといい、誤差の代わりに測定値の信頼性を表す目安として用いられる。例えば、ある場所の気温を繰り返し測定した結果を、

21.6 ± 0.2 ℃

と表したときの 21.6 が最良推定値（平均値）、0.2 が測定の不確かさを指している。0.2 を測定誤差ということがあるが、21.6 は真値とはいえないので、厳密には不正確な表現である。本書でも、誤解を招く恐れがない限り誤差と不確かさを同義として用いる。

もしこの測定結果が正規分布にしたがっており、0.2 ℃ ＝ s.d.(標準偏差) であれば、21.4 ～ 21.8 ℃の間に 68 % の確率で、0.2 ℃ ＝ 1.96 s.d. であれば 95 % の確率で真値があると推定したことになる（図1·41）。

(2) 有効数字と有効桁数

有効数字とは、測定値として意味のある数字のことである。先の例でいえば、21.6 のうち 21 までは確からしく、最後の 6 が 4 ～ 8 の数値を取る可能性があるので不確かである。6 が不確かなのでこれより下位の桁の数字には意味がない。逆に言えば 21.6 までに意味がある。すなわち、有効数字として 21.6 と表すのが正しい。下のように意味のない細かい数字まで示すことは、それだけ精緻な測定値だと誤って伝えることになるので、してはならない。

21.63 ± 0.2 ℃（3 は無意味）

換言すれば、有効数字はその最下位の桁にのみ不確かさを含む。そのため、下のように不確かさを細かく

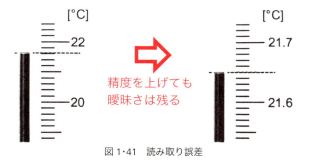

図 1·41　読み取り誤差

（図中）
[℃]　22　20　精度を上げても曖昧さは残る　[℃]　21.7　21.6

表すのも小数第 2 位以降が無意味であり不適切である。

21.6 ± 0.24 ℃（4 は無意味）

したがって、不確かさの桁数はいつも 1 桁（先頭の 0 は桁数に数えない）であり、最良推定値と不確かさの最下の桁位は同じ（この例では小数第 1 位）でなければならない。

このように、不確かさの大きさに応じて測定値の桁を丸めたものが有効数字であるので、桁数や桁位がその数字の精度を表す重要な情報となる。桁位の場合は「小数第 1 位まで有効」、桁数の場合は数値全体の桁数を用いて「有効数字 3 桁」と表現する。この有効数字の桁数を有効桁数という。

(3) 有効桁数の明示

有効桁数は次のように明示方法が決まっている。すなわち、上位から数えて 0 以外の数字から 0 を含む最後の数字（小数点より右にある場合）までを有効桁数とする。

0.000123　0.123　1.23　12.3　123　0.120

これらはすべて有効数字 3 桁である。0.000123 は上位から小数第 3 位まで 0 なので桁数に含めない。同様に 0.120 の 1 の位は桁数に含めないが、小数第 3 位の 0 は小数点以下の位なので桁数に含める。一方、12300 の 0 は不確かさを含んでいるのか、それとも位取りのための数字なのかが曖昧で、有効数字 3 ～ 5 桁の可能性がある。この場合、上位 1 桁目と 2 桁目の間に小数点を置いた指数にして有効桁数を明示できる。

1.23×10^4 …有効数字 3 桁

1.230×10^4 …有効数字 4 桁

1.2300×10^4 …有効数字 5 桁

(4) 不確かさの示されていない最良推定値

本来なら測定により得た最良推定値は測定の不確かさとともに示されるべきであるが、最良推定値を有効数字で示すのみに留まる場合には、四捨五入されて最下位の桁に不確かさを含むように丸められたと考える。

$1.225 \leqq 1.23 < 1.235$

$1.2295 \leqq 1.230 < 1.2305$

$1.22995 \leqq 1.2300 < 1.23005$

(5) 有効数字の計算

有効数字を用いた計算では、その結果のどこまでが

有効かを確かめ、適切な桁数で表さなくてはならない。

　加算の場合、下の例では下線の数字が不確かである。小数第1位に不確かな数字があるので、小数第2位以下は計算しても無意味である。したがって、算出結果も末位が最も上位の数字の桁位（桁数ではない）に合わせる。減算も同じである。ただし、途中計算のときには何度も丸めるうちに最終結果に影響を及ぼすことがあるので、合わせる位よりも一つ下の位まで丸めておいて計算を進め、最後に位を合わせる。

```
  2.3849   ←小数第4位              2.38
 14.2      ←小数第1位             14.2
+ 1.736    ←小数第3位    ⇒      + 1.74
 18.3209                         18.32
```

　乗算の場合、有効桁数の最も少ない数字の桁数（桁位ではない）に合わせる。除算も同じである。ただし、乗除算の場合も途中計算のときには合わせる桁数よりも一つ多い桁数まで丸めておいて計算を進め、最後に桁数を合わせる。

```
    2.384 9  ←有効桁数5桁           2.84 5
 ×    14.2   ←有効桁数3桁        ×    14.2
    4 769 8                       4 77 0
  9 5 396          ⇒           9 5 40
 23 8 49                      23 8 5
 33.8 655 8                   33.8 67 0
     9                            9
```

(6)桁落ち

　減算して、有効桁数が少なくなることを桁落ちという。

$23.7 - 23.4 = 0.3$

　上例では有効桁数3桁同士の計算だが、計算結果は有効桁数1桁となる。このように、桁落ちは近い数字のときに起きやすい。桁落ちしたからといって、小数第1位の数字に不確かさが含まれるので、0.300にはならない。

　次の有効桁数4桁同士の減算の場合も桁落ちするが、1の位まで確かで、小数第1位に不確かさが含まれるので、有効桁数は1桁でも2桁でもなく、3桁になる。

$654.7 - 644.7 = 10.0$

　加算の場合、逆に有効桁数が増えることがある。

$83.2 + 47.2 = 130.4$

(7)有効数字でない数字を含む場合

　有効数字は不確かさを含む測定値の表し方であり、測定値でない数字と混同してはならない。例えば半径 r の円の円周 l を求めるとき、r の最良推定値が3.0なら、

$l = 2\pi r = 2 \times 3.14 \times 3.0 = 19$

となる。2は半径を直径にするための正確な数字であり、敢えて小数点以下を表したとしても無限に0が続くだけのため、表す必要もないし、逆に2が1桁だからといって算出結果を有効桁数1桁に丸めてはならない。円周率は小数点以下に無限に続く数字で、いわば無限に有効であるので、これも有効数字とは関係がない。計算に用いる際には、乗算に含まれる有効数字の桁数が2桁なので、1桁多い3.14として扱えばよい。

(8)誤差論へ

　本書の計算問題では上記の扱いで十分だが、あくまでも測定の不確かさを簡便に扱う方法と認識しておく必要がある。例えば次の2つの測定値 a、b がある。

$a = 39.7 \pm 0.2$（有効数字3桁）

$b = 0.42 \pm 0.01$（有効数字2桁）

　積 ab をこれまでの方法で求めると、有効数字2桁に丸めて

$ab = 17$

となる。しかし a、b は以下の範囲にある。

$39.5 \leqq a < 39.9$

$0.41 \leqq b < 0.43$

　したがって、積 ab の値と範囲は次の通りである。

$16.195 \leqq ab = 16.674 < 17.157$

　このとき、最小値・最大値との差は

$16.674 - 16.195 = 0.479$

$17.157 - 16.674 = 0.483$

となり、多く見積もっても ± 0.5 の差である。したがって、積 ab は有効数字3桁まで表すことができる。

$ab = 16.7 \pm 0.5$（有効数字3桁）

　測定値を扱う際、必要と判断される場合にはより慎重に不確かさを検討することが重要である。詳細は誤差論に関する専門書を参照されたい。

1・5　人間と建築環境

1　物理環境と人間の感覚

(1)建築環境と人間の感覚

　建築環境工学は、熱・空気・音・光等の物理環境要因を調節することに主眼があるが、その目標は居住者

が快適に感じられることである。また、建築作品の説明では、設計意図が問われる。例えば、**受動的に快適な環境が得られる建築を目指したのか、人間がアクティブに行動するために居住者が意識的に環境調節をしないと快適にならない建築を目指したのか**、といった哲学を論じる能力も重要である。環境制御技術が高度に発展して、かなりの程度の環境条件を達成できるようになると、単なる物理量の設計目標値よりも、より上位の設計思想や哲学が重要になってくる。そのためにも、人間の心理的特性に関する知識は重要である。

　さて、建築環境工学の手法としては環境物理学が中心である。しかし、制御された環境が人間にとって快適であり、健康にとっても良い状態でなければならないので、これらの物理条件と人間の感じ方の関係を明らかにする課題も重要である。例えば、**精神物理学**（Psychophysics）は、「刺激の物理的性質と、その刺激によって生じる感覚・知覚などの心理的過程との量的関係を研究する実験心理学の分野」である。この学問は、光分野の**比視感度曲線**（3章▶p.62）音分野の**等ラウドネス曲線**（6章▶p.153）、などに活用されている。建築環境工学分野で重要な感覚は、視覚、聴覚、嗅覚、温熱感覚であるが、これらの感覚を引き起こす環境刺激の役割を考える上で貴重な実験が行われている。

(2)感覚遮断の影響

　刺激が乏しく感覚が生じにくい環境への長時間暴露の影響に関する実験が1950年代にカナダ等でなされた。ヘロンの実験では、被験者は半透明のゴーグルを着用し、腕には筒状のものをかぶせ、ベッドに横たわり、感覚が生じにくい状態にされた（図1・42）。この**感覚遮断**の状態を続けると、早い者は数時間、長い者でも48時間以内に、耐えられなくなった。被験者は学

生であり、20＄/日のかなり条件のよい仕事であった（日本の大卒初任給1〜2万円/月、固定レート360円/＄の時代）。数時間で落ち着かなくなり、さらに時間が経過するにつれいらいらして不安定になったという。思考面では、合理的な推論や簡単な計算ができなくなること、また、知覚面では幻覚・幻聴が起こることも報告された。

　以上より、人間は各種の刺激を感覚として受け取る状態が普通であり、必要なことだと考えられる。90年代になって、外部の刺激が遮断されると、視覚野の興奮が起こることが報告されており、幻覚・幻聴が生じるのは、外部から適当な刺激が入ってこないので、脳の内部で創り出すためと考えられる。

　建築環境に関連づけると、高層住宅の高層階、高速道路の運転、単純な労働環境下でおこると推測される。渡辺（1985）は、戸建て住宅と超高層住宅の印象評価を行い、超高層住宅では閉塞感が大きいことを報告しているが、感覚遮断と関連している可能性がある（図1・43）。

(3)感覚、知覚、認知

　知覚認知も含めて以下のように定義される。

①感覚（sensation）

　感覚受容器に対する単純な刺激により引き起こされる、直接的な感性経験。

②知覚（perception）

　感覚受容器を通して得られる外界の事物、事象および自己の内部状態を知る働き。知覚者の知識、判断、

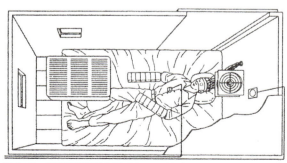

図1・42　感覚遮断実験の図（Heron 1957）（出典：大山正・中島義明編『実験心理学への招待』サイエンス社、1993、p.33）

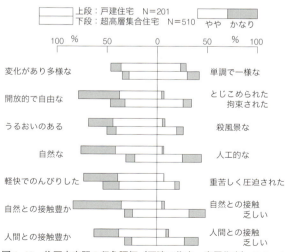

図1・43　住戸内空間の印象評価（戸建て住宅，高層住宅）（出典：渡部圭子「住環境と精神健康」山本和郎編『生活環境とストレス』垣内出版、1985）

過去経験、要求などの内的要因が関係。

③認知（cognition）

人間（または動物）が対象や世界について知るようになること、あるいはその過程。知覚だけではなく、再認、同定、判断、推理、想像、問題解決なども含めた広い過程。

精神物理学的には、外界刺激に対する反応が関数として表現されれば、その反応を目指すべき範囲にすればよいことになる。しかし、外界刺激と人間の内的な反応が、機械的に対応しているわけでないことは、錯覚という現象が存在することからも明らかである。例えば、目に入ってきた光刺激を受動的に受け取って、外界を知るわけではなく、人間自身が移動したり、首を動かしたりして、ものを見て知覚するわけだ。

2　環境認知と感覚の教育

前節では、人間にとってよい物理環境の状態を目標にすべきであることを述べたが、「人間にとってこのましい状態（その基準）」は感覚のみでは決まらないという問題がある。

環境状態の評価を行うために各種の心理尺度が使われる。温冷感、温熱的快適感、音の大きさ、やかましさ、うるささ、照明の明るさ感、まぶしさ感、などがある。これらの尺度は、人間の脳の構造からすると、感覚により近い低次元のものと、より認知的な側面の強い高次のものという区別が可能である。例えば、温

熱的快適感は ASHRAE では「熱環境に対して満足を表明できる心の状態」と定義されており、温冷感より上位の尺度だと考えられる。

また、音の大きさは、音の物理量に沿ったものであるが、うるささ（annoyance）は、経験や記憶、文化的な背景などが関与するより情緒的なものであり、「仕事、やすらぎ、安眠などを妨げる邪魔な音としての印象を表す表現。音の物理的性質よりも聞き手の状態により大きく依存する」と説明されている。

また、人間は、温度や騒音レベルに対しても、環境の絶対値ではなく、現在順応している環境からの変化（相対値）に反応する傾向がある（Helson の順応水準理論）。温度の感覚に関する興味深い実験結果によると、ほぼ同じ順応温度でも変化速度により熱い・冷たい感覚が生じることがわかっている（図1・44）。

人間の認知機能は能動的であることを述べた。人間が建築環境をどのように感じ取っているかは、脳科学の発展に伴って、より理解が深まりつつある。同時に、人間が環境を知覚することは、極めて能動的な活動であって、環境決定論として捉えることは正しくない。

また、快適さの感じ方は、発達過程で形成されていくので、どのように形成すべきかも建築環境の課題として検討が必要になるだろう。近年、肥満や生活習慣病の予防に関連して、食育が叫ばれており、フランスでは、「味の違いを判別し、味の感覚を話す能力は学び、培うものである。学校は味覚の発達にとって重要な役割を担っている」（仏大使館HP）として、小学校で味

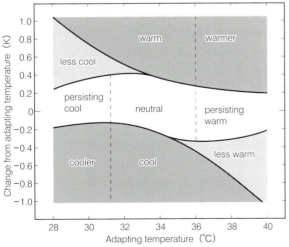

図1・44　順応温度と温度変化に対する温度感覚 （出典：Kenshalo,: Psychophysical studies of temperature sensitivity, In Ed. W. D. Neff, *Contributions to sensory physiology*, Academic Pess NY, 1970）

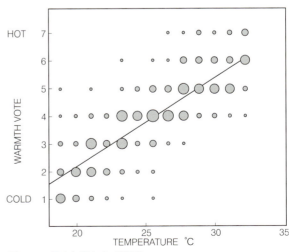

図1・45　温度と温冷感の関連性 （出典：McIntyre, *Indoor Climate*, Applied Science Publishers, 1980）

覚教育に取り組んでいる[*2]。ヘッドフォンステレオを大音量で聴いて難聴になる若者があり、また、オフィスの冷房空間で内臓の冷えによる体調不良の報告もあるので、温熱的快適感や視覚・聴覚等に関わる感覚を育む教育的な取り組みも必要ではないだろうか。

3　個人差を考慮した建築環境（設計）

図1・45は、ばらつきのあるデータを一本の直線で近似したものである。体感温度と温冷感の散布図も同様で、**アダプティブモデル**は、中立を感じる温度を外気温で回帰した線形モデルであるが、この回帰式を算出するベースは、多くのばらついた各個人のデータである（図1・45～図1・48）。

建築環境工学の発展段階として、まず、集団の平均的な快適さの確保を目標にすることは当然だが、進んだ段階としては、より多くの人々が快適に感じる環境、満足できる環境を目標とするべきである。そのためには、個人差への配慮が必要である。この場合、いわゆる障がい者への配慮だけではなく、健常者の中に存在する個人差にも最大限の配慮が期待される。各自に調節を委ねるパーソナル空調は、個人差への配慮の具体例であるが、これ以外のアイデアも含めて、個人差を考慮することが有意義である。

バリアフリーデザイン、ユニバーサルデザイン等の考え方は、肢体不自由者に対する段差のない平面計画など、主として建築計画学分野の課題とされてきたが、

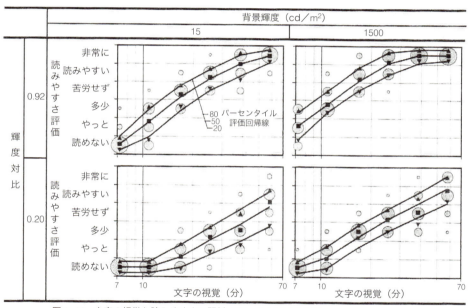

図1・46　文字の視覚と読みやすさの関係 （出典：原直也先生博士論文、p.77、図5.8、1999より）

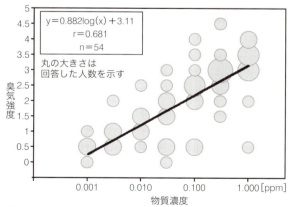

図1・47　硫化メチル濃度と臭気強度の関係 （出典：磯崎文音・光田恵・棚村壽三「硫化メチルの濃度差における臭気質変化に関する研究」『におい・かおり環境学会誌』48巻2号、p.135、2017）

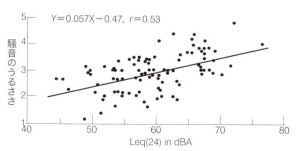

図1・48　騒音レベルとうるささの関係 （出典：佐藤哲身先生博士論文、p.59、図4-6、1993より）

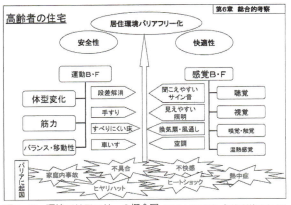

図1・49　環境バリアフリーの概念図 (出典：柴田祥江「居住環境バリアフリー化の視点から見た高齢者の住宅の実態と評価に関する研究」学位論文、2010)

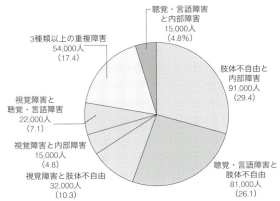

図1・50　視覚障害者の内訳 (出典：厚生労働省「身体障害児・者実態調査」2006)

近年は、環境工学の分野でも、様々な研究が行われており、具体的な成果もあがりつつある。

柴田 (2010) は、建築環境のバリアフリーに関して運動バリアフリーと感覚バリアフリーおよび両者をあわせて環境バリアフリーという用語を定義し、高齢者の住宅環境についての課題を整理している (図1・49)。

明確な障がいに限らず、一般的に環境への適応力には、さまざまな個人差がある。障害者手帳を交付されている視覚障がい者は約32万人 (内、最も重い1級が10万5000人) だが、全盲者はその一部にすぎない (図1・50)。さらに、障害者手帳を持たない人の中にも、視力の差はかなりあり、建築・都市の環境を設計する上では配慮を要する。それは、肢体不自由、聴覚障がい等の程度にも同様の指摘が可能である。例えば、頸髄損傷者は血管収縮・拡張の障害および発汗機能を失っているため、温熱環境に特別の配慮が必要である (三上ら 2007)。医療技術が発達して救える命が増えていることと併行して、環境側の配慮を必要とする人が増えている現実がある。成熟した社会においては、人権の問題としても、個人差へのよりきめ細やかな対応が求められる。その意味では、個人差に関する研究が飛躍的に発展することを期待したい。

多くの学生は、現役の建築家・技術者として数十年先まで社会で活躍するわけなので、そういうタイムスパンで社会と建築に関連する仕事の変化を予測することが期待されている。

1・6　建築環境工学の今後

1　設計教育と建築環境工学

建築設計を行う過程で、少ないエネルギーで快適な環境が得られるデザインコンセプトを考えることが重要なことは、建築計画原論の発展としての建築環境分野の主要課題である。しかし、設計者と技術者が分業する方向に発展してきており、建築環境分野が設計・デザインから離れつつあるのは事実だが、よりよい方向に是正する努力が求められる。

建物の利用者も眺める人も気持ちのよいデザインであることはよいことだが、あわせて、内部の環境が快適である設計をすれば、省エネルギーでよい。このことを実現するための教育が本書の重要な狙いである。そのためのストラテジーとして2つ考えられる。

一つは、デザイナーとエンジニアのコラボレーションである。例としてレンゾピアノ・岡部憲明氏とオーブアラップ＆パートナーズ等のコラボレーションがある (図1・51)。

もう一つのアプローチは、デザイナー・アーキテクト教育の中で、環境配慮デザインを意識させることである。自らは詳しい解析はできなくても、デザインコンセプトを発想する段階で、熱・空気・光・音の流れや動きをイメージして、どういう法則が働くか、どういう技術者に相談すればよいか、が考えられるようにすることである。幸い、我が国の建築士資格試験では建築環境工学・設備学が必修科目なので、この方向性はそれほど無理のあるものではない。もちろん、技術

者・エンジニア養成に必須の要素もあるが、2～3年生の段階で学ぶ建築環境（工学）は必修であることが多く、「デザインコンセプトを発想する段階で、熱・空気・光・音の流れや動きをイメージする」ための科目と位置づけることが建設的であろう。建築の形態を発想するときに、すべての設計者が基本とすべき環境の知識を学ぶ科目とするわけである。

2 環境調整技術と建築デザイン

藤井厚二は、「設備」という言葉に単に機械設備にとどまらない「環境調整のためのデザイン」という意味を込めて使用している。今日の建築は、ある程度の機械設備が不可欠であり、その存在がデザインを阻害する要素になる恐れもある。設備機器がデザインを阻害する要素になるのであれば、極力最小化してパッシブなデザインを追究すべきだ。一方、そこまで徹底できなければ、設備機械の存在をデザイン要素として利活用する発想が必要になる。

リチャーズ記念研究所（図1・52）のデザインについて設計者のルイス・カーン自身は「わたしはダクトが好きでないし、配管も好きでない。私は本当にそれらが徹底的に嫌いだが、私は徹底的に憎めばこそ、それらには居場所が与えられなければならないと感じる。もし私がちょっとだけ嫌って注意を払わなかったら、それらは建物に侵入してきて完全に破壊してしまうだろう」と述べている。バンハムは「カーンは機械設備を収容するのにモニュメンタルな外観の巨大さを与えることによって、設備の歴史の中で最近の革新のどれもがやらなかったやり方で、建築評論家たちの注意を無理やりこの主題に向けさせた」と指摘した（Banham, 1984）。要するに、カーンにとってダクト・配管などの設備は建築ではないから、本来の建築の外側に追いやったのだが、その追いやられた設備の入れ物である林立する塔のデザインが高い評価を受けたことに逆説的な面白さがあるわけである。

今後の展開としては、パッシブ的な環境の工夫をデザインすることに加えて、環境調整のための設備機器や設備を納める空間をデザインしていくことも、重要な論点になっていくだろう。建築計画原論の新たな発展を築くのは、次の世代の若者たちだ。

図1・51　関西空港旅客ターミナルビル（岡部憲明）（出典：『新建築』1994年8月、p.131）

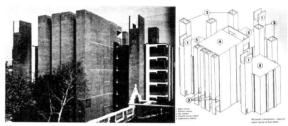

図1・52　リチャーズ記念研究所（ルイス・カーン）（出典：R.Banham, *The architecture of the well-tempered environment*, The second Edtion, The University of Chicago Press, pp.250-251, 1984）

注
＊1　エネルギーの供給事業者が省エネルギーに消極的になるので、エネルギーの売り上げが低下しても、事業者の利益があまり減らないデカップリング制度を導入すべきであるという議論もあるが、ここでは深入りしない。
＊2　IDGE (INSTITUT de DEVELOPPEMENT du GOUT chez l'EN-FANT（子どものための研究会））は、日本における味覚教育の研究とその実践を行う人を対象とする研究会である。フランスのジャック・ピュイゼ博士により提唱された味覚教育理論を基礎として、日本の食文化、風土、教育に合わせた日本ならではの味覚教育のあり方を考えるとしている。

参考文献
東洋・大山正・詫摩武俊・藤永保『心理用語の基礎知識』有斐閣、1973
池谷裕二『進化しすぎた脳』講談社、2007
江澤誠『「京都議定書」再考！』新評論、2005
エンゲルス『イギリスにおける労働者階級の状態』岩波書店、1990
大阪府公共建築室「ESCO 事業事例紹介パンフレット」2016
大山正・池田央・武藤真介『心理測定・統計法』有斐閣、1971
大山正・中島義明『実験心理学への招待』サイエンス社、1993
片岡加奈恵・岩田三千子「弱視者に配慮した低照度環境における階段照明方式の検討」『日本建築学会環境系論文集』80(712)、519-526、2015
環境省「IPPC 第 5 次報告書の概要―第 1 作業部会」2014
厚生労働省「生活のしづらさなどに関する調査」
国土交通省監修「建築物省エネ法パンフレット」建築環境・省エネルギー機構、2017
国土交通省住宅局「書エネ基準改正概要」2016
国土交通省住宅局「建築物省エネ法の概要」2017
資源エネルギー庁『エネルギー白書2016』
柴田祥江「居住環境バリアフリー化の視点から見た高齢者の住宅の実態と評価に関する研究」学位論文、2010
関根孝「建築環境設備学の歴史」紀谷文樹編『建築環境設備学』彰国社、2003
田中俊六他『最新建築環境工学改訂 4 版』井上書院、2014
ナイサー『認知の構図』サイエンス社、1978
中村泰人「環境物理学の歴史」『新建築学大系　環境物理』彰国社、1984
難波精一郎編『聴覚ハンドブック』ナカニシヤ出版、1984
西山卯三『日本の住まい II』勁草書房、1976
日本建築学会編『AIJES 温熱環境測定法』
日本建築学会編『都市建築空間の科学』技法堂出版、2002
日本建築学会編『日本建築学会環境規準 AIJES-H0004-2013』
日本建築学会編『人間環境学』朝倉書店、1998
バンハム・堀江悟郎訳『環境としての建築』鹿島出版会、1980
藤井厚二『日本の住宅』岩波書店、1928
藤永保編『新版心理学事典』平凡社、1981
ベネヴォロ・横山正訳『近代都市計画の起源』鹿島出版会、1976
ベネヴォロ・佐野敬彦他訳『図説・都市の世界史　4 近代』相模書房、1983
堀江悟郎「インタビュー：今日から見た計画原論時代とその後の展開」『建築雑誌』No.1398、1996
堀越哲美・堀越英嗣「藤井厚二の体感温度を考慮した建築気候設計の理論と住宅デザイン」『日本建築学会計画系論文報告集』(386)、38-42、1988
三上功生・青木和夫・蜂巣浩生・武田仁「頸髄損傷者の温熱刺激に対する生理反応の特徴　中間期安静時の適温」『人間と生活環境』14(2)、47-54、2007
村川・芳村他『図説建築設備』学芸出版社、2016
渡部圭子「住環境と精神健康」山本和郎編『生活環境とストレス』垣内出版、1985
Helson, H. *Adaptation-level theory*, 1964
Kenshalo,: Psychophysical studies of temperature sensitivity, In Ed. W. D. Neff, *Contributions to sensory physiology*, Academic Pess NY, 1970
McIntyre, D.A.: *Indoor Climate*, Applied Science Publishers, London, 1980
Olgay, V.: *Design with Climate*,
Goulding, JR., Lewis, JO, Steemers, TC: *Energy Conscious Design A Primer for Architects*, Batsford, 1992
R.Banham, *The architecture of the well-tempered environment*, The second Edtion, The University of Chicago Press, 1984
デカップリングに関して
http://www. c2es. org/us-states-regions/policy-maps/decoupling/detail

02

都市・地域

イラストと写真で学ぶ 屋外気候と都市・地域のデザイン

カンパチ雲

東京・環状八号線の上空に図ったように積雲が形成されることがある（図2・1）。地形的影響のほか、都心で形成された**ヒートアイランド**と**海風**の相互作用によると考えられている（朴・野中、2003）。都市化が生んだ特有の気象現象の一つである。

▶ 雲量と降水（p.54）

図 2・1　環状八号線の上に浮かぶカンパチ雲（出典：http://blogs.c.yimg.jp/res/blog-55-10/jpadoru/folder/1481486/89/48778189/img_0）

都市の緑の熱的効果

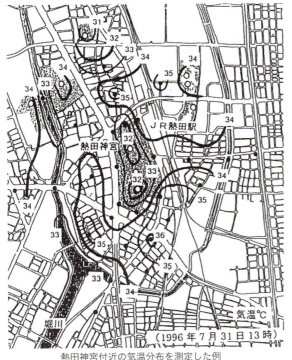

熱田神宮付近の気温分布を測定した例　　　熱田神宮付近の体感温度（ET*）分布を測定した例

図 2・2　都市緑地によるクールアイランドの形成（出典：吉野正敏・山下脩二編『都市環境学事典』朝倉書店、p.181、1998）

都市内にある大規模緑地では昼間の気温が周囲より低くなりやすい。熱田神宮の例では、夏の昼間の気温は神宮境内では32℃であるが、市街地に出ると34℃を超える。*ET* ▶ p.104 で見ると体感上はさらに明確に差が表れる。

▶ パッシブデザインの適用（p.54）

防風の設い

図2・3　築地松のある風景（島根県簸川平野）と障害物周りの風の流れ

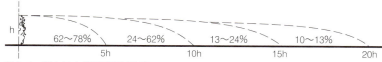

図2・4　樹木による風速低減比率（Brown and Dekay, *Wind & Light: Architectural Design Strategies*, John Wiley & Sons, p.130, 2001）

ブロック塀などの空隙のない障害物では、風下側が負圧になるため巻き込み風が生じ、風速が弱まる範囲が狭くなる。対して、樹木の場合は枝葉の間から多少の風が抜けるため、樹木の上を流れる風が高度を保ち易く、遠くまで風速を低減させる。そのため防風林は風の強い地域で古くからある手法である。

出雲平野の築地松は屋敷の北と西に構えられ、冬の季節風を和らげ、また夏の西日も遮る。

▶風（p.53）

▶パッシブデザイン（p.54）

水系の利用

図2・5　京都鴨川の納涼床（京都市）

鴨川では5〜9月の間、並行に流れる禊川の上に床が並び、間の河川敷でも人々が涼む様子が見られる。長く河川法により規制されてきたが、観光振興の高まりなどから緩和され、大阪・土佐堀川など、同様の水辺の利用が広がっている。

▶パッシブデザインの適用（p.54）

2・1 屋外気候の物理理論

1 気象と気候

　気象とは気温や気圧などの大気の状態そのもの、またその結果生じる雨・風・雷などの大気中の諸現象のことである。これに対し、天気・天候・気候はいずれもある特定地域の気象状態を指す。天気・天候・気候の違いは対象となる時間帯である。天気は数分から長くても数日の時々刻々の状態、天候は数日から数ヶ月程度、気候は一年周期で繰り返され、長期間にわたってみられる平均的な状態を表す。したがって気象観測値の長年の平均は気候値または平年値と呼ばれ、気象庁では西暦の末尾が1の年にその前年までの30年間の平均を平年値として公表している。この平年値のほか、一年のうちの最高（大）月平均値と最低（小）の月平均値の差である年較差、一日の最高値と最低値の差である日較差にも、1年を通じた季節的変化や1日の変動といった、その地の特色が表れる。これらの気候特性の類似度に基づき地域を区分けすることを気候区分という。世界の気候区分としてはケッペンやソーンスウェイト、日本の気候区分としては関口や吉野が知られる。図2・6は建築的立場から体感温度に基づき作成された気候区分図である。

気候地域	名称地域	内容
a	北海道	夏季24℃付近、冬季<-6℃
b	道南・青森	夏季<24℃、冬季-4℃付近
c	東北	夏季変動大、冬季-4℃付近
d	三陸	夏季27～28℃、冬季0℃付近
e	浜通	夏季27～30℃、冬季0℃付近
f	日本海北陸	夏季>30℃、冬季-2～2℃
g	中部山岳	夏季25～26℃、冬季>-6℃
h	太平洋沿岸	夏季28℃付近、冬季>0℃
i	四国・瀬戸内	夏季hより暑い、冬季>0℃
j	中国・北近畿	夏季<31℃、冬季3℃付近
k	沖縄・南西	夏季30℃、冬季6℃付近

温度は屋外用の新有効温度を使用

図2・6　屋外用新有効温度 ET を用いた日本の気候区分（出典：堀越哲美ほか『〈建築学テキスト〉建築環境工学』学芸出版社、p.10、2009）

2 気象・気候要素

(1) 気温

　気温とは大気の温度のことである。気温は、地表付近ではとくに高さ方向の変化が大きく、一定の高さの測定値でないと測定点間の比較が困難となる。そのため気象庁の観測では高さを1.5mとしている。単位は℃（セルシウス度、摂氏温度）である。北米など国によっては℉（ファーレンハイト度、華氏温度）を使うところもある。セルシウス度とファーレンハイト度は次の関係がある。

$$C = \frac{5}{9}(F - 32) \quad \cdots\cdots\cdots\cdots\cdots（式2・1）$$

　C：セルシウス度［℃］
　F：ファーレンハイト度［℉］

　地球は太陽が出す放射（太陽放射）を受ける一方、地表面や大気分子から赤外線を中心とする電磁波（地球放射）を放射している。太陽放射が地球放射よりも大きければ気温は上昇し、地球放射の方が大きければ気温は下がる。太陽放射は正午頃に最大となるが、地球放射よりも大きい状態は約2時間続いてから逆転する。そのため一日のうち気温が最も高くなるのは午後2時頃である。夜間には太陽放射はなく地球放射のみとなるので、日の出頃まで気温は下がり続ける（放射冷却）。同様に一年のうち夏至よりも遅い7～8月頃に最も高く、冬至よりも遅い1～2月頃に最も低い。

　一般に、気温の日較差は海岸部より内陸部、雨天よりも晴天、また低緯度ほど大きい。気温の年較差は海岸部より内陸部、また高緯度ほど大きい。また、同じ気候区分でも高度が高いほど気温は低い。静止した大気の場合、高度約11kmまでの対流圏では100m上昇するごとに約0.6℃下がる（気温減率）。

　一日の気温の高低の目安として、気象庁では猛暑日などの用語を制定している（表2・1）。

表2・1　気温に関する用語

用語	基準
猛暑日	日最高気温が35℃以上の日
真夏日	日最高気温が30℃以上の日
夏日	日最高気温が25℃以上の日
熱帯夜	夜間の最低気温が25℃以上の夜
冬日	日最低気温が0℃未満の日
真冬日	日最高気温が0℃未満の日

暖房に必要なエネルギーを見積もるための指標として**暖房デグリーデー**がある（図2·7）。暖房期間における日平均外気温 t_o ［℃］の経日変化曲線と暖房設定室温線 t_i ［℃］に囲まれた面積に相当し、単位は℃·日である。

$$D = \sum (t_i - t_o) \quad\cdots\cdots\cdots\cdots\cdots\cdots\cdots\text{(式 2·2)}$$

D ：暖房デグリーデー［℃·日］
t_i ：暖房設定室温［℃］
t_o ：日平均外気温［℃］

暖房設定室温は18℃が一般的であるが、外気温が18℃より多少低い程度であれば暖房を使わないことも多い。暖房をするか否かの境界となる温度を t_o' ［℃］、t_o' 以下となって暖房する日数を n ［日］とすると、暖房デグリーデー D ［℃·日］は次式となり、t_i、t_o' を明示して $D_{18\text{-}18}$、$D_{18\text{-}10}$ のように表す。

$$D = \sum (t_o' - t_o) + n(t_i - t_o') \quad\cdots\cdots\cdots\text{(式 2·3)}$$

t_o' ：暖房をするか否かの境界となる温度［℃］
n ：暖房日数［日］

(2)湿度

湿度とは大気の湿り具合を表したものである。大気が含むことのできる水蒸気量には上限があり、その上限に達した状態を**飽和**、飽和時の水蒸気の量および分圧を**飽和水蒸気量**および**飽和水蒸気圧**という。この飽和水蒸気圧に対する水蒸気圧の比を**相対湿度**といい、気候特性を表すときなどに広く用いられる。

一定気圧下では気温が高いほど飽和水蒸気圧は高いため、水蒸気圧が一定であれば気温が高いほど相対湿度は低くなる。したがって、気温の低い寒冷地や冬季には、相対湿度がさほど低くなくても水蒸気圧は低く乾燥しやすい。また、晴雨が大きく変化せず水蒸気量

が変わらなければ、一日のうち相対湿度は気温と逆の変化をする。

一般に、海からの湿った空気が流れ込みやすい沿海部では内陸部より高湿となる。海に囲まれた日本は比較的高湿で、とくに夏季には海洋性の気団（高気圧）から暖かく湿った空気が流れ込み、高温高湿となる。冬季は大陸の気団から冷たく乾いた風が吹き付けるため、低温低湿となるが、日本海を通過する際に水蒸気を含むため、日本海側では高湿となる。

横軸に相対湿度、縦軸に気温をとり、各月平均値を月順に結んだ折線図を**クライモグラフ**（**クリモグラフ**、climograph）といい、地域の気候の特色を把握するのに用いられる（図2·8）。東京のような太平洋側の都市では夏に高温高湿、冬に低温低湿となるため、左下から右上にかけた折線となる。冬季にも高湿となる日本海側の地域ではくの字のように折れ曲がる。パリは夏に中温低湿、冬に低温高湿のため、右下がりに、クアラルンプールのような常暑地域では全体的に右上寄りとなる。

(3)風

風とは空気の流れのことで、狭義には水平方向のものをいう。その空気の速さを**風速**、風が吹いてくる方向を**風向**という。風速はm/sで、風向は8方位もしくは16方位で表されることが多い。

夏季に高温高湿をもたらす海洋性気団からの風は南よりである。これは、夏には強い日射によって暖められたユーラシア大陸で上昇気流が発生して低気圧が形成され、海洋の空気が大陸に向かって流れ込むためである。逆に冬には海洋の方が暖められるため、大陸性気団からの風は北西よりとなる。これらは季節によって風向が異なるため、**季節風**と呼ばれる。

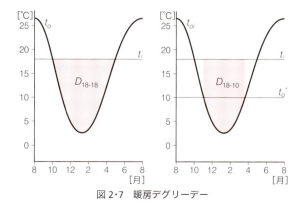

図 2·7 暖房デグリーデー

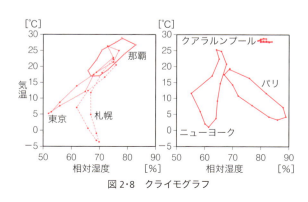

図 2·8 クライモグラフ

地方ごとに地形的条件などによって局地的に発達する風を**局地風**という。**海陸風**や**山谷風**、**おろしやだし**などのほか、**フェーン現象**による風などである。

海岸部では昼間、陸地がより高温になり、陸で上昇気流、海で下降気流が生じて、空気の循環流が起きる結果、海から陸に向かって**海風**が吹く（図2・9）。海面温度が上昇しにくいのは、海水の熱容量が大きいことに加え、表層近くに熱が留まる陸地に対し海面は波や海流で攪拌されてより深く熱が移動するためである。さらに海面では蒸発量が多く、吸収された日射熱が潜熱となって大気へ移動することも加わる。

夜間はその逆で、海で上昇気流、陸で下降気流が生じ、陸から海に向かって**陸風**が吹く。一般に海風の方が大きくおよそ4〜7m/s、陸風は2〜5m/s程度であることが多い。一日で2回海風と陸風が入れ替わるときに一時的に風がやむことを**朝凪・夕凪**という。

山岳地では昼間、山の斜面が暖められ、**谷風**が平野部から谷に向かい、さらに谷底から尾根に吹き上げる。

夜間には放射冷却により、**山風**が尾根から谷底に吹き下ろし、さらに谷底から平野に向かう。狭義には山谷風は谷筋に平行に吹く風であり、直角方向に吹く風とは区別される。また、上層の卓越風や谷の大きさ等により実際にはもっと複雑である。

フェーン現象（図2・10）とは、湿った風が山岳などに当たり、その空気が山を越えると乾いた暖かい風となって吹き下ろす現象のことで、気温減率が大気の乾湿具合によって異なることによって起こる。飽和した空気塊が周囲と熱交換せずに山を上昇する場合、水蒸気が凝結する際に熱を放出するため気温が下がる割合が小さく、100m上昇するごとに約0.5℃下がる（**湿潤断熱減率**）。周囲に雨を降らせて水蒸気を失った空気が山を越えて吹き下ろすときには、100m下降するごとに約1℃の割合で気温が上昇する（**乾燥断熱減率**）。一方、風上側で空気が斜面に沿って上がらず、風下側でのみ下降気流が生じることがある（図2・10）。このときも、風下側の気温は乾燥断熱減率に従って高くなる。風上側で降雨を伴わないことから**ドライフェーン**、先述の降雨を伴う場合を**ウェットフェーン**という。日

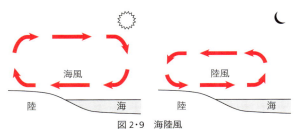

図2・9　海陸風

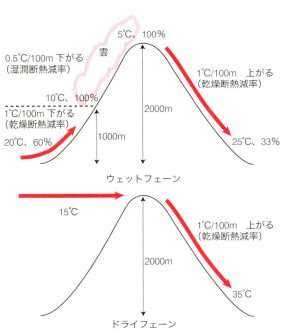

図2・10　フェーン現象のメカニズム

表2・2　ビューフォート風力階級

風力	記号	相当風速 [m/s]	和名	陸上の状態
0		0.0〜0.2	静穏	煙はまっすぐ昇る。
1		0.3〜1.5	至軽風	煙がなびき風向がわかるが、風見は感じない。
2		1.6〜3.3	軽風	顔に風を感じ、木の葉が動く。風見も動く。
3		3.4〜5.4	軟風	木の葉や小枝がたえず動き、軽い旗が開く。
4		5.5〜7.9	和風	砂埃がたち、紙片が舞い上がる。小枝が動く。
5		8.0〜10.7	疾風	葉のある潅木が揺れ、池沼の水面が波立つ。
6		1.8〜13.8	雄風	大枝が動き電線がうなる。傘がさしにくい。
7		13.9〜17.1	強風	大きな木全体がゆれる。風に向かって歩きにくい。
8		17.2〜20.7	疾強風	小枝が折れる。風に向かって歩けない。
9		20.8〜24.4	大強風	屋根瓦が飛び、人家に被害が及ぶ。
10		24.5〜28.4	全強風	内陸部では稀。木が根こそぎ倒れ人家に大被害がおこる。
11		28.5〜32.6	暴風	めったに起こらない。広範に被害が及ぶ。
12		32.7〜	颶風	さらに被害が甚大になる。

本では南よりの風が卓越する夏期に日本海側で、北よりの風が卓越する冬期には太平洋側でフェーン現象により異常に高温低湿になる例がときおりみられる。

おろしは冬季に吹く季節風で、山から太平洋側に向かって吹き下ろす北よりの風である。高緯度にある大陸性の気団から吹き出した空気が脊梁山脈にせき止められ、やがてあふれ出るように山を越えて勢いよく吹き下ろすために起こる（ボラ現象）。気団からの風が日本海を超える間に湿気を蓄えるためフェーン現象が合わさるものの、風下側斜面に寒気団が到来する前日・前々日にもともと冷たい気団からの空気が押し寄せるため、強い寒さをもたらす。おろしは地域固有の名称で呼ばれているものがあり、六甲おろしや伊吹おろしがその例である。

だしは峡谷を抜けて平野や海に向かって吹く風である。地方によって時季や風向は異なるが、清川だしや荒川だしのように、とくに日本海側の地域で呼ばれている風名にだしと付いているものが多い。

風の強さの目安としてビューフォート風力階級がある（表2·2）。天気図で用いられる風力記号は矢羽根の数で階級を、矢の向きで風向をあらわす。

風配図は一定期間における各風向の出現頻度をレーダーチャート型に描いたものである（図2·11）。そのかたちからウィンドローズとも呼ばれ、卓越風向を把握しやすい。CFD（数値流体解析）ソフトウェアなどではメッシュごとに風ベクトルを描き、ベクトル（矢印）の向きで風向、長さまたは色で風速を示す方法も多用される。

(4)降雨・降雪

大気中の水蒸気が雨や雪などのかたちで地上や海上に降ることを降水という。降水は、低気圧や前線が形成されるときや、風が山の斜面を駆け上がるときに起こりやすい。水蒸気を含んだ空気が上空へ運ばれ温度が低下すると、大気中に浮遊する微粒子（エアロゾル）などを核（凝結核）として、水蒸気が液体となって付着し雲が形成されるためである。低気圧が発達するほど上昇気流が強く大規模な雨雲となる。寒気と暖気の境界である前線付近で雨雪が降るのは、ぶつかって行き場を失った空気が上昇するためである（図2·12）。

日本では6〜7月に梅雨前線、9〜10月に秋雨前線や台風などの低気圧の影響により、降水量が多い。また、夏の南よりの季節風は太平洋側で多くの雨を、冬の北西よりの季節風は降雪をもたらす。

降水量は気温とともにあらわすことが多い。クライモグラフのように降水量と気温を軸にとり、各月平均値を月順に結んだハイサーグラフ（hythergraph）や、月別に平均降水量を棒グラフで、気温を折線グラフで描いた雨温図（climate graph）などである（図2·13）。なお、climograph、hythergraph、climate graph の言葉の使い分けは必ずしも明確ではない。

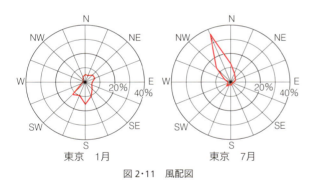

図2·11　風配図

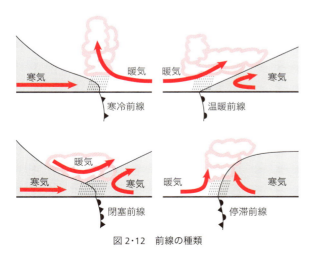

図2·12　前線の種類

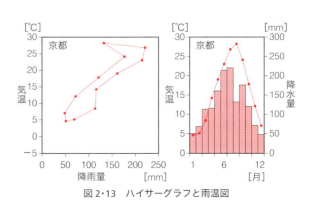

図2·13　ハイサーグラフと雨温図

(5) 日照時間

日照とは太陽から放射された太陽エネルギー、とくに直射光が地表を照らすことをいう。実際に直射光が当たる時間数を日照時間といい、狭義には直達日射量が120W/m²以上の時間として定義される。一方、地勢や雲等に遮られない場合に直射光が当たり得る時間数を可照時間という。したがって天候が悪ければ短くなる日照時間に対し、可照時間は天候に依存しない。

日照時間は、高緯度で可照時間が長い時季に、また降水量の少ない地域で長い。そのため冬季の日本海側は太平洋側より短く、可照時間に対する日照時間の比である日照率は、太平洋側で60%前後であるのに対し、日本海側では概ね20%弱である（図2・14）。

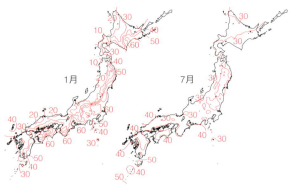

図2・14　日照率

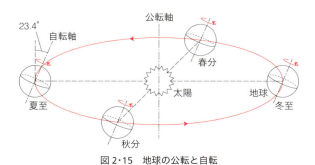

図2・15　地球の公転と自転

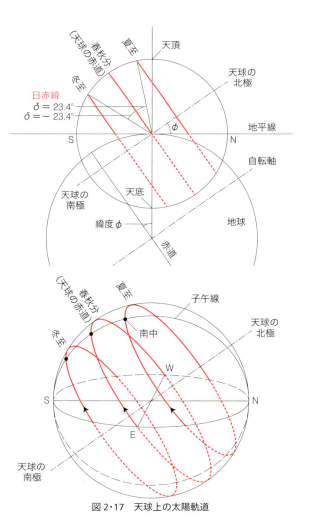

図2・16　均時差の年変動

3　太陽の位置

地球は太陽のまわりを約1年かけて公転し、約1日かけて自転している（図2・15）。公転軸に対し地軸の傾きは約23.4°であり、これにより季節が生じ、夏は日が高くて昼の時間が長く、冬は日が低くて昼が短くなる。

太陽が真南に位置することを南中という。太陽が南中してから翌日南中するまでの時間は、地球が太陽の周りを楕円を描いて回っているために一定ではない。この1日を基準とする時刻体系を真太陽時または視太陽時という。これに対し、真太陽時の年変動を平均して一定とした時刻体系を平均太陽時という。東経135°（明石市）における平均太陽時を日本中央標準時といい、これが日常的に用いている日本の時計の時刻である。

真太陽時と平均太陽時の差を均時差という。均時差は図2・16のように年変動している。

一方、経度1°は時刻では4分に相当する（地球は

図2・17　天球上の太陽軌道

1日で360°自転する）ので、これと均時差を踏まえると、各地の真太陽時 t_h ［時］は次式であらわされる。

$$t_h = t_m[時] + 4(L-135)[分] + e[分] \cdots\cdots (式2\cdot4)$$

t_m ：日本中央標準時 ［時］

L ：経度 ［°］

e ：均時差 ［分］

太陽の位置を地上の観測点を中心とする天球上への射影として描くと、図2·17のようになる。

この天球の赤道と太陽のなす角を日赤緯（太陽赤緯）という（図2·18）。日赤緯は夏至に＋23.4°、冬至に－23.4°、春秋分に0°となる。

太陽高度は地平面と太陽のなす角（仰角）である。太陽方位角は真南を基準とする方位であり、真南から西にあればプラス、東にあればマイナスであらわす。ある地点ある時刻の太陽位置を、太陽高度 h ［rad, °］と太陽方位角 a ［rad, °］を用いてあらわすと次式となる。

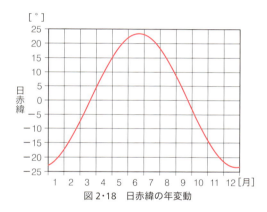

図2·18　日赤緯の年変動

$$\sin h = \sin\phi \, \sin\delta + \cos\phi \, \cos\delta \, \cos t \cdots\cdots (式2\cdot5)$$

$$\sin a = \frac{\cos\delta \, \sin t}{\cos h} \cdots\cdots\cdots\cdots\cdots\cdots\cdots (式2\cdot6)$$

ϕ ：緯度 ［rad, °］

δ ：日赤緯 ［rad, °］

t ：時角 ［rad, °］

時角とは、南中時を基準とする時刻を角度に換算したもので、南中時を0°、以降をプラスであらわす。時角 t ［°］をあらわす式は式2·4から導かれる。

$$t = 15(t_m - 12) + L - 135 + e/4 \cdots\cdots\cdots (式2\cdot7)$$

太陽位置図は天球上の太陽の軌道を投影した図である（図2·19）。これを天空写真に重ねることで、撮影地点の太陽位置を計算によらず知ることができる（図2·20）。

4　日照と日影

気象学では、周囲に障害物の少ない露場で日照時間を観測し、可照時間にも地勢の影響が除かれるが、建築環境工学では建物立地の日照確保の観点から、とくに都市部や市街地において、周囲地物によって日影になる時間を差し引いた最大日照時間の検討が必要となる。最大日照時間は天候の影響が除かれるので幾何学的に求められる。

（1）日影曲線

水平面に鉛直に立てた棒の先端が一日に描く影の軌跡を日影曲線という（図2·21）。日影曲線は太陽高度と太陽方位角によって決まるため、その地の緯度と季節

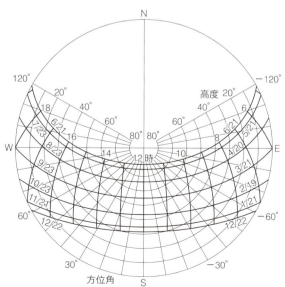

図2·19　北緯35°の太陽位置図（等距離射影）

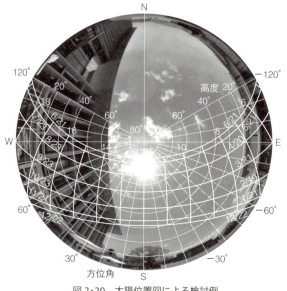

図2·20　太陽位置図による検討例

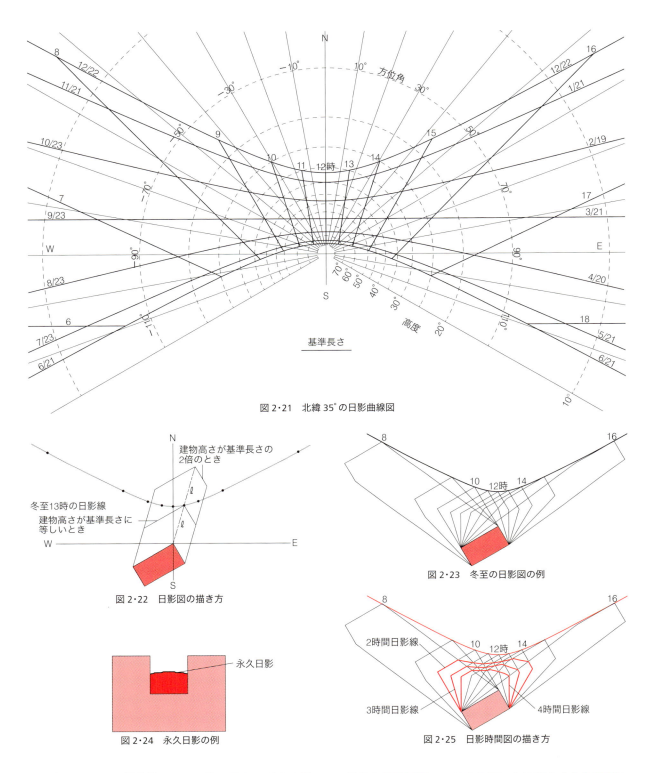

図 2·21　北緯 35°の日影曲線図

図 2·22　日影図の描き方

図 2·23　冬至の日影図の例

図 2·24　永久日影の例

図 2·25　日影時間図の描き方

により異なる。日影曲線によって棒の長さに対する影の長さの比率がわかるので、建物高さに対する影の長さの比率を求められる。建物外形の各頂点が描く影の位置を結べば、建物の日影の輪郭が得られる（図2·22）。これを一日にわたり一定時間間隔で描いたものを日影図という（図2·23）。日影図の中で、一日中日影になる

部分を終日日影、一年中日影になる部分を永久日影という（図2·24）。特殊な場合を除いて永久日影は夏至の終日日影と一致する。

　建物周囲において一定時間日影になる部分を表した図を日影時間図といい、その日影部分の輪郭線を等時間日影線という（図2·25）。建築基準法では、用途地域

表 2·3　日影規制（建築基準法　別表4を基に作成）

用途地域	制限を受ける建築物	平均地盤面からの高さ	規制される日影時間（括弧内数字は北海道の場合）敷地境界線からの水平距離（L）	
			5m < L ≦ 10m	L > 10m
第一種低層住居専用地域 第二種低層住居専用地域	軒高＞7m または 階数≧3建（地階を除く）	1.5m	3(2)時間 4(3)時間 5(4)時間	2(1.5)時間 2.5(2)時間 3(2.5)時間
第一種中高層住居専用地域 第二種中高層住居専用地域	建物高さ＞10m	4m または 6.5m	3(2)時間 4(3)時間 5(4)時間	2(1.5)時間 2.5(2)時間 3(2.5)時間
第一種住居地域　　近隣商業地域 第二種住居地域　　準工業地域 準住居地域	建物高さ＞10m	4m または 6.5m	4(3)時間 5(4)時間	2.5(2)時間 3(2.5)時間
用途地域の指定のない区域	軒高＞7m または 階数≧3建（地階を除く）	1.5m	3(2)時間 4(3)時間 5(4)時間	2(1.5)時間 2.5(2)時間 3(2.5)時間
	建物高さ＞10m	4m	3(2)時間 4(3)時間 5(4)時間	2(1.5)時間 2.5(2)時間 3(2.5)時間

いずれの数値とするかは地方公共団体が条例で指定する

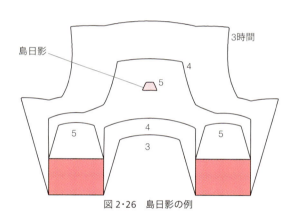

図 2·26　島日影の例

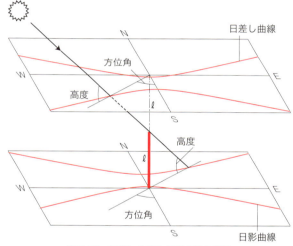

図 2·27　日差し曲線と日影曲線の関係

に応じて建物敷地境界線外において一定時間以上の日影にならないように定めており、その検討に日影時間図が用いられる（表2·3）。通常、n 時間日影線上の地点で日影になるのはちょうど n 時間で、その内側はより長く、外側はより短いが、複雑な建物形状の場合や周囲に別の地物がある場合は例外がある。島日影はその一つで、建物から離れた位置により長く日影になる場所をいう（図2·26）。東西に並んだ建物がそれぞれ午前と午後に影を落とすときなどに生じることがある。

(2) 日差し曲線

ある地点から太陽を見上げるとき、その視線と頭上に仮定した水平面との交点が描く軌跡を日差し曲線という。水平面と地点の距離が日影曲線の棒の長さに等しいとき、日差し曲線は日影曲線と点対称になる（図2·27）。冬至について、この距離を段階的に変えて描いた日差し曲線を一つにまとめた図のことを日照図表という（図2·28）。

例えば、地点 O′ から建物屋上面と同じ高さの水平面に描かれる日差し曲線が図 2·29 の位置にあるとき、日差し曲線よりも基準点 O 側にある建物部分（朱色部分）が太陽を遮ることになる。すなわち、点 O を通りこの朱色部分を挟む2直線と日差し曲線の交点 P、Q の間に太陽がある間、時刻にして t_1 から t_2 の間は日照が得られない。したがって、日照を検討したい地点を日照図表の基準点にとり、対象となる建物の配置図を日照図表の縮尺に合わせて描けば、建物の高さと同じ距離の日差し曲線と建物配置との位置関係により、冬至の日照時間を検討することができる。

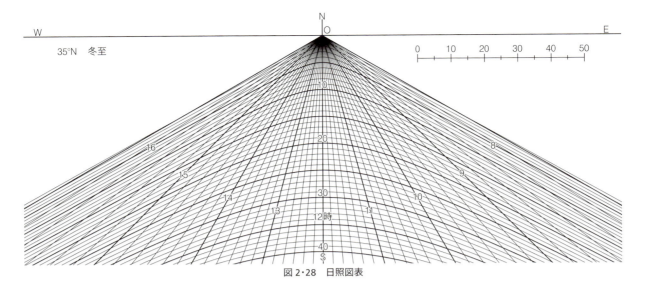

図2·28　日照図表

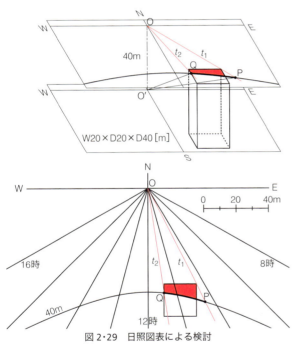

図2·29　日照図表による検討

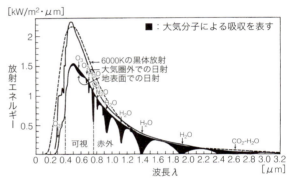

図2·30　直達日射の波長分布 （出典：日本建築学会編『建築学便覧　第2版　1計画』丸善、p. 1100、1977-1980）

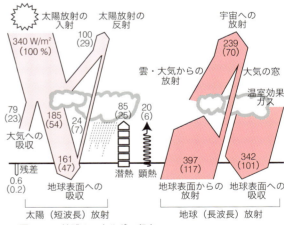

図2·31　地球のエネルギー収支 （Wild et al.（2013）を基に作成）

5　日射と地球放射

日射は日照と同義であるが、慣例的に熱的影響を指す。太陽放射すなわち太陽からの放射エネルギーの97%は 0.29 ～ 3.0 μmの波長域にある（図2·30）。これに対し地球から宇宙に向かって放射する電磁波を地球放射といい、その波長域は 3.0 μm以上である。そのため日射を短波長放射、地球放射を長波長放射とも呼ぶ。

図2·31 に示すように、地球に入射した太陽放射のうち、約3割が反射されて宇宙空間に戻り、約半分が地表に、約2割が大気に吸収される。地表に吸収され

た熱の一部は、地表付近の大気の加熱（放射を除く顕熱）と蒸発（潜熱）により大気に移動するが、多くは長波長放射として放出される。大気自身も地表に向かって長波長放射を放出する（大気放射）。全体として熱収支を見れば太陽放射と地球放射が釣り合っている。

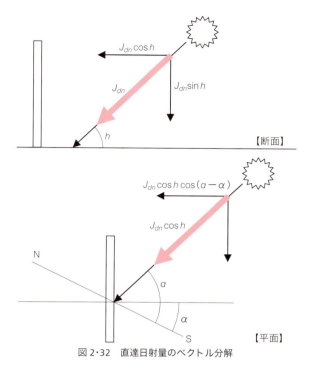

図2・32　直達日射量のベクトル分解

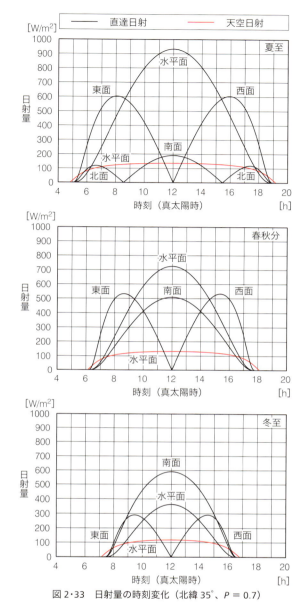

図2・33　日射量の時刻変化（北緯35°、$P = 0.7$）

地球の温度が平均して一定に保たれているのはそのためである。

　日射のうち、太陽から直接地表に到達する成分を**直達日射**、大気中で散乱してから到達する成分を**天空日射**または**拡散日射**、**散乱日射**、**天空放射**という。これらを合わせて**全天日射**といい、単に日射量というときはこの全天日射量を指すことが多い。このほか、周囲地物からの反射による**反射日射**もある。いずれもその量はW/m^{2}であらわされる。

(1)直達日射量

　入射方向に対し垂直な面で受ける法線面直達日射量J_{dn}［W/m^2］は、大気を通過する距離に応じて一定の比率で減衰すると考えられるので、次式であらわされる。

$$J_{dn} = J_0\,e^{-km} \quad\cdots\cdots\cdots\cdots\text{(式 2・8)}$$

　J_0　：太陽定数［W/m^2］
　k　：消散係数［m^{-1}］
　m　：大気通過距離［m］

太陽定数は大気外表面に垂直に入射する太陽放射エネルギーで、年平均では約1370W/m^{2}である。kを**消散係数**といい、大気が濁っているほど大きい値となる。一方、太陽定数に対する、太陽が天頂にあるときの直達日射量の比を**大気透過率**といい、大気が澄んでいるほど大きい値となる。おおよそ0.6～0.8程度であり、

一般に水蒸気の多い夏季に低くなる傾向がある。J_{dn}は大気透過率P［－］を用いると次式となる。これを**Bougerの式**という。

$$J_{dn} = J_0\,P^{1/\sin h} \quad\cdots\cdots\cdots\cdots\text{(式 2・9)}$$

　h　：太陽高度［rad, °］

　これが建物の各面に対して垂直に入射することはむしろまれで、ある入射角を持って当たる（図2・32）。水平面直達日射量をJ_{dn}［W/m^2］、鉛直面直達日射量をJ_{dv}［W/m^2］、斜面直達日射量を$J_{d\theta}$［W/m^2］とすると、それぞれ次式となる。

$$J_{dh} = J_{dn}\sin h \quad\cdots\cdots\cdots\cdots\text{(式 2・10)}$$
$$J_{dv} = J_{dn}\cos h\cos(a-\alpha) \quad\cdots\cdots\text{(式 2・11)}$$

$$J_{d\theta} = J_{dn} \cos i \qquad \cdots\cdots\cdots\cdots\cdots\cdots\text{（式 2・12）}$$

$$\cos i = \sin h \cos \theta + \cos h \sin \theta \cos(a - \alpha') \cdots \text{（式 2・13）}$$

- h ：太陽高度［rad, °］
- a ：太陽方位角［rad, °］
- α ：鉛直面の方位角［rad, °］
- i ：斜面への日射入射角［rad, °］
- θ ：斜面の傾斜角［rad, °］
- α' ：斜面の方位角［rad, °］

　図 2・33 は各面への直達日射量および水平面への天空日射量の時刻変化を示している。夏至の水平面の直達日射量が際立って多いが、太陽高度の低い冬至には水平面よりも南面が多く、東西面の約 2 倍に達する。夏至の南面は非常に少なく東西面の 1/3 程度で、冬至の水平面よりも少ない。

(2) 天空日射量

　快晴時の水平面天空日射量 J_{sh}［W/m^2］の推定方法はいくつかあるが、観測に基づいた次の **Berlage の式** がよく知られている。

$$J_{sh} = \frac{0.5 J_0 \sin h (1 - P^{1/\sin h})}{1 - 1.4 \ln P} \qquad \cdots\cdots\cdots\cdots\text{（式 2・14）}$$

　この式は天空輝度が一様であることを仮定している。そのため鉛直面天空日射量 J_{sv}［W/m^2］、斜面天空日射量 $J_{s\theta}$［W/m^2］は、各面と天空との間の **形態係数** を用いて次式となる。

$$J_{sv} = \frac{1}{2} J_{sh} \qquad \cdots\cdots\cdots\cdots\cdots\cdots\cdots\cdots\text{（式 2・15）}$$

$$J_{s\theta} = \frac{1 + \cos \theta}{2} J_{sh} \qquad \cdots\cdots\cdots\cdots\cdots\cdots\text{（式 2・16）}$$

　図 2・33 に示すように、天空日射量は直達日射量ほ

表 2・4　各地表面のアルベド（出典：Campbell and Norman (1998), p.172; 志村ら (2012); Li et al., 2013 を基に作成）

表面	アルベド	表面	アルベド
雪（新しい）	0.75〜0.95	インターロッキング	0.25〜0.28
雪（古い）	0.40〜0.70	市街地域（平均）	0.15
土壌（湿、暗色）	0.08	高麗芝	0.18〜0.23
土壌（乾、暗色）	0.13	イネ科草原	0.24〜0.26
土壌（湿、明色）	0.10	小麦	0.16〜0.26
土壌（乾、明色）	0.18	トウモロコシ	0.18〜0.22
砂（乾、白色）	0.35	ビーツ	0.18
砂利	0.12〜0.22	ジャガイモ	0.19
密粒度アスファルト	0.07〜0.11	落葉樹林	0.10〜0.20
遮熱性アスファルト	0.29〜0.33	針葉樹林	0.05〜0.15
透水性アスファルト	0.04〜0.09	ツンドラ	0.15〜0.20
保水性アスファルト	0.13〜0.23	ステップ	0.20

ど時節による変化は大きくない。

　なお、形態係数とは、ある点（面）から対象となる面の見える比のことで、ある点（面）が対象となる面によってどれくらい囲まれているかを表す。**立体角投射率**、また対象となる面が天空の場合は **天空率** とも呼び、図 3・52、図 3・53 や式 3・16、式 3・17 を用いて求めることができる▶ p.82。

(3) 全天日射量

　全天日射量は全天日射計を水平に設置し観測される。そのため水平面全天日射量 J_h［W/m^2］は、水平面直達日射量と水平面天空日射量の和に等しい。

$$J_h = J_{dh} + J_{sh} \qquad \cdots\cdots\cdots\cdots\cdots\cdots\cdots\text{（式 2・17）}$$

　気象庁で直達日射と天空日射を分けて観測しているのは 5 か所に限られ、多くは水平面全天日射量のみの観測である。一方、建物壁面や屋根面などの鉛直面や斜面に入射する日射量を評価するには、式 2・11、式 2・12 による直達日射と、式 2・15、式 2・16 による天空日射とを、それぞれに求める必要がある。そのためには、水平面全天日射量から直達日射量と天空日射量を分離する必要がある。これを **直散分離** といい、推定式がいくつも提案されている。

(4) 反射日射量

　日射反射率すなわち入射する日射量に対する反射日射量の比を **アルベド**（albedo）という。したがって建物各面と反射面との間の形態係数を φ［−］、アルベドを ρ［−］とすると、建物各面に入射する反射日射量 J_r［W/m^2］は次式となる。

$$J_r = \varphi \rho J_h \qquad \cdots\cdots\cdots\cdots\cdots\cdots\cdots\cdots\text{（式 2・18）}$$

　表 2・4 のように、地物によってアルベドは異なり、一般に市街地では 0.1 〜 0.2 程度であるが、根雪があると何倍も大きくなり、それだけ日射の照り返しが大きくなる。

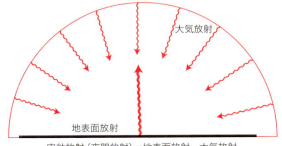

実効放射（夜間放射）＝地表面放射−大気放射
図 2・34　大気放射と夜間放射のイメージ

なお、形態係数は、反射面に対し建物各面が点と見なせるほど小さいときには、図3・52、図3・53や式3・16、式3・17を用いて求めることができるが、そうでない場合は別の算定図・算定式が必要である。詳しくは専門書を参照されたい。

(5)長波長放射量

大気放射すなわち大気から地表へ射出される下向き長波長放射量 L_d [W/m²]、反対に地表から天空へ射出される上向き長波長放射量 L_u [W/m²] は、ともにステファン・ボルツマンの法則によりあらわすことができる。

$$L_d = \varepsilon_{sky}\, \sigma\, T_a^{\,4} \quad\cdots\cdots\cdots\cdots(式2\cdot19)$$
$$L_u = \varepsilon_g\, \sigma\, T_g^{\,4} \quad\cdots\cdots\cdots\cdots(式2\cdot20)$$

ε_{sky}：大気の射出率 [−]
ε_g：地表の射出率 [−]
σ：Stefan-Boltzmann 定数 $= 5.67 \times 10^{-8}$ [W/(m²K⁴)]
T_a：気温 [K]
T_g：地表面温度 [K]

大気射出率は観測に基づいた推定式がいくつもあり、例えば Prata の式（式2・21、式2・22）、Brunt の式（式2・23）がある。

$$\varepsilon_{sky} = 1 - (1 + \xi)\exp\left(-(1.2 + 3.0\,\xi)^{0.5}\right) \cdots(式2\cdot21)$$
$$\xi = 0.465\, p / T_a \quad\cdots\cdots\cdots\cdots\cdots(式2\cdot22)$$
$$\varepsilon_{sky} = 0.526 + 0.0065\sqrt{p} \quad\cdots\cdots\cdots\cdots(式2\cdot23)$$

p：大気の水蒸気圧 [Pa]

上向きと下向きの長波長放射量の差し引きである $L_u - L_d$ を実効放射といい（図2・34）、実効放射が大きいときに地表付近の気温が下がることを放射冷却という。冬季のよく晴れた夜間に顕著であることから、実効放射のことを夜間放射ともいう。気温が氷点下にならずとも、夜間放射により表面温度が低下し、材料内の水分が凍結し、材料の破損などにもつながる。天空に開けた地面など形態係数が1の場合の夜間放射は、Brunt の式に基づけば式2・24で表される。夜間放射は、表面温度が外気温度と同じであれば、おおむね93W/m²であるが、$\varepsilon = 1$ の場合は、夜間放射の等価外気温度は−4℃程度となる。

$$E = -\varepsilon\, \sigma\, T_a^{\,4}\,(0.474 - 0.0065\sqrt{p}) \quad\cdots\cdots(式2\cdot24)$$

E：夜間放射により地表面から天空に向かう放射エネルギー [W/m²]
ε：放射面の射出率 [−]

6 建物への入射熱

(1)屋根面・壁面への入射

建物各面では、表面温度と外気温の温度差があれば対流による熱移動、表面温度と周囲地物の温度差があれば長波長放射による熱移動がある。さらに日射があたればその分の熱も加わる。この日射熱の影響を加味した仮想的な外気温度を相当外気温度（sol-air temperature）という ▶ p.114。実際の外気温度で日射があるときと、日射がなくて相当外気温度のときでは、各面内外を移動する熱量は等しい。

(2)ガラス面への入射

窓などのガラス面に入射した日射は一部は透過、一部は反射し、残りはガラス自身に吸収される。この吸収熱はやがて室内外表面から対流と放射によって放出される。結局、室内へはこの吸収を経てから放出される分と透過分の合計が入る。この合計熱量の入射熱量に対する比を日射熱取得率という。2016年の省エネルギー基準に則り一次エネルギー消費量を算出する際には、冷房期または暖房期に部位ごとに入る総日射量を建物外皮面積で割った平均日射熱取得率が用いられる。

2・2　人間とのかかわり

---

1 日照の多面的効果

日照は明るさをもたらす光としての効果、暖かさをもたらす熱としての効果、紫外線域の照射による殺菌やビタミン D の生成促進といった衛生的効果がある（表2・5）。日当たりを良くするためには、建物間の距離が必要となる。結果として、さまざまな間接的効果も期待できる。一つには、通風が良くなり、湿気がこもりにくい。眺望が良くなり、心理的開放感が増大する。

表2・5　日照の人体影響

	好影響	悪影響
熱	冬の暖かさ（暖房負荷の削減）	夏の暑さ（冷房負荷の増大）
光	明るさ（照明負荷の削減）	まぶしさ 直射光は強すぎる。
紫外線	殺菌、ビタミン D 生成の促進	シミ・シワ（UVA）日焼け（UVB）

ほかにも、プライバシーが保ちやすくなり、オープンスペースが確保しやすいことも挙げられる。

一方で、過度な日照は眩しさや暑さ、シミやシワの要因ともなる。

2　暑さと人間

夏季の昼間、屋外では空調された室温よりも気温が高く、また日射が直接人体に作用するため、人体が受ける熱量は膨大になる。そのため、熱中症のような暑熱環境下における身体適応障害を引き起こす。地球温暖化やヒートアイランド現象に代表される都市温暖化によって、室内での発症例も含め近年増加傾向にあり、その予防対策は重要な課題となっている。

(1)熱中症の要因と症状

熱中症は暑熱環境によって生じる健康障害の総称で、熱失神、熱けいれん、熱疲労、熱射病に分類される（表2·6）。

体温調節機能が低下しのどの渇きに気づきにくい高齢者、体温調節機能が未発達で暑さに対する抵抗力が低い幼児や児童、体温が上昇しやすい肥満者、体温調節障害を持つ脊髄損傷者などは、熱的弱者あるいは熱中症弱者といわれ、熱中症の発症リスクが高い。熱的弱者でなくとも仕事やスポーツを頑張りすぎる人や厚着をした状態で農作業などに長時間従事する人も、体温上昇と脱水が起きやすく注意を要する。

(2)熱中症の予防指針

暑熱環境であればあるほど、熱中症のリスクが高いことから、環境条件による熱中症の危険度をあらわす基準が策定されている。これは体感温度の一つである湿球グローブ温度指標 WBGT（Wet Bulb Globe Temperature）［℃］を基にしていて、日本生気象学会では日常生活時（表2·7、表2·8）、日本体育協会では運動時の指針を示している。環境省では WBGT を暑さ指数と称し、夏期に予測値・実況値の情報提供を行っている。

$$WBGT = 0.7\,t_w + 0.2\,t_g + 0.1\,t_a \ \text{（ひなた）}\cdots\cdots\text{式 2·25}$$
$$WBGT = 0.7\,t_w + 0.3\,t_g \qquad \text{（ひかげ）}\cdots\cdots\text{式 2·26}$$

表 2·6　熱中症の症状

	要因	症状
熱失神〈軽症〉	炎天下でじっと立っているとき、皮膚血管拡張による血圧低下に加え、立位姿勢のために下肢に血液が貯まり脳血流が減少して起こる	顔面蒼白、脱力感、めまい、失神、唇のしびれ、呼吸回数の増加など
熱けいれん〈軽症〉	大量に発汗した時に水だけを補給して血液中の塩分濃度が低下することで起こる	足、腕、腹部の筋肉の疼痛、けいれんなど
熱疲労〈中等症〉	大量発汗による著しい脱水と、それに伴う循環不全（血液不足）により起こる	脱力感、倦怠感、めまい、頭痛、吐き気
熱射病〈重症〉	脱水症状が悪化し、異常な体温上昇（ときに 40℃以上）によって中枢神経障害を来す	頭痛、めまい、吐き気、嘔吐、運動障害、錯乱、昏睡

表 2·7　日常生活における熱中症予防指針 (出典：日本生気象学会、2022)

温度基準WBGT	注意すべき生活活動の目安	注意事項
危険31℃以上	すべての生活活動でおこる危険性	高齢者においては安静状態でも発生する危険性が大きい。外出はなるべく避け、涼しい室内に移動する。
厳重警戒28℃以上31℃未満		外出時は炎天下を避け、室内では室温の上昇に注意する。
警戒25℃以上28℃未満	中等度以上の生活活動でおこる危険性	運動や激しい作業をする際は定期的に充分に休息を取り入れる。
注意25℃未満	強い生活活動でおこる危険性	一般に危険性は少ないが激しい運動や重労働時には発生する危険性がある。

表 2·8　室内用の WBGT 簡易推定表 (出典：日本生気象学会、2022)

気温[℃]	相対湿度 [%] 20	25	30	35	40	45	50	55	60	65	70	75	80	85	90	95	100
40	28	29	30	31	32	33	34	34	35	36	36	37	38	38	39	39	40
39	27	28	29	30	31	32	33	33	34	35	35	36	37	37	38	38	39
38	27	28	29	29	30	31	32	33	33	34	35	35	36	36	37	37	38
37	26	27	28	29	29	30	31	32	33	33	34	34	35	35	36	36	37
36	25	26	27	28	29	29	30	31	31	32	33	33	34	34	35	35	36
35	25	26	26	27	28	29	29	30	31	31	32	32	33	33	34	34	35
34	24	25	26	26	27	28	29	29	30	30	31	31	32	32	33	33	34
33	23	24	25	26	26	27	27	28	29	29	30	31	31	32	32	33	33
32	22	23	24	24	25	26	27	27	28	28	29	29	30	31	31	32	32
31	21	22	23	24	24	25	26	26	27	27	28	29	29	30	30	31	31
30	21	21	22	23	24	24	25	26	26	27	27	28	28	29	29	30	30
29	20	21	21	22	23	23	24	24	25	25	26	27	27	28	28	29	29
28	19	20	21	21	22	22	23	24	24	25	25	26	26	27	27	28	28
27	18	19	20	20	21	22	22	23	24	24	25	25	26	26	27	27	
26	18	18	19	20	20	21	22	23	23	24	24	25	25	26	26		
25	17	17	18	19	20	20	21	21	22	23	23	24	24	25	25		
24	16	17	17	18	19	20	20	21	21	22	22	23	23	24	24		
23	16	16	17	17	18	19	20	20	21	21	22	22	23	23			
22	15	16	16	17	17	18	18	19	20	20	21	21	22	22			
21	14	14	15	15	16	17	17	18	18	19	19	20	20	21	21		

危険　（31℃以上）
厳重警戒　（28℃以上31℃未満）
警戒　（25℃以上28℃未満）
注意　（25℃未満）

t_w ：湿球温度［℃］

t_g ：グローブ温度［℃］

　簡易的なものも含めさまざまな WBGT 計が市販されているが、元来の WBGT はアウグスト乾湿計の値を用いる。アスマン通風乾湿計とは異なり感温部がむき出しで放射遮蔽せず強制通風も行わないので、気温・放射・湿度・気流の 4 要素を総合的に評価している。

3　寒さと人間

　日本では歴代最高気温でもせいぜい 40℃ を超える程度であるが、冬季の日最低気温はしばしば氷点下になる。体温との温度差は冬季の方が明らかに大きく、それだけ過酷である。

(1)寒冷障害

　寒冷環境に曝露されることにより生じる健康障害には、低体温症や凍傷などがあり、条件が揃えば室内でも起こり得る（表2・9）。

　熱中症の場合と同じく、幼児や高齢者などの熱的弱者ほど危険性が高い。低温、強風はもちろん、身体が濡れたままの状態が続くとより危険性が増す。事故や災害時などに屋外で過ごさざるを得ない場合だけでな

く、屋内でも避難所の暖房環境が十分でない場合もあり、寒冷環境を適切に評価し対策に繋げることが求められている。

(2)屋外寒冷環境の評価指標

　一般的に室内に比べ風速が大きい屋外では、風による身体の冷却リスクがより大きい。そのため北米では、寒冷環境の評価のため風速と気温を組み合わせた**風冷指数 WCI**（Wind Chill Index）［kcal/m²h］が長らく用いられてきた。

$$WCI = (10.45 + 10\sqrt{v} - v)(33 - t_a) \quad\cdots\cdots\cdots（式2・27）$$

v ：風速［m/s］

　現在は WCI に代わり、風速の扱いを見直した**風冷温度**（Wind Chill Temperature）t_{WC}［℃］に改められている。風冷温度は実際の環境と同じ冷却力（寒さ）である静穏気流時の気温と定義され、顔や手などの露出部位に対するリスクを評価する指標として ISO 11079 に採用されている。

$$t_{WC} = 13.12 + 0.6215\,t_a - 11.37\,V_{10}^{0.16} + 0.3965\,t_a V_{10}^{0.16} \quad（式2・28）$$

V_{10}：地上 10m における風速［km/h］

　表 2・10 は風速から風冷温度を知る早見表である。

　ISO 11079 では全身の寒冷リスクを評価する指標と

表 2・9　深部体温と症状の関係（出典：Parsons, *Human Thermal Environments*, CRC Press, p.357, 2014）

深部体温［℃］	兆候
37.6	正常な直腸温
37.0	正常な口腔温
36.0	熱損失を補償するため代謝量増加
35.0	ふるえ最大、熱的弱者にとって深刻なリスク
34.0	正常血圧下で被害意識・反応
33.0	この温度以下で深刻な低体温症
32.0	意識混濁；血圧の測定困難
31.0	瞳孔散大；ふるえが止む
30.0	進行性意識消失；筋硬直の増加
29.0	心拍と血圧の測定困難、呼吸数の減少
28.0	心筋の過敏性亢進に伴う心室細動の可能性
27.0	随意運動が止む；角膜反射消失；深部腱反射・表在反射の消失
26.0	意識消失
25.0	心室細動の自然発生
24.0	肺水腫
22.0	心室細動のリスク最大
21.0	心室細動
20.0	心停止
18.0	偶発性低体温症者の救命例の最下限
17.0	脳波（EEG）の平坦化
9.0	人為的低体温症患者の救命例の最下限

表 2・10　風冷温度と風速の関係（ISO11079-2007）

V_{10}		t_a［℃］										
km/h	m/s	0	−5	−10	−15	−20	−25	−30	−35	−40	−45	−50
5	1.4	−2	−7	−13	−19	−24	−30	−36	−41	−47	−53	−58
10	2.8	−3	−9	−15	−21	−27	−33	−39	−45	−51	−57	−63
15	4.2	−4	−11	−17	−23	−29	−35	−41	−48	−54	−60	−66
20	5.6	−5	−12	−18	−24	−30	−37	−43	−49	−56	−62	−68
25	6.9	−6	−12	−19	−25	−32	−38	−44	−51	−57	−64	−70
30	8.3	−6	−13	−20	−26	−33	−39	−46	−52	−59	−65	−72
35	9.7	−7	−14	−20	−27	−33	−40	−47	−53	−60	−66	−73
40	11.1	−7	−14	−21	−27	−34	−41	−48	−54	−61	−68	−74
45	12.5	−8	−15	−21	−28	−35	−42	−48	−55	−62	−69	−75
50	13.9	−8	−15	−22	−29	−35	−42	−49	−56	−63	−69	−76
55	15.3	−8	−15	−22	−29	−36	−43	−50	−57	−63	−70	−77
60	16.7	−9	−16	−23	−30	−36	−43	−50	−57	−64	−71	−78
65	18.1	−9	−16	−23	−30	−37	−44	−51	−58	−65	−72	−79
70	19.4	−9	−16	−23	−30	−37	−44	−51	−58	−65	−72	−80
75	20.8	−10	−17	−24	−31	−38	−45	−52	−59	−66	−73	−80
80	22.2	−10	−17	−24	−31	−38	−45	−52	−60	−67	−74	−81
risk					2		3			4		

4　2 分以内で露出皮膚が凍傷の恐れ

3　10 分で露出皮膚が凍傷の恐れ

2　凍傷の危険性

して、**必要着衣量 IREQ**（Required clothing insulation）も採用されている。IREQ は体温や皮膚温の許容レベルで熱平衡状態を維持するために必要な着衣熱抵抗と定義される。

$$\text{IREQ} = \frac{t_{sk} - t_{cl}}{R + C} = \frac{t_{sk} - t_{cl}}{M - W - E_{res} - C_{res} - E - S} \quad \cdots (式 2 \cdot 29)$$

t_{sk}：平均皮膚温〔℃〕

t_{cl}：着衣表面温〔℃〕

R　：放射放熱量〔W/m²〕

C　：対流放熱量〔W/m²〕

M　：代謝量〔W/m²〕

W　：外部への仕事〔W/m²〕

E_{res}：呼吸による蒸発放熱量〔W/m²〕

C_{res}：呼吸による対流放熱量〔W/m²〕

E　：蒸発放熱量〔W/m²〕

S　：蓄熱量〔W/m²〕

　平均体温が正常よりもやや低いレベルで熱平衡を維持するのに最低限必要な着衣量 IREQ$_{min}$、熱的中立状態すなわち平均体温を正常レベルで熱平衡を維持するのに必要な着衣量 IREQ$_{neutral}$ が設定され、実際の着衣量が両者の間にあるとき中立、IREQ$_{neutral}$ より大きいとき過熱域、IREQ$_{min}$ より小さいとき冷却域と判断される。

　IREQ の算出に当たっては t_{cl} が未知数のため繰り返し計算による。

4　屋外温熱環境評価指標

　WBGT は寒冷環境、WCT や IREQ は暑熱環境を評価することを想定していない。また、WCT は日射の影響を加味していない。これに対し、暑熱から寒冷までをカバーし、日射も考慮した指標として、**UTCI**（Universal Thermal Climate Index)がある。UTCI は人体の体温調節モデルによる体熱収支に基づいた指標で、実際環境の気温・湿度・放射（日射の影響を含む）・風速の総合的影響と同じ熱負荷を与える標準環境の温度と定義される。標準環境は、代謝量 2.3met（4km/h の歩行に相当）、地上 10m の風速 0.5m/s（地上 1.1m で 0.3m/s に相当）、気温と等しい平均放射温度、相対湿度 50%（気温 29 ℃ より大きい場合 20 hPa）としている。表 2・11 に UTCI と熱ストレスの関係を示す。

　屋外修正有効温度 ETVO（Outdoor ETV）は日射、**総合有効温度 ETU**（Universal effective temperature）

表 2・11　UTCI と熱ストレスの関係（出典：国際生気象学会、2012）

UTCI 〔℃〕	熱ストレスのカテゴリー
＞ 46	極端な暑熱負荷
38 ～ 46	非常に強い暑熱負荷
32 ～ 38	強い暑熱負荷
26 ～ 32	中程度の暑熱負荷
9 ～ 26	熱負荷なし
9 ～ 0	わずかな寒冷負荷
0 ～－13	中程度の寒冷負荷
－13 ～－27	強い寒冷負荷
－27 ～－40	非常に強い寒冷負荷
＜－40	極端な寒冷負荷

や **ETFe**（Enhanced conduction-corrected modified effective temperature）は日射に加え伝導の影響も加味している。これらは総合的影響だけでなく、湿度・気流・長波長放射・日射・伝導の影響の温度換算値を個別に求められるのが特徴である。

　いずれも算出には繰り返し計算を要するため PC による計算プログラムを用いる。UTCI、ETVO、ETU は算出プログラムが web に公開されている。

2・3　都市・建物とのかかわり

1　都市気候

　都市に特有の気候を**都市気候**という。都市であることに起因しているため、都市化の程度により気候特性も異なり、逆に都市がなければ都市気候も存在しない。

　表 2・12 のように都市化による気候特性の変化は多岐にわたる。東京では霧日数は減少傾向にあるなど、気候要素によっては都市ごとに傾向が異なるものもあるが、気温の上昇、大気汚染濃度の増加、風速・相対湿度の減少は多くの都市で明瞭に見られる。

　都市気候を生む要因は、①人口の集中、②地表面被覆の人工物化、③建物の高密高層化に要約される。

(1)ヒートアイランド

　都市気候の最たる特徴の一つが**ヒートアイランド**である。都心部の気温が郊外に比べ高くなる現象をヒートアイランド現象という。

　成人一人当たりの基礎代謝量は約 100 W であるから、単に人口が集中するだけで人体からの発熱の総量は郊

表 2・12　都市化による気候特性の変化 （出典：Landsberg, *The Urban Climate*, Academic Press, p.258, 1981）

	要素	ルーラルとの比較
気温	年平均	0.5 ～ 3.0℃上昇
	冬季最低（平均）	1 ～ 2℃上昇
	夏季最高	1 ～ 3℃上昇
	暖房デグリーデー	10 ％減少
相対湿度	年平均	6 ％減少
	冬季	2 ％減少
	夏季	8 ％減少
風速	年平均	20 ～ 30 ％減少
	瞬間最大風速	10 ～ 20 ％減少
	静穏度数	5 ～ 20 ％多い
放射	水平面全天日射	0 ～ 20 ％減少
	冬季紫外線	30 ％減少
	夏季紫外線	5 ％減少
	日照時間	5 ～ 15 ％増加
大気汚染物質（濃度）	凝結核	10 倍増加
	浮遊粒子	10 倍増加
	ガス混合物	5 ～ 25 倍増加
雲量	雲量	5 ～ 10 ％増加
	冬季霧	100 ％増加
	夏季霧	30 ％増加

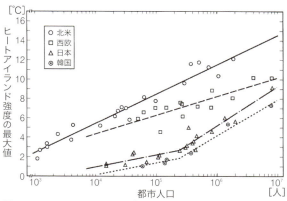

図 2・35　ヒートアイランド強度と都市人口の関係 （出典：朴恵淑・野中健一『環境地理学の視座―〈自然と人間〉関係学をめざして』昭和堂、p.13、2003）

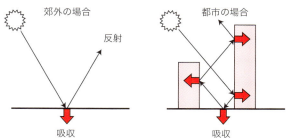

図 2・36　郊外と都市における日射吸収の違い

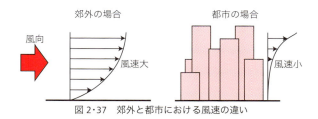

図 2・37　郊外と都市における風速の違い

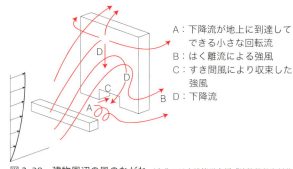

A：下降流が地上に到達して　　できる小さな回転流
B：はく離流による強風
C：すき間風により収束した　　強風
D：下降流

図 2・38　建物周辺の風のながれ （出典：日本建築学会編『建築設計資料集成 1 環境』丸善、p.146、1978）

外より多い。加えて、住宅やオフィスビルで使用される空調や照明、自動車や電車等の交通、工場での生産過程において消費されるエネルギーは、人口が多ければ総量が多くなる。これらは最終的には熱として大気中に放出される。それだけ大気を暖めやすく、都市と郊外の気温差である**ヒートアイランド強度**は都市人口が多いほど大きい（図2・35）。

　地表を覆う舗装道路やコンクリート造の建物などは日射を吸収し蓄熱する。これらは緑地や裸地よりも保水性が低いため蒸発潜熱による冷却が生じにくい。吸収された日射は顕熱として大気を暖めることになり、都市の気温は上がる。

　建物が密集し高層化している都市では、それだけ地表面の凹凸が複雑である。建物で反射した日射が再び周囲建物に入射するためアルベドが小さくなるほか（図2・36）、地表付近の平均風速が低減するため対流放熱が小さくなる（図2・37）。天空率が小さくなる分、放射冷却も阻害される。

（2）風

　地表面の凹凸が大きい都市域では摩擦が大きいため、平均的に風速は弱まる。しかし高層建築物の周辺では局所的に強風となって吹き付けることがある（図2・38）。高層建物にせき止められた風の一部は下降流となって地上に吹き下ろす。また建物の隅角部で、建物を押し

つけていた風が剥がれて強風となりやすい。このような風を**ビル風**という。

　都市よりも大きなスケールで吹く風が卓越していないときでも、ヒートアイランドが形成されていると、都心で暖められた上昇気流が郊外で下降し、地表付近

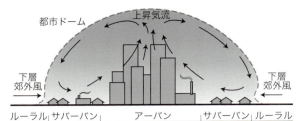

図2·39 ヒートアイランド形成の模式図 (吉野・福岡『環境気候学』東京大学出版会、p.216、2003)

では郊外から微風が流れ込んで循環する。これを郊外風という（図2·39）。

(3)大気

　人間の経済的・社会的な活動に伴い、自動車や工場などからの排出物質が大気中に放たれ、大気汚染が生じる。ヒートアイランドに伴う循環流が生じている状態では大気中の汚染物質が拡散されずに都市上空に留まり続け、その間も発生源から汚染物質が供給されるので、汚染が深刻化する。ドーム状に都市に被さった汚染大気は温室のガラスのようなはたらきをするため、これがまたヒートアイランドを増長させる要因となる（図2·39）。

(4)雲量と降水

　都市域で多く浮遊する大気汚染物質が凝結核となり、そこにヒートアイランドによる上昇気流が重なるため、とくに夏季の夕方に雲が発生しやすい（カンパチ雲▶p.36）。このことが都市の降水量の上昇に繋がっているかは議論されているところであるが、1日当たり0.1～1.0mmの微雨の日数は都心ほど多いことが指摘されている。短時間強雨については、1時間50mm以上80mm未満の「非常に激しい雨」、80mm以上の「猛烈な雨」の年間発生回数が増加している（図2·40、図2·41）。これは全国的な傾向であるが、都市部ではアスファルトやコンクリートなどの不透水性の地表面で多くを覆われているために、雨水が地中に浸透せず下水管や雨水管に集中し、洪水や浸水といった水害が問題となっている。

2　都市気候に配慮した都市・建築デザイン

　このような都市気候特性は、冬季の暖房負荷軽減のように肯定的に捉えられる側面もあるが、逆に夏季には冷房負荷を増大させる。大気汚染の悪化や、動植物の生息域や時節が変化し真冬でも蚊が発生するといっ

図2·40　1時間降水量50mm以上の年間発生回数 (出典：http://www.jma. go. jp/jma/kishou/info/heavyraintrend. html)

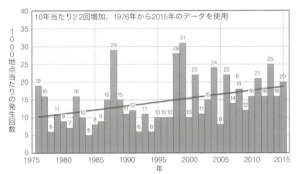

図2·41　1時間降水量80mm以上の年間発生回数 (出典：http://www.jma. go. jp/jma/kishou/info/heavyraintrend. html)

た生態系への影響もある。これら負の影響に対応するため、都市気候を緩和する方策が求められている。

(1)パッシブデザインの適用

　室内のように空調機器や空気清浄機で制御することができない屋外では、人工エネルギーによらず自然エネルギーを受けとめ調節・活用するパッシブデザイン（passive design）手法が重要な役割を果たす。

　その一つとして、緑地の維持拡大が挙げられる。都市を農山村のようにすることは容易ではないが、それでも建物壁面や屋上の緑化、街路樹の整備、校庭の芝生化、社寺林や公園緑地（図2·42）の確保など、都市にあった方法がある。緑地の維持拡大は、地表の透水性や保水性を確保し、雨水流出の抑制および遅延効果を高める。熱環境の面では、蒸発によって地表面温度が低く保たれやすい。とくに大規模緑地では、周辺市街地よりも低温化するクールアイランドが形成され、ヒートアイランドの緩和効果が期待される▶p.36。水蒸気に蓄えられた潜熱は再び凝結して雲にならない限り大気を暖めない。蒸発を伴わなくとも、中高木の緑陰や壁面緑化・屋上緑化によって、日射が遮蔽され受熱

図2・42　都市内大規模緑地の例（大阪市・靭公園）

表2・13　伝統民家における環境調節の工夫と現代的適用（出典：日本ヒートアイランド学会編『ヒートアイランドの事典』朝倉書店、2015）

部位	民家の工夫	機能・効果	現代的適用
建物周辺	防風林庭木	季節風対策、冷熱源照り返し防止、風の偏向・誘引日射遮蔽	植栽
	立地選択	季節風対策、日射取得	
屋根	急勾配の屋根	日射を大面積で受ける夏季夜間の放射面積大	屋根・天井の断熱強化
	茅葺屋根素焼き瓦屋根	雨水吸収による蒸発冷却	屋根緑化
	置き屋根	屋根裏外気自然排熱	屋根通気工法
	煙出し、越し屋根	排煙、垂直方向の通風	越し屋根
外壁	白色の漆喰壁	日射を反射夜間の長波長放射	白色の外壁
	土壁	吸放湿による調湿	土壁
		大きな熱容量	コンクリート、煉瓦
	板壁	吸放湿性	板壁
		壁体内の水分放湿	透湿防水シート
床	畳	即効吸放湿	畳
		接触冷感　温感	
	板床	接触冷感　温感	無垢材フローリング
	簀子床	床下冷気	床面換気口
	土間	吸放湿	土間
開口部	雨戸	防雨、防犯、断熱	雨戸、シャッター
	障子	拡散光、断熱	障子、カーテン
	高窓	熱気排出、採光	高窓、天窓
日除け	南面の庇	冬季のダイレクトゲイン、夏季の日射遮蔽	庇、バルコニー
	すだれ、よしず		よしず、すだれ、オーニング外付けスクリーン
	格子	日除け、通風、防犯	格子、彩風シャッター
用いることのできる現代技術・素材		ダイレクトゲイン断熱気密	透明ガラス、高機能ガラス断熱技術、断熱材気密技術、気密素材

量を抑えられる。建物の緑化により室内への伝熱量が抑えられ冷房負荷が減少すれば、空調排熱の抑制に繋がる。そのほかの面でも、大気浄化、CO_2の固定、景観の向上、動植物の生息地の確保といった、多岐にわたる効果が期待されている。

　道路舗装は密粒度アスファルト舗装が一般的であるが、透水性や保水性を高めた舗装とすることにより、地表面緑化と同様、雨水流出の抑制および遅延、蒸発による表面温度低下が期待できる。舗装用や建物屋根用に日射反射率を高めた塗料の開発が進んでおり、これらを用いれば、塗布面への日射受熱量を抑えることができる。

　郊外から都市へ風を誘導する考え方や手法を風の道といい、大気汚染やヒートアイランドの軽減が期待できる。シュツットガルトの事例が有名で、建物や主要道路、緑地帯の配置や形態を工夫し、周辺の丘陵部から新鮮な冷気流が流れ込むよう計画した。海に囲まれた日本では、海陸風が卓越する沿海部の都市で遡上する海風を利用することができる。このように、地域に本来あった気候特性を調節・活用するデザイン手法を、とくにバイオクライマティックデザイン（bioclimatic design）という。

　都市化は緑地だけではなく、河川や水路の暗渠化、池や湖沼、海の埋め立てなど、水面も減少させてきた。これら水面は、コンクリート等の人工物よりも日中の表面温度が上がりにくい。また河川や水路はその上空に建物等の障害物が少ないため、風の道として機能しやすい。したがって水辺の回復は都市気候緩和に効果的で、人体にとっても風が抜けて空気が新鮮に保たれ、平均放射温度の低さも相まって夏季の暑さを和らげる

効果がある。鴨川の納涼床 ▶ p.37 は京都を代表する夏の風物詩で、このような親水空間は各地に見られる。また、水生生物や水鳥などの生息地確保という面も期待できる。

　建物自身のパッシブ手法としては、伝統的な建物が参考となることが多い（表2・13）。電気やガスが日常にあふれる以前には、それだけその地の気候風土に規定されるため、身の回りにある材料を工夫して適応させる必要性が高かったためである。このような建物をとくに風土的建築（vernacular architecture）という。

図2・43　雪氷熱利用施設の例（札幌市・モエレ沼公園のガラスのピラミッド）（出典：http://moerenumapark.jp/pyramid）

(2)アクティブデザインの導入

　機械設備を利用する場合にも、よりエネルギー効率の高いものであれば、それだけ消費量を抑えられ、人工排熱の削減に繋がる。このような**アクティブデザイン**（active design）手法の開発改良は日々進んでいる。

　太陽光発電や太陽熱温水給湯は、燃料を燃焼させないため排熱・排ガスを伴わない。それだけでなく、建物屋根面に設置された太陽光パネルや給湯器が日射を遮蔽するため、冷房負荷の軽減に繋がる。

　地中熱ヒートポンプは、地中に熱交換チューブを埋設し、地中熱と熱交換させる方式で、東京スカイツリーなどで採用されている。外気に比べ日較差・年較差が小さいため、夏季は地中が放熱源、冬季は採熱源となる。大気に排熱されないためヒートアイランドの抑制策としても注目が高まっている。河川水を利用した地域冷暖房システムや、下水熱利用も、年較差が小さいことを利用したシステムである。

　豪雪地帯では、冬季の積雪を夏まで貯蔵し、冷熱源とする雪氷熱利用システムがある（図2・43）。

参考文献

小倉義光『一般気象学　第2版』東京大学出版会、1999

志村恭子・三嶋真名美・長野和雄・高木正則・桐山和也・須藤美音・堀越哲美「道路舗装に関する屋外比較実験の概要と夏季測定結果　各種道路舗装材が微気候形成に及ぼす影響　その1」『日本建築学会大会学術講演梗概集（東海）D-1』pp. 863-864、2012

総務省：電子政府の総合窓口（www.e-gov. go.jp）

日本建築学会編『建築学便覧　第2版　1計画』丸善、1977-1980

日本建築学会編『建築設計資料集成1環境』丸善、1978

日本生気象学会：日常生活における熱中症予防指針 ver.4、2022、（https://seikishou.jp/cms/wp-content/uploads/20220523-v4.pdf）

日本ヒートアイランド学会（編）『ヒートアイランドの事典』朝倉書店、2015

朴恵淑・野中健一『環境地理学の視座―〈自然と人間〉関係学をめざして』昭和堂、2003

堀越哲美ほか『〈建築学テキスト〉建築環境工学』学芸出版社、2009

吉野正敏・山下脩二編『都市環境学事典』朝倉書店、1998

Brown, G.Z., Dekay, M.: Sun, *Wind & Light: Architectural Design Strategies,* 2nd ed., John Wiley & Sons, 2001

Campbell, G.S., Norman, J.M.: *An Introduction to Environmental Biophysics,* 2nd ed., Springer, New York, 1998

Landsberg, H.E.: The Urban Climate (International Geophysics Series volume 28), Academic Press, New York, 1981

Li, H., Harvey, J.T., Holland, T.J., Kayhanian, M.: *The use of reflective and permeable pavements as a potential practice for heat island mitigation and stormwater management.* Environmental Research Letters, 8(1)15023, 14pp., 2013

Parsons, K.: *Human Thermal Environments: The Effects of Hot, Moderate, and Cold Environments on Human Health, Comfort, and Performance, 3rd ed.,* CRC Press, 2014

Wild, M., Folini, D., Schär, C., Loeb, N., Dutton, E.G., König-Langlo, G.: *The global energy balance from a surface perspective.* Climate Dynamics, 40(11-12), pp.3107-3134, 2013

ISO 11079: Ergonomics of the thermal environment - Determination and interpretation of cold stress when using required clothing insulation (IREQ) and local cooling effects, International Organisation for Standardisation, Geneva., 2007

気象庁（www.jma.go.jp）

International Society of Biometeorology: UTCI assessment scale. （www.utci. org）, 2012

Nagano Laboratory: Thermal index ETU. <etu-index. net>

演習問題

問1 次の記述のうち、最も不適当なものはどれか。

1. 気候とは、気温や気圧などの大気の長期間にわたる平均的な状態のことで、気象と同義である。

2. 一般に、海岸部と内陸部では、気温の日較差・年較差ともに内陸部の方が大きく、高緯度地域と低緯度地域では、気温の日較差は低緯度、年較差は高緯度の方が大きい。

3. 昼間、陸で上昇気流、海で下降気流が生じることで、地上付近で海から陸に向かって吹く風を海風といい、沿海部の都市ではヒートアイランド対策の一つとして海風を利用した都市づくりが検討されている。

4. 日照率の全国分布は、夏季には概ね30〜50%であるのに対し、冬季には日本海側で20%弱、太平洋側で60%前後と地域差が大きい。

問2 北緯35°の太陽位置図 ▶ p.43 図2·19 を見て、次の問に答えなさい。

(1) 春秋分の可照時間
(2) 冬至の日の出時の太陽方位角
(3) 夏至に太陽が真西に位置するときの時刻（真太陽時）

問3 北緯35°の日影曲線図 ▶ p.44 図2·21 を見て、次の問に答えなさい。

(1) 春秋分の14時における太陽方位角
(2) 夏至に太陽高度が30°を超える時間
(3) 冬至12時における、建物高さに対する日影の長さの倍率

問4 第二種低層住居専用地域にあり、条例により敷地境界線からの水平距離が10m以内の範囲では5時間、10mを超える範囲では3時間の日影時間に規制されている、北緯35°に位置する敷地において、図のように計画した建物がこの規制を満たしているか判定しなさい。

問5 太陽が高度60°、方位30°の位置にあり、そのときの水平面直達日射量、水平面天空日射量がそれぞれ720、120W/m²のとき、図のように南面する4寸勾配屋根に入射する日射量を求めよ。

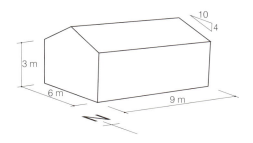

問6 次の記述のうち、最も不適当なものはどれか。

1. 熱中症とは、暑熱環境によって生じる健康障害の総称のことで、日本では湿球グローブ温度指標WBGTに基づいた基準が策定され、天気予報とともに注意喚起が行われている。

2. ヒートアイランド現象が起きると、都心部の気温が郊外に比べ高くなるだけでなく、大気汚染も招きやすい。

3. UTCIは人体の体温調節モデルによる体熱収支に基づいた指標で、主に寒冷環境の評価をする目的で開発された。

4. 都市に河川や水路などの水辺を回復することで、都市気候緩和効果が期待できる。

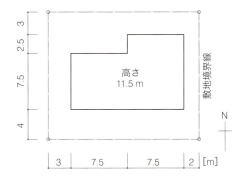

問1 〈正解1〉

気象とは時々刻々の大気の状態のことであり、長期間の平均的状態を表す気候とは異なる。

問2

(1) 6時から18時までの12時間

(2) およそ－62°

(3) およそ15時30分。夏至に太陽が真西にくるとき、15：10頃で太陽高度は約47°である。西向きの窓から日がよく入るのはそのためである。

問3

(1) 約45°

(2) およそ7時30分から16時30分までの9時間

(3) 定規で測って求める。約1.5倍。

問4

北緯35°なので、図2・21を用いて日影図を描く。その際、第二種低層住居専用地域なので、平均地盤面からの高さ1.5mで検討する。したがって、日影曲線図の基準長さを10mとなるよう縮尺を合わせ、冬至の日影図を描く。

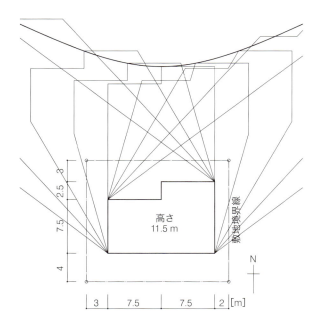

これを基に、5時間日影線、3時間日影線を導く。5時間日影線が敷地境界線から5mのラインを超え、また3時間日影線が敷地境界線から10mのラインを超え

ている。

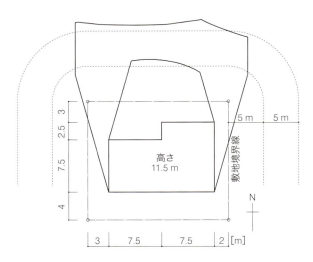

よってこの建物は日影規制条件を満たしていない。

問5

斜面の傾斜角をθとすると、

$$\cos \theta = \frac{10}{\sqrt{10^2 + 4^2}} = \frac{5}{\sqrt{29}}$$

$$\sin \theta = \frac{4}{\sqrt{10^2 + 4^2}} = \frac{2}{\sqrt{29}}$$

したがって、式2・10、式2・12、式2・13より、斜面直達日射量$J_{d\theta}$ [W/m²] は、

$$J_{d\theta} = \frac{720}{\sin 60°} \left(\frac{5}{\sqrt{29}} \sin 60° + \frac{2}{\sqrt{29}} \cos 60° \cos (30° - 0°) \right)$$

$$= 720 \left(\frac{5}{\sqrt{29}} + \frac{1}{\sqrt{29}} \right) = 802$$

式2・16より、斜面天空日射量$J_{s\theta}$ [W/m²] は、

$$J_{s\theta} = \frac{1 + \frac{5}{\sqrt{29}}}{2} \times 120 = 116$$

よって、802 ＋ 116 ＝ 918 [W/m²]

問6 〈正解3〉

UTCIは寒冷から暑熱までを評価でき、日射も加味した指標である。

03

光と色

イラストと写真で学ぶ 光と色のデザイン

日照調整の今昔

直射光は、室内の温度を上昇させ、まぶしさを生じさせるため、屋外で調整することが有効とされる。日本では、簾や、よしずなどによって日照調整が行われてきたが、近年では、ルーバーやブラインドの利用が多くなっている。

▶日照調整（p.79）

図 3・1　ルーバーと簾

窓からの採光？（国立西洋美術館）

ル・コルビュジエが設計した国立西洋美術館の展示室には、天井部から昼光を取り入れ拡散させるための装置（窓）が設置された。しかし、現在は、窓内部に人工照明を設置しており、昼光を取り入れているように見せている。

▶人工照明計画（p.84）

図 3・2　疑似窓

変化するあかり

図 3・3　トップライトと人工照明

伊東豊雄設計の「みんなの森 ぎふメディアコスモス」内の図書館では、トップライト下部の大きなグローブ（天蓋）が人の集まる空間を作っている。

日中は自然光が中心であるが、夕方から夜間にかけて人工照明が調光される。

▶窓の種類と特徴（p.80）

▶人工照明計画（p.84）

美しい夜間景観と漏れ光

図 3・4　漏れ光の事例

美しい夜景のことを「100 万ドルの夜景」ということがあるが、高い位置や遠方から美しく見える光は漏れ光であり、光害の原因となる。

▶光害（p.86）

3·1 光と色の物理理論

1 光と色の知覚

(1)目の構造

　視覚情報は、人の目から入って脳に伝わる。人間の目は図3·5のような構造になっており、角膜から瞳孔を通って入った光はさらに水晶体、硝子体を通って網膜上に像として投影される。虹彩によって瞳孔の大きさは変化し、明るいところでは小さく、暗いところでは大きくなり、水晶体に入る光の量が調節される。また、毛様体筋の働きによって水晶体の厚みが変わり、遠くを見るときには薄く、近くを見るときには厚くなるように調節される。網膜に到達した光は、網膜内の視細胞である桿体細胞（桿状体）、錐体細胞（錐状体）が感知し、視神経を経て脳に伝わり、光、色として知覚される。錐体細胞には長波長側の黄赤色光に感度の高いL錐体、中波長の緑色光に感度の高いM錐体、短波長側の青色光に感度の高いS錐体がある。

　網膜内の桿体細胞は、暗いところで働き（暗所視）、明暗を感知するが、色は識別できない。錐体細胞は明るいところで働き（明所視）、視対象の色や形を識別する。

(2)光の物理量と心理物理量

　光は電磁波の一種であり、人間が光として感じる波長域は380〜780nm（ナノメートル）（1nm＝10^{-9}m）である。電磁波のエネルギー量（放射束）はW（ワット）で表されるが、人間が感じる光のエネルギー量と可視光域の電磁波の放射束は異なる。人間が感じる光のエネルギー量は、放射束が同じであっても波長によって異なる心理物理量である。波長ごとに放射束に対して人が光として感じるエネルギー量の割合を示したものが、図3·6の標準比視感度曲線である。明所視の場合と暗所視の場合では、比視感度曲線が異なる。明所視では555nmの光に対する感度が最も高く、暗所視では短波長側の507nmの光に対する感度が最も高くなる。

　暗くなってくると、明所視から暗所視へと感度のピークが短波長側へ変化していく薄明視の状態になる。夕刻になると、赤色が暗く、青色が明るく見えるが、これは薄明視の状態で起こる現象で、プルキンエ現象という。

2 光の測光量

　空間の照明設計を行うためには光の量をとらえる必要がある。ここでは、光の量の表し方について示す。ここで扱う測光量は人間の目の感度を考慮した心理物理量である。

(1)光束 F（luminous flux）

　光束は、ある空間内を単位時間当たりに流れる光のエネルギー量であるが、人間が光と感じる波長域である380〜780nmの範囲の各波長の電磁波の放射束[W]に標準比視感度を掛け合わせて積分したものである。光束の単位は［lm：ルーメン］で、他の測光量の基本となっている。標準比視感度は明所視と暗所視の2つ

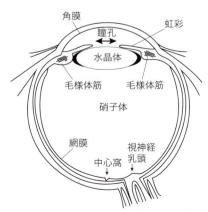

図3·5　眼球の構造（右目の水平断面）（出典：日本建築学会編『建築環境工学用教材』丸善、p.55、2015）

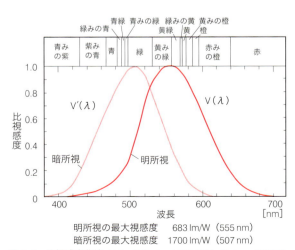

図3·6　比視感度曲線（出典：建築テキスト編集委員会『初めての建築環境』学芸出版社、p.106、2014）

の条件について示されているが、特に断りがなければ光束には明所視の比視感度を用いる。明所視において最も感度が高い波長555nmの光の、最大視感度 Km は683lm/W である。光束 F は以下の式で求めることができる。

$$F = Km \int_{380}^{780} P(\lambda)V(\lambda)d\lambda \quad \cdots\cdots\cdots\cdots\cdots \text{（式3・1）}$$

  F　：光束　[lm]
  λ　：波長　[nm]
 $P(\lambda)$：放射束　[W]
 $V(\lambda)$：標準比視感度

　光源の光束は全空間（4π）に流れる光の総量を意味することから、**全光束**という。

(2)光度 I（luminous intensity）

　光度は、蝋燭（candle）の明るさを示すための測光量に由来しており、点光源の明るさを表す。光源（主に点光源）からある方向に放射される光束の単位立体角 [sr：ステラジアン] 当たりの割合を光度 I といい、単位は [cd：カンデラ] で表す。立体角 $d\omega$ [sr]、光束 dF [lm] である場合の光度 I [cd] は次式で求められる。

$$I = \frac{dF}{d\omega} \quad \cdots\cdots\cdots\cdots\cdots\cdots\cdots\cdots \text{（式3・2）}$$

　光度の単位である cd[カンデラ]は、国際単位系(SI)の基本単位の1つであり、国際度量衡委員会は、「1cd は、540×10^{12}Hz（555nm）の単色放射を放出し、所定の方向におけるその放射強度が 1/683W/sr である光源のその方向における光度である」と定めている。これを基に他の測光量が定められている。

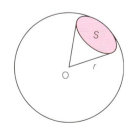

立体角 ω [sr：ステラジアン] は半径 r の球面上の面積を S とすると

$$\omega = \frac{S}{r^2}$$

全球の立体角は 4π

点光源

図3・7　光度と立体角（出典：『最新建築環境工学』井上書院、p.114、2015 を参考に作成）

(3)照度 E（illuminance）

　ある面に入射する単位面積 [m²] 当たりの光束の割合を**照度 E** といい、単位は [lx：ルクス] で表す。ある点における照度 E [lx] は、微小面積 dS [m²] に入射する光束 F を dF [lm] とすると次式で求めることができる。

$$E = \frac{dF}{dS} \quad \cdots\cdots\cdots\cdots\cdots\cdots\cdots\cdots\cdots \text{（式3・3）}$$

　照度は、光環境計画をする上で最も一般的に使用される指標である。自然光による屋外の明るさは時間、天候などによって変化する。図3・8に自然光を含めた各種光源の明るさの目安を示す。

(4)光束発散度 M（luminous exitance）

　ある面から単位面積（1m²）中に放射される光束の割合を**光束発散度 M** といい、単位は [lm/m² = rlx（ラドルクス）] で表す。

$$M = \frac{dF}{dS} \quad \cdots\cdots\cdots\cdots\cdots\cdots\cdots\cdots \text{（式3・4）}$$

 dF：ある面から放射される光束　[lm]
 dS：ある面の面積　[m²]

(5)輝度 L（luminance）

　輝度は、**発光している面を、ある方向から見たときの明るさ**であり、見かけの面積 [m²] から単位立体角 [sr] 当たりに照射される光束 [lm]（光度 [cd]）で表

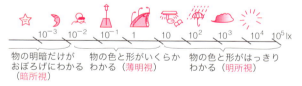

物の明暗だけがおぼろげにわかる（暗所視）　物の色と形がいくらかわかる（薄明視）　物の色と形がはっきりわかる（明所視）

図3・8　各種光源の明るさの目安（出典：日本建築学会編『建築環境工学用教材』丸善、p.56、2015 を参考に作成）

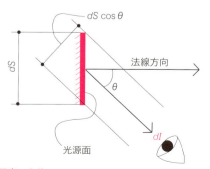

$dS\cos\theta$

法線方向

θ

光源面

dI

図3・9　輝度の定義（出典：岩田利枝『最新建築環境工学』井上書院、p.115、2015 を参考に作成）

される。単位は［cd/m²：カンデラ／平方メートル］である。発光している面の面積を dS［m²］、その面の法線方向に対して見ている方向の角度を θ とすると、見かけの面積は $dS\cos\theta$［m²］で、光度を dI［cd］とすると、輝度 L［cd/m²］は、次式で求めることができる。

$$L = \frac{dI}{dS\cos\theta} \quad\cdots\cdots\cdots\cdots\cdots\cdots\cdots（式3·5）$$

照度は、ある点に入射した光の量を表すため、照度を測定する面の素材や色に関わりなく（反射の影響を除いた場合）同一面であれば同照度が得られる。しかし、輝度の場合は、見る位置が異なれば同じ面であっても同じ輝度にはならない。また、その面の素材や色が変われば全く異なる値になる。輝度は見ている面の明るさを示すことから、空間の明るさを知る上では重要であるが、扱いが難しいことから、現状では統一した指標は示されていない。ただし、輝度分布測定やシミュレーションができるようになってきており、今後の照明設計では重要な測光量である。

（6）材料の表面特性

光が入射する材料の表面の特性により、モノの見え

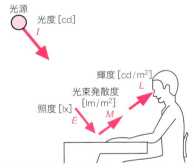

図3·10　測光量の種類と役割（例）（出典：日本建築学会編『建築環境工学用教材』丸善、p.56、2015）

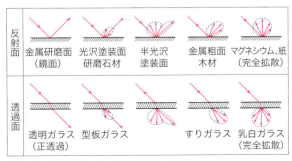

図3·13　材料の光反射、透過の性状（出典：岩田利枝『最新建築環境工学』井上書院、p.118、2015）

逆二乗の法則

点光源の場合、照度 E［lx］は光度 I［cd］に比例し、光源からの距離 h［m］の2乗に反比例するという逆2乗の法則から

$$E = \frac{I}{h^2}$$

で求めることができる。

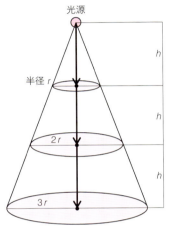

図3·11　逆二乗の法則

入射角の余弦法則

光源からの距離が同じであっても入射する角度が異なれば照度は異なる。

光源が受照面の法線方向にある場合に最も照度が高くなり、光源の方向と法線方向の角度が大きくなるほど照度は低くなる。受照面に対する法線の方向と光源の方向の角度が θ であるとき、光源と垂直な面上の点の照度を E_n［lx］とすると、受照面上の点の照度 E［lx］は

$$E = E_n \cos\theta$$

となる。このように、受照面上の点Pの照度は光の入射角 θ の余弦に比例する。これを入射角の余弦法則という。

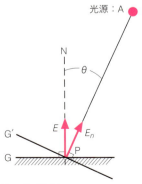

図3·12　入射角の余弦法則（出典：照明学会編『照明ハンドブック』オーム社、p.72、2003）

方が異なることから、材料の表面特性について知っておく必要がある。

ある材料表面に入射する光は、**反射、透過、吸収**されるが、材料によってその表面特性は異なる。

1）反射

入射角と反射角が等しい反射を正反射または鏡面反射という。また、入射した光が様々な方向に拡散する反射を拡散反射という。

光がある材料に入射するとき、入射光束 F の内、表面で反射する光束を F_ρ とすると、反射率 ρ ［％］は、次の式で求めることができる。

$$\rho = \frac{F_\rho}{F} \times 100 \cdots\cdots\cdots\cdots（式3\cdot6）$$

金属のように平面が平滑な素材は、正反射が多く、布のように凹凸のある素材は拡散反射が多い。表3・1は、各種材料の反射率を示す。

2）透過

透過性状は、透明ガラスのように材料の内部で拡散しないで透けて見える透明、全乳白ガラスのように材料内部で拡散して透けて見えない拡散、すりガラスのようなその中間である半透明、半拡散がある。また、指向性ガラスブロックのように一定の方向へ透過する指向性がある。

入射光束 F の内、材料を透過する光束を F_τ とすると透過率 τ ［％］は次の式で求めることができる。

$$\tau = \frac{F_\tau}{F} \times 100 \cdots\cdots\cdots\cdots（式3\cdot7）$$

表3・2は各種材料の透過率を示す。

3　光源の物理的特性

(1)光源の分光分布

ニュートンが、光はプリズムを通してみるとさまざまな色に分解されることを確かめたことはよく知られている。光にはさまざまな波長の光が含まれており、光源の種類によって波長成分（分光分布）が異なる。その分光分布が光の色みや演色性に関係している。

現在、主に使用されている人工光源には LED、蛍光ランプ、白熱電球、高輝度放電灯（HID）などがある。各種人工光源の分光分布の事例を図3・14に示す。

(2)色温度

一般照明用光源はその分光分布によって色みが異な

表3・1　材料の光の反射率の例（主として45°入射の全反射率［％］）
（出典：岩田利枝『最新建築環境工学』井上書院、p.117、2015 を一部変更）

材料	反射率［％］
正反射材料	
ガラス鏡面	80～85
アルミニウム	70～75
透明ガラス	10～12
拡散反射材料　金属、ガラス、塗料	
酸化マグネシウム（特製：反射率基準）	97
乳白ガラス（全乳）	60～70
すりガラス・板ガラス	15～25
白色ペイント・エナメル・ほうろう	80～85
淡色ペイント一般	30～70
濃色ペイント一般	15～40
拡散反射材料　紙および布類	
淡色壁紙	40～70
白布：木綿・麻	40～70
黒布：木綿・シュス	2～3
拡散反射材料　石材等	
淡色タイル	50～70
石材一般	20～50
赤レンガ（新）	25～35
白漆喰壁（新）	75～85
畳（新）	50～60

表3・2　材料の透過性状と光の透過率の例（指定のないものは拡散入射）
（出典：岩田利枝『最新建築環境工学』井上書院、p.117、2015 を一部変更）

材料	透過性状	透過率［％］
ガラス類		
透明ガラス（垂直入射）	透過	90
透明ガラス	透過	83
すりガラス（垂直入射）	半透明 半拡散	75～85
すりガラス	半透明 半拡散	60～70
型板ガラス（垂直入射）	半透明	85～90
型板ガラス	半透明	60～70
ガラスブロック	拡散	20～40
紙類		
トレーシングペーパー	半拡散	65～75
障子紙	拡散	35～50
布類		
布類透明ナイロン地	半透明	65～75
淡色薄地カーテン	拡散	10～30
濃色薄地カーテン	拡散	1～5
厚地カーテン	拡散	0.1～1
その他		
透明アクリライト（無色）	透明	70～90
半透明プラスチック（白色）	半透明	30～50

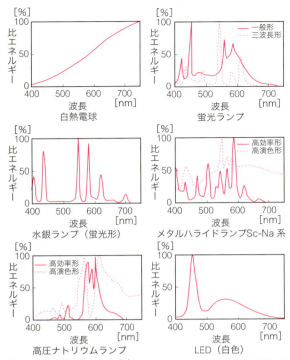

図 3・14　各種光源の分光分布（出典：平手小太郎『建築光環境・視環境』数理工学社、p.76、2011）

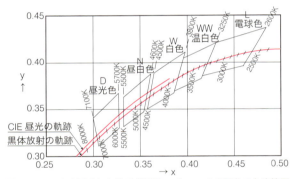

図 3・15　xy 色度図上における蛍光ランプ・LED の光源色の色度範囲（JISZ9112 より）（出典：日本規格協会『JIS ハンドブック 61 色彩』p.570、2013）

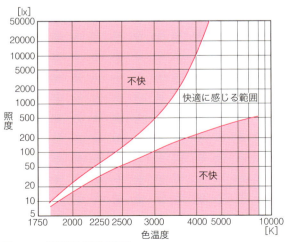

図 3・16　色温度と照度の関係（出典：Kruithof A. A., : Tubular luminescence lamps for general illumination, *Philips Tec. Rev.*, 6-3, p.69, 1941）

るが、分光分布だけではどのような色みであるのか判断できないことから、光源の色を表す指標として色温度が使われる。単位は［K：ケルビン］である。

　ある光源の色度が絶対温度 T［K］の黒体（完全放射体）の色度（図3・15参照）と等しいとき、この光源の色温度は T［K］である。蛍光ランプや LED などの人工光源の色度は黒体の色度と一致しないため近似値をとることから相関色温度［K］というが、色温度と同等に扱われることが多い。

　一般に色温度の低い光源は赤みがかった白で暖かみのある光、色温度の高い光源は青みがかった白で涼しげな光である。設計のための目安として各種光源の色温度と光色の見え方の関係が表3・3のように示されている。

　また、ドイツのクルーゾフによって照度と色温度の関係が図3・16のように示されており、高色温度の光を低照度で使用すると陰気な感じがして不快に感じ、低色温度の光を高照度で使用すると暑苦しく不快に感じる。

(3) 演色性

　同じ光色に見える 2 つの光源であっても物体色の見

表 3・3　各種光源の色温度と光色の見え方（出典：平手小太郎『建築光環境・視環境』理工学社、p.68、2011）

昼光	色温度[K]	人工光源	光色の見え方
・25500 特に澄んだ北西の青空光	— 20000 —		涼しい（青みがかった白）
・12300 北天青空光	— 10000 —		
	— 7000 —	・6500 昼光色蛍光ランプ	
・6250 曇天光	— 6000 —	・5800 透明水銀灯	
	— 5300 —		
・5250 直射日光	— 5000 —	・5000 三波長域発光形昼色蛍光ランプ 昼白色 LED	中間（白）
	— 4000 —	・4200 白色蛍光ランプ ・3500 混白色蛍光ランプ	
	— 3300 —		
	— 3000 —	・3000 電球色蛍光ランプ ハロゲン電球 ・2850 白熱電球 ・2700 電球色 LED ・2050 高圧ナトリウムランプ	暖かい（赤みがかった白）
	— 2000 —		
・1850 夕日		・1920 ろうそくの炎	

え方が異なることがあるが、これは光源の分光分布の違いによるものである。物体色の見え方を表す指標としては、平均演色評価数 Ra が使われる。特殊演色評価数 Ri（i:1～15）は資料光源と同じ色温度の基準の光で試験色（15色）を見たときの色ずれを評価する指標であり、高いほど演色性が良いと評価される。基準の光のときが最も高く 100 となる。平均演色評価数 Ra は R1 から R8 を平均した値である。

相関色温度が異なる光源では演色評価数を求めるための基準の光が異なるため Ra の比較には注意が必要である。基準の光とは資料光源の相関色温度が 5000K 未満のときは原則として完全放射体の光、ただし、相関色温度が 4600K 以上の昼白色蛍光ランプには、CIE（国際照明委員会）昼光、資料光源の相関色温度が 5000K 以上は原則として CIE 昼光である。

表3・4 に各種光源の平均演色評価数 Ra を示す。

(4) 各種光源の特性

1) 白熱電球（incandescent lamp）

白熱電球はフィラメントに電流を流して加熱し、その熱放射によって発光する。ガラス内には、フィラメントのタングステンの蒸発を抑制するためにアルゴンや窒素などが封入されている。色温度が約 2850K、演色性は Ra100 で、温かみがあり、自然な色の見え方である。光源の全光束［lm］を消費電力［W］で除した値である発光効率［lm/W］が約 15 lm/W とかなり低く、定格寿命は 1000～2000 時間程度と短い。小形のクリプトン電球は、ガラス内にクリプトンが封入されており、寿命は一般白熱電球の 2 倍である。

また、白熱電球の一種であるハロゲン電球は、ガラス内に微量のハロゲンガスを加えることによって、一般白熱電球に比べ、寿命を長くし、効率を高めている。色温度は 3000K 程度である。

近年、省エネルギーの観点から、白熱電球から省エネルギー性の高い光源への変更が求められている。

2) 蛍光ランプ（fluorescent lamp）

蛍光ランプは、電極間で放電された電子がガラス管内の水銀原子に当たり紫外線を発生し、それがガラス管内の蛍光物質に照射されることにより発光する。形状は、直管形、環形、電球形、コンパクト形など、光色は、電球色、温白色、白色、昼白色、昼光色など、演色性は、普通形、3波長域発光形、高演色形など様々

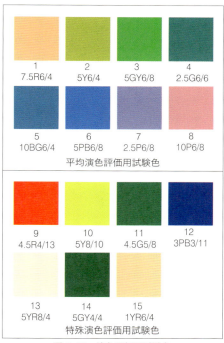

図3・17　演色評価用試験色

表3・4　各種光源の特性（例）（出典：『パナソニック WEB カタログ 2024』を参考に作成　＊は参考値）

光源の種類	消費電力[W]	全光束[lm]	発光効率[lm/W]	色温度[K]	平均演色評価 R_a	定格寿命[h]
クリプトン電球	54	810	15	2800	100	2000
ハロゲン電球	65	1100	17	2900	100	3000
普通形白色蛍光ランプ	32	1880	59	4200	61	12000
3波長域発光形蛍光ランプ（昼光色）	37	3350	91	6700	84	12000
Hf 蛍光ランプ（昼白色）	32	3520	110	5000	84	12000
電球形 LED ランプ（広配光タイプ）	7.0	810	116	2700	84	40000
直管形 LED ランプ（省エネ形）	14.8	2600	176	5000	80	40000
＊水銀ランプ	300	15800	53	4100	40	12000
＊メタルハライドランプ（高演色形）	250	19000	76	4500	96	6000
＊高圧ナトリウムランプ（高演色形）	250	11400	46	2500	85	9000
＊高圧ナトリウムランプ（効率本位形）	270	35000	130	2000	25	12000

なタイプのランプがある。発光効率は、3波長域発光形蛍光ランプで90lm/W程度で、白熱電球の約6倍である。また、定格寿命は直管形で12000時間、電球形で6000時間程度である。

3）LED（発光ダイオード）(light emitting diode)

LED（発光ダイオード）は、電気を流すと発光する半導体の一種である。1990年代に青色発光ダイオードが開発されたことにより、照明用白色LEDの開発が進んだ。2017年3月時点で、出荷されている照明器具の約94%がLED用照明器具であり、LEDは急速に普及している。

現在のLEDの発光効率は蛍光ランプよりも高くなっており、省エネルギー性が高い。定格寿命は40000時間程度であるが、これは光束が70%になったときの時間を示している。LEDの発光素子は小さいため、電球形、直管形、小形照明（器具一体形）など様々な形に対応できる。演色性は比較的高く、光色は、2700〜6500Kで、調色可能なタイプがある。LED自体は発熱しないが、基盤が発熱するため密閉性の高いところでの使用には注意が必要である。環境に有害な物質を含まず、虫が寄ってきにくいという効果がある。また、LEDから放射される光は、指向性が強くはっきりとした陰影を作りやすいため、拡散光を作り出すための工夫がされてきている。

4）高輝度放電ランプ（HID）(High Intensity Discharge Lamp)

高輝度放電ランプは、金属原子の高圧蒸気中の放電によって発光する。大きな光束が得られることから、大規模な建築物や街路照明などに利用されている。

建築用としては、水銀灯、メタルハライドランプ、高圧ナトリウムランプがある。これらの共通した特徴として、始動に時間がかかり、高演色タイプ以外は演色性が良くない。

4　色の見え

色には光源色と物体色がある。光源色は、光源から放射された光の色である。物体色には、ステンドグラスのように物体を透過してきた光によって知覚された色である透過色と、物体の表面で反射した光により知覚される色である表面色がある。光源色と物体色では混色方法が異なることから、表示方法が異なる。

(1)色の3属性

色を言葉で表すと、「明るい赤」「くすんだ赤」というように概ね色み（この場合、赤）に対して2つの修飾語で表すことができる。「明るい」は色の明るさを示し、明度という。「くすんだ」は色のあざやかさを示し、彩度という。さらに色みは、色相と呼び、色相、明度、彩度を色の3属性という。また、色みがあり、色相、明度、彩度で表す色を有彩色、白、黒、灰のように色みがなく、明度のみで表す色を無彩色という。

(2)混色
1)加法混色

テレビやディスプレイなどに映し出される色はR（赤）、G（緑）、B（青）の3色光の混色によって作られている。これらの3光色を光の3原色という。まったく光がないときは黒、R（赤）、G（緑）、B（青）を混色すると白になる。また、R（赤）とG（緑）を混色すると黄色になる。このように混色することによっ

図3・18　光の混色

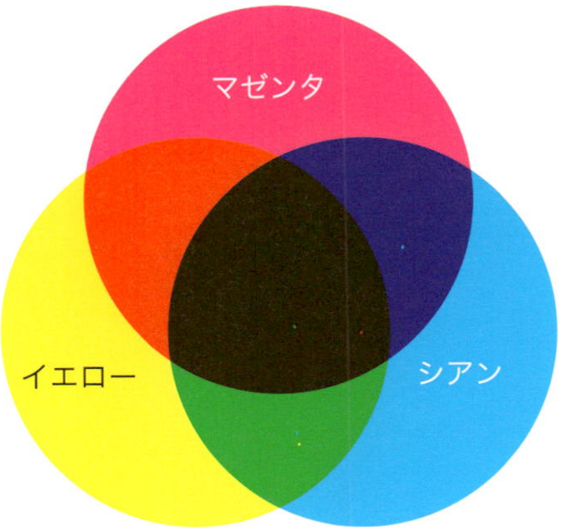

図3・19　色料の混色

て明るさが増すことから、**色光による混色を加法混色**という。

2）減法混色

　印刷物や塗料などの色料による色は、C（シアン）、M（マゼンタ）、Y（イエロー）の3色料の混色により作ることができる。この3色を**色料の3原色**という。

　シアン、マゼンタ、イエローを同量混色すると黒に近い色になる。このように混色することによって暗くなることから**色料による混色を減法混色**という。

5　色の表し方

　通常、色を表す場合、赤、青などの色名で表していることが多い。しかし、たとえば同じ赤であっても色みや明るさ、あざやかさが微妙に異なる色が存在する。そのため、正確に記録できる体系化された色の表示方法が必要になる。

　色を定量的に表す方法として**表色系**があり、顕色系、混色系の2種類に分けることができる。

　顕色系は、物体の心理的な知覚色を3属性によって定量的に表すもので、**マンセル表色系**、**NCS**（Natural Color System）が代表例である。**混色系**は、任意の色

が光の3原色で等色できることを原理としたもので、**XYZ表色系**が代表例である。

（1）マンセル表色系

　マンセル表色系は、物体の表面色を表す表色系でJIS（Z8721）に採用されている。色の3属性である**色相**（H：hue）、**明度**（V：value）、**彩度**（C：chroma）で色を表す。色相は、R（赤）、Y（黄）、G（緑）、B（青）、P（紫）の5色相を基本とし、それぞれの中間色であるYR（黄赤）、GY（黄緑）、BG（青緑）、PB（青紫）、RP（赤紫）の5色相を加え計10色相としている。さらにそれぞれ1〜10を頭に付けて分割し、合計100色相で表すことができる。ただし、JIS標準色票では、2.5、5、7.5、10の4分割として計40色相を採用している。

　明度は、全ての光を反射する白を10、まったく光を反射しない黒を0とし、その間は視覚的等歩度になるように分割されている。**彩度**は無彩色を0とし、色みの強い色ほど高い値となる。視覚的等歩度になるように数値化されており、**色相**によって最大彩度が異なる。各色相で彩度が最大となる色を**純色**という。Y（黄）やR（赤）などの純色はG（緑）やB（青）などの純色に対して彩度が高い。

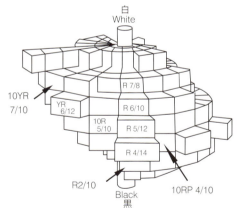

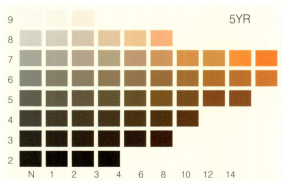

図3・20　マンセル表色系　色立体と色票（出典：日本建築学会編『建築環境工学用教材』丸善、p.63、2015を参考に作成）

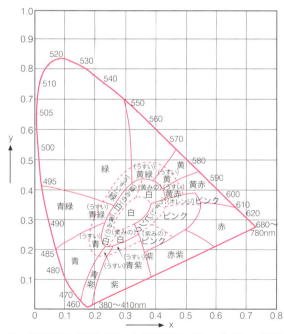

注：色名はおよそ視角が1〜4°、輝度が10〜10⁴cd/m²であって周囲の輝度がその15分の1以下であるような光源色に適用される

図3・21　xy色度図と光源の色名（出典：日本規格協会『JISハンドブック61色彩』p.231、2013）

例えば、色相が5YRで、明度が5、彩度が8の色を記号で表すと5YR5/8となる。無彩色（N）は彩度がないため、明度8の場合、N8と表示する。

(2) XYZ表色系

任意の色は光の3原色であるR（赤）、G（緑）、B（青）で等色できることから、RGBそれぞれの刺激量で色を表すことができる。これをRGB表色系というが、等色関数のRの刺激値が負の値になる波長域が存在することから、線形変換によってXYZ表色系の3刺激値X、Y、Zが正の値をとるように等色関数を導き出している。

XYZ表色系では、3刺激値X、Y、Zから、次式のように色度を求めることができる。

$$x = \frac{X}{X+Y+Z}$$

$$y = \frac{Y}{X+Y+Z}$$

....（式3・8）

Y値は明るさに対応している。

3・2　人間とのかかわり

1　順応

人の視覚は、周囲の環境や視対象に合わせて視対象の見え方を調整している。それを順応という。明るさに対する順応を明順応、暗順応という。また、光色に対する順応を色順応という。

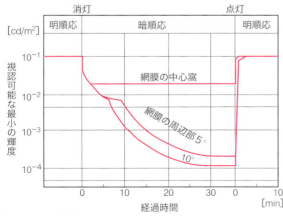

図3・22　順応時間（出典：日本建築学会編『建築環境工学用教材』丸善、p.56、2015）

(1) 暗順応と明順応

夜間、暗い室内に入ったとき直後は何も見えないが時間が経つとその暗さに慣れてぼんやりとモノの輪郭が見えてくる。これを暗順応といい、網膜上の視細胞である桿状体が主に働いている。暗い場所から明るい場所に入ったときには、一瞬まぶしく感じることもあるが、すぐにその明るさになれる。これを明順応といい、錐状体が働く。明順応に対して暗順応は時間がかかることから、トンネルや建築物のエントランスなどでは注意が必要である。

また、高齢になると、虹彩による瞳孔を広げる機能の衰えや水晶体の白濁から暗順応にかかる時間が長くなることも知っておきたい。

(2) 色順応

昼光の下から、白熱電球で照らされた部屋に入った直後は、周りの空間が赤みを帯びて見える。これは光色の影響で、室に入った直後は、網膜に到達した赤みを帯びた光によりR錐状体の感度が高くなり、全体に赤みを帯びて見えるが、しだいにR錐状体の感度が低くなり、昼光下で白く見えていたものは白く見えてくる。このように、光色の変化に順応して色の感度が変化することを色順応という。

2　明視性の条件

明視性とはものの見やすさのことであり、明視性が劣っている環境では作業効率が悪く、目の疲れを伴うこともある。明視性には「対象の大きさ」「対象の明るさ」「対象と背景の対比」が関係し、これらを明視の3要素という。また、「視認のための時間」を加えて、明視の4要素ということもある。

(1) 対象の大きさ

視野に入る適度な大きさの対象が見やすい。

視力検査に使われるランドルト環が例として挙げら

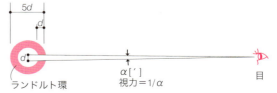

図3・23　ランドルト環（出典：日本建築学会編『建築環境工学用教材』丸善、p.55、2015）

れる。ランドルト環の円が欠けている部分の長さは外円の大きさの5分の1である。また、2重円の間隔も外円の5分の1である。視力は視角〔′〕をαとすると1/αで表すことができる。

(2)明るさ

1)必要照度

人は空間の中で、さまざまな行為を行っており、視作業の種類によって好ましい明るさは異なる。特に精密な作業下では、十分な明るさが要求される。職場において労働者が健康で安全に就業でき、快適な職場環境になるように、労働安全衛生規則では感光材料を扱う作業場、くい打ち作業その他特殊な作業を行う作業場を除き、作業の程度によって、最低限必要な明るさを定めている。また、JIS照明基準総則（JIS Z9110）では作業時の望ましい明るさとして基準面の推奨維持照度を示している。

さらに、照明基準総則では建築物の用途別に、空間の用途ごとの視作業の内容と推奨照度を示している。

2)明るさ分布

①照度分布

空間や視作業面における照度の広がりを照度分布という。視作業面はできるだけ均一な状態が好ましい。視作業面の照度分布の状態を指標として表したものに照度均斉度があり、視作業面の平均照度〔lx〕と最小照度〔lx〕の比で表す。

表3・5　労働安全衛生規則第604条

作業の区分	基準
精密な作業	300ルクス以上
普通の作業	150ルクス以上
粗な作業	70ルクス以上

表3・6　屋内作業における基本的な照明要件 （出典：『JIS照明基準総則』p.8、2010）

領域、作業または活動の種類	維持照度〔lx〕	照度均斉度	R_a
ごく粗い視作業、短い訪問、倉庫	100		40
作業のために連続的に使用しない所	150		40
粗い視作業、継続的に作業する部屋(最低)	200		60
やや粗い視作業	300	0.7	60
普通の視作業	500	0.7	60
やや精密な視作業	750	0.7	80
精密な視作業	1000	0.7	80
非常に精密な視作業	1500	0.7	80
超精密な視作業	2000	0.7	80

$$照度均斉度 = \frac{最小照度}{平均照度} \quad\cdots\cdots\cdots (式3・9)$$

JISの照明基準では、設計、製図、キーボード操作、計算などの視作業の場合、照度均斉度を0.7以上にすることを推奨している。均斉度には最大照度に対する最小照度の比を用いる場合もあるので注意が必要である。

②輝度分布

ある点からの視作業面や視野内における輝度の広がりを輝度分布という。視点の移動により輝度分布は変化する。視対象の輝度が低く、周りの輝度が高いとき視対象の視認性が低下する。逆に、視対象の輝度が高く、周りの輝度が低い場合、視認性が高くなる。高輝度の対象は、グレアや眼精疲労などの原因になるため注意が必要である。

輝度分布の指標としては、輝度比があり、視対象と周辺部の輝度の単純な比で表す。視対象と隣接部位の比は1/3以上3以下が望ましい。

(3)対象と背景の対比（コントラスト）

視認性評価の指標として輝度対比があり、背景輝度をL_b、視対象の輝度をL_tとすると、輝度対比Cは次式で求めることができる。

$$C = \frac{|L_b - L_t|}{L_b} \quad\cdots\cdots\cdots (式3・10)$$

図3・24に見るように、輝度対比が大きくなると視力が上がるが、背景輝度によってもかなり視力が異なる。

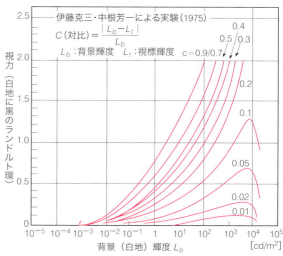

図3・24　明るさと視力の対比 （出典：日本建築学会編『建築環境工学用教材』丸善、p.55、2015を一部変更して作成）

(4) グレア

グレアとはまぶしさのことで、視認性や快適性を低下させる可能性があることから、光環境を計画する上で重要である。

視野内にまぶしい光が入ることによって、不快感を与えるグレアを不快グレア、対象が見えにくくなり作業効率を低下させるグレアを減能グレアという。また、人工照明や昼光のような光源の直接光が問題となるグレアを直接グレア、艶のある金属面や光沢紙などからの反射光が問題となるグレアを反射グレアという。

反射グレアの一種である光幕反射は、視対象面からの正反射光や指向性の強い光によって視対象面に光の幕ができたように見え、視対象が見えにくくなる現象である。この現象は、教室の黒板面、光沢のある紙面、コンピュータのディスプレイ、ガラス越しに鑑賞する展示物などでみられる。

反射グレアや光幕反射を起こさないためには、図3・25、図3・26にみられるように、光源の設置位置についての検討が必要である。

人工照明の不快グレアを評価する指標として CIE（国際照明委員会）が、グレア評価方法（UGR）を定めており、JIS の照明基準（JIS Z9110）に屋内基準として採用されている。値が小さいほどグレアが少ないことを示す。

$$UGR = 8 \log \left(\frac{0.25}{L_b} \times \sum \frac{L^2 \cdot \omega}{p^2} \right) \quad \cdots\cdots\cdots\cdots (式 3\cdot11)$$

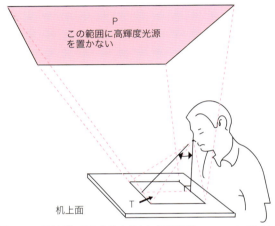

図 3・25　反射グレアを生じさせない光源位置 (出典：日本建築学会編『建築環境工学用教材』丸善、p.58、2015)

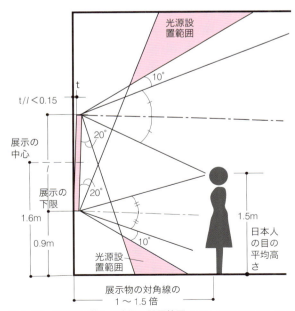

図 3・26　平面展示物への光源の設置範囲 (出典：日本建築学会編『建築環境工学用教材』丸善、p.58、2015 を参考に作成)

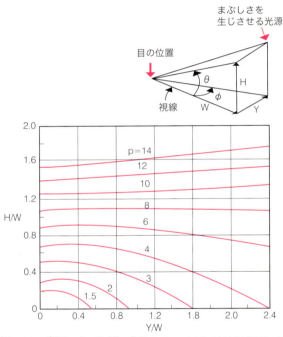

図 3・27　ポジションインデックス (出典：日本建築学会編『建築環境工学用教材』丸善、p.57、2015)

表 3・7　UGR 値と不快グレアの程度の関係 (出典：グレア調査研究小委員会『UGR ガイド』日本照明器具工業会、p.44、2006)

グレアインデックス	不快グレアの程度	日本人の UGR
31	ひどすぎる	38
28	ひどすぎると感じ始める	35
25	不快である	32
22	不快であると感じ始める	28
19	気になる	25
16	気になると感じ始める	21
13	感じられる	18
10	感じ始める	
7	感じない	

L_b：背景輝度 ［cd/m²］

L ：それぞれの照明器具の輝度 ［cd/m²］

ω ：それぞれの照明器具の発光部の立体角 ［sr］

p ：それぞれの照明器具の視線からの位置指数 ［ポジションインデックス］

屋内におけるやや粗い視作業、普通の視作業は UGR22 以下、やや精密な視作業、精密な視作業は 19 以下、非常に精密な視作業、超精密な視作業は 16 以下としている。しかし、このグレア指標は日本人の不快グレアに対する感覚と異なるとの指摘もあり、表3·7のよ

うに UGR と日本人の不快グレアの程度の関係が示されている。

また、相関色温度が高い光源ほど不快グレアの許容限界輝度が低くなり、同じ輝度であっても相関色温度の低い光源のほうがまぶしさを感じにくい。特に高齢になると、若年者に対し不快グレアの許容限界輝度がかなり低くなる。高齢者はまぶしさを感じるが若年者はまぶしさを感じない範囲が広いため、設計時には注意が必要である。

(5) モデリング

昼光や人工照明によって視対象を見せることを**モデリング**という。指向性のある点光源は陰影がはっきりして視対象を立体的に見せる効果がある。しかし、強すぎる陰影は好ましくない。また、面的な拡散光は、視対象を平面的に見せるため、好ましいとは言えない。視対象に対して適切な光の強さや方向が重要となる。

執務室や学校など人の顔の見え方が重要な場所では、好ましい顔の見え方が望まれる。モデリングを評価する指標の1つに顔の見えと照明ベクトルとスカラー照

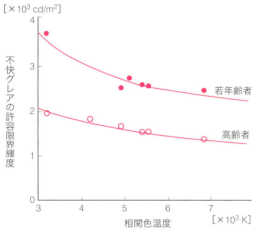

図 3·28　光源の相関色温度と不快グレアの許容限界輝度の関係 （出典：矢野正・金谷末子・市川一夫「高齢者の不快グレア—光色との関係」『照明学会誌』Vol. 77、No. 6、1993）

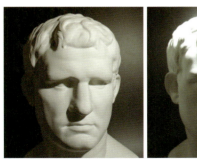
右斜め上からの光

真上からの光

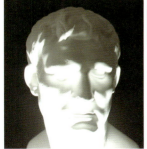
下からの光

左真横からの光

図 3·29　光の方向とモデリングの例

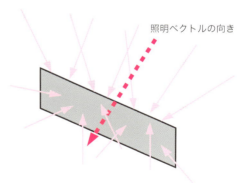

図 3·30　照明ベクトル （出典：吉澤望『生活環境学』井上書院、p.130、2008 を参考に作成）

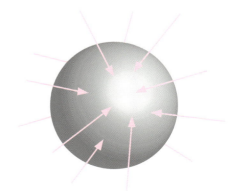

図 3·31　スカラー照度 （出典：吉澤望『生活環境学』井上書院、p.130、2008 を参考に作成）

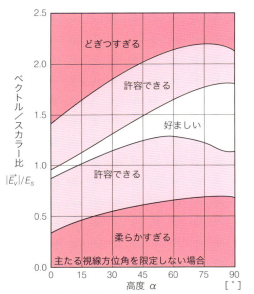

図 3·32　ベクトル・スカラー比 （出典：日本建築学会編『建築環境工学用教材』丸善、p.57、2015）

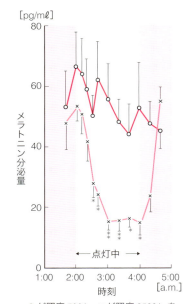

○ が照度 500 lx、× が照度 2500 lx を示している
＊：p<0.5、＊＊：p<0.1

図 3·33　光による夜間のメラトニン分泌抑制 （出典：Lewy A. J. et al. : Light Suppresses Melatonin Secretion in Humans, *SCIENCE*, Vol. 210,12, p.1268, 1980）

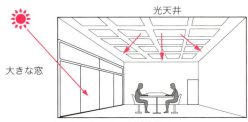

大きな窓と光天井のある高齢者施設のデイルーム
図 3·34　光療法の事例

度の大きさの比（ベクトル・スカラー比）との関係がある。

　照明ベクトルとは、ある点の表側の照度と裏側の照度の差が最大となるときの微小面に対する法線ベクトルであり、光の方向と大きさを示す。このときの照明ベクトルの大きさを**ベクトル照度**という。

　スカラー照度（平均球面照度）とはある点を中心とした微小球面上の平均照度であり、ある点にすべての方向から入射する光の大きさを表すことができる。

3　光とサーカディアンリズム

　外部環境が分からない場所での人の**サーカディアンリズム**（体内時計）は約 25 時間であるといわれる。しかし、人は屋外の明暗の周期に同調し、サーカディアンリズムを 24 時間周期に調節している。近年では昼夜問わず建築物内で活動することが多くなっているため、明暗の変化を体感しにくくなっている。また、働き方の多様化でサーカディアンリズムの位相にズレが生じ、健康面に問題が起きることもある。

　空間の明るさや空間の光色が睡眠とサーカディアンリズムに影響を及ぼすことが指摘されており、睡眠を促すホルモンであるメラトニンの分泌に影響する。

　照度が 200 lx 程度では十分にメラトニン抑制がされないが、500 lx 以上あれば抑制効果があるという研究結果がある。就寝前に明るい環境下に暴露されているとメラトニン分泌が抑制され、なかなか寝付けないということが起こる。

　認知症の高齢者の中には、夜間の睡眠障害により問題行動がみられるケースがあるが、午前中に高照度の空間で生活することでサーカディアンリズムを整えると、夜間の問題行動が減少するという報告がある。このように**光によってサーカディアンリズムを整えることを光療法**という。個人差はあるが、午前中に強い光（通常 2500 lx 以上）を浴びるとサーカディアンリズムを前進させ、夕方に強い光を浴びると後退させる効果がある。

　また、短波長の単色光（青色光）にはメラトニン分泌の抑制効果があることが指摘されており、人工照明として使われている白色光源の場合、概ね相関色温度が高いほどメラトニン抑制効果が大きい。

4　色のイメージ

　色には、人の感情に働きかける効果があり、これを**色の感情効果**という。特に人に比較的共通して現れる効果として、温冷感、派手・地味感、硬軟感、軽重感が挙げられる。

　温冷感は**色相**に影響され、赤、黄赤、黄のような太陽や火の色を連想させる**暖色系**の色は暖かく感じ、青緑、青、青紫のような水の色を連想させる**寒色系**の色は冷たく感じる。黄緑、緑、紫のように暖かくも冷たくも感じない色を**中性色**という。また、無彩色では低明度色が温かく、高明度色が涼しく感じる。

　派手・地味感は**彩度**に影響され、彩度の高いあざやかな色は派手なイメージを与え、彩度の低い灰みがかったくすんだ色は地味なイメージを与える。

　硬軟感は主に**明度**に影響され、明るい色はやわらかく、暗い色はかたく感じる。また、**色相**にも影響され、暖色系の方がやわらかく感じる。硬軟の感情は、物体表面の材質からの影響が大きく、無光沢の色は光の反射が乱反射となるためやわらかく感じ、光沢のある色は鏡面反射が生じるためかたく感じる。

　軽重感は**明度**に影響され、明るい色は、物を軽く感じさせ、暗い色は重く感じさせる。特に室内配色では、天井に高明度、床に低明度の色を用いて、重心が下になるようにすることで安定感が得られる。天井面に暗い色を持ってくると低い天井では圧迫感がある。

　色のイメージをとらえる方法として、**SD法**（Semantic Differential Technique）を用いることが多い。

　図3・37は、昼光色蛍光ランプによる照明下の机上面照度150lxのときの2.5PB8/2の色彩イメージを示している。高齢者は、地味な色を好むと思われがちであるが、比較的彩度や明度の高い色、寒色を好む傾向がある。

　また、一般に抽象的嗜好色と商品や空間にとって好ましい色とは異なることから、空間に利用する色は、その空間にとって好ましい色を選定する。色は空間のイメージに与える影響が大きいことから、扱いには注意が必要である。

5　色の視覚効果

(1)色彩対比

　日常生活の中で物理的には同じ色を見ていても、その背景の色が異なる場合、違う色に知覚されることがある。これは、背景と図の色が相互に影響し、その相違が強調して見えるためである。背景色の異なる同じ色を同時に見たときにその色の見え方が異なることを**同時対比**といい、**明度対比**、**色相対比**、**彩度対比**がある。また、ある色を継続して見た後、目を移動したときにその色の残像が影響して色の見え方が変わることを**継時対比**という。

(2)明度対比

　白背景と黒背景で同じ灰色を見比べた場合、白背景の灰色の方が暗く感じるというように、背景によって明るさが異なってみえることを**明度対比**という。

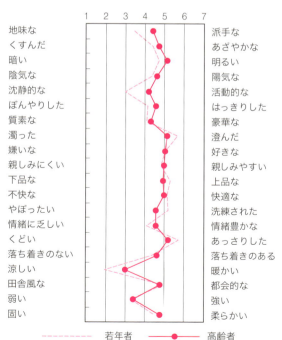

図3・35　色のイメージ例（昼光色の蛍光ランプ下机上面照度150lxのときの2.5PB8/2の場合）（出典：宮本雅子「高齢者・若齢者の色識別性と色彩イメージ」『日本色彩学会誌』33・3、p.131、2006）

左軸（上から）：地味な、くすんだ、暗い、陰気な、沈静的な、ぼんやりした、質素な、濁った、嫌いな、親しみにくい、下品な、不快な、やぼったい、情緒に乏しい、くどい、落ち着きのない、涼しい、田舎風な、弱い、固い

右軸（上から）：派手な、あざやかな、明るい、陽気な、活動的な、はっきりした、豪華な、澄んだ、好きな、親しみやすい、上品な、快適な、洗練された、情緒豊かな、あっさりした、落ち着きのある、暖かい、都会的な、強い、柔らかい

----- 若年者　　—●— 高齢者

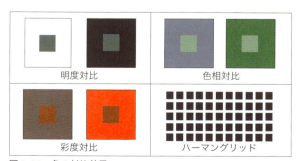

図3・36　色の対比効果（出典：日本建築学会編『建築の色彩設計法』p.110、2005を参考に作成）

明度対比　　色相対比　　彩度対比　　ハーマングリッド

ハーマングリッドは、明度差の大きい格子の場合、交差部で暗い部分と明るい部分の距離差が大きくなるため、対比が低くなることによって影があるように見える現象で、明度対比の一例である。

(3)色相対比

背景の色の残像との混色として図の色が知覚されることから、背景の色相が異なると色の見え方が異なる。これを**色相対比**という。

(4)彩度対比

彩度の異なる背景で同じ色を見たとき、彩度の高い背景よりも彩度の低い背景の方があざやかに見えると

いうように、背景の彩度により色の見え方が異なることを**彩度対比**という。

2色が同一色相の場合は、背景色の彩度が高いと図の色の彩度が低下して見える。逆に、補色関係にある2色を背景色と図の色に使った場合、図の色の彩度が高くみえる。これを、**補色による彩度対比**（**補色対比**）という。

(5)同化

対比とは逆の効果で、まわりの色に影響されて色の見え方が異なる現象で、**ベゾルト効果**という。図となる色の面積が小さいまたは線が細く、背景と図の明度、色相が近いほど効果が大きい。また、この現象は、色相、明度、彩度それぞれに対して起こる。

屋内空間で壁紙やカーテン、タペストリーなどのファブリックに細かい模様が使われている場合に同化が見られる。

(6)面積効果

建築仕上げ材料を選定する際、小面積の見本で決定することが多いが、同じ素材の色であっても小さな面

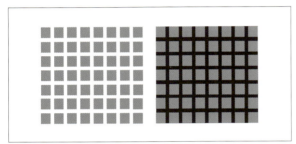

図3・37　同化効果

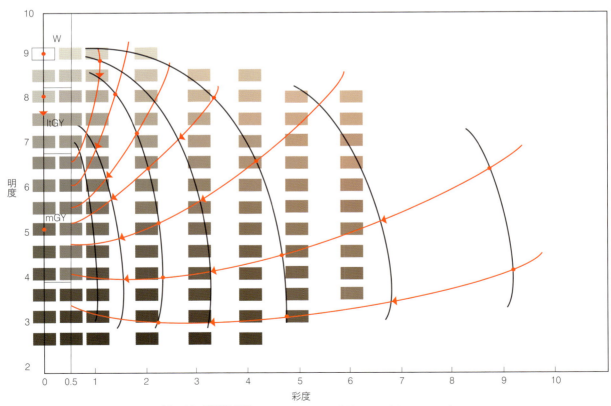

図3・38　面積効果図 （出典：日本建築学会編『建築の色彩設計法』p.113、2005）

積で見たときと大きな面積で見たときでは、印象が異なる。視野角が、20°ぐらいまでは面積が大きくなるほどあざやかで明るく感じるとされている。これを色の面積効果という。面積効果では、色相のずれは生じない。図3・38に示すように赤、黄赤、黄などの暖色の場合にその効果が大きい。

建築材料には暖色系の色を使うことが多いため、特に大きな面積に使う色については注意が必要である。

(7)誘目性

人の目を引きやすい性質を誘目性という。無彩色よりも有彩色、低彩度色よりも高彩度色の誘目性が高い。特に赤、黄、黄赤などの暖色系の純色は誘目性が高い。

誘目性の高い色は、目立ちやすいことから安全色として防火、禁止、警告、停止などの標識等に使われている。

6　色彩調和

色彩調和論は古くは古代ギリシャから様々な説が唱えられている。色彩配色は、機能的な側面だけでなく美しく調和していることが求められる。19世紀後半以降、フランスの化学者シュブルールやアメリカの色彩学者ムーンとスペンサーなど多くの科学者によって科学的に色彩調和について論じられるようになった。アメリカの色彩学者ジャッドはそれらの研究を4つの原理にまとめた。

ジャッドの色彩調和の4原理

アメリカの色彩学者ジャッドは、色彩調和は個人的な好みの問題であるとしながらも、過去の色彩科学者

たちの研究から秩序の原理、なじみ（親しみやすさ）の原理、類似性（共通性）の原理、明瞭性（明白性）の原理の4原理を見出した。

秩序の原理　　　　　　なじみの原理

類似性の原理　　　　　明瞭性の原理

図3・39　色彩調和の4原理事例

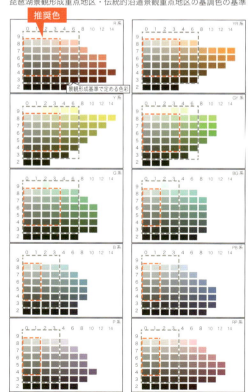

琵琶湖景観形成重点地区・伝統的沿道景観重点地区の基調色の基準

○ 外観および屋根の基調色について彩度の上限値、明度の下限値を守る。

・基準では、基調色、副基調色について、彩度の上限値、明度の下限値を定めています。
・基調色では推奨値を設定しています。副基調色・強調色については、推奨値の設定は行いません
・強調色として認める範囲は、5%程度までとします。5%を超えると「副基調色」となるため、使用できる色に制限がかかります。
・屋根の基調色は、彩度の上限値のみ適用することとします。
・屋根には日本瓦の黒、グレー、茶などを採用することを推奨します。

「基調色」... 建築物等の外壁のうち、最も大きな面積を占める色です。面積の比率については、下記を参照ください。

分類	内　　容	面積
基調色	最も大きな面積を占めます。基調色の色が街並みに大きく影響します。	70%
副基調色	基調色と強調色の間を調和させます。基調色を引き立て、安定させます。	25%
強調色	小さな面積に用いて全体を引き締めます。強調色を用いることで、単調な配色に変化や動きを与えることができます。	5%

図3・40　草津市景観形成ガイドラインより抜粋（出典：草津市景観形成ガイドラインより）

a　色の選び方のポイント

- 背景を黒にする場合、赤を使わない。
- 黄色と黄緑は赤緑色覚異常の人にとっては同じ色なので、同一サインの中で、色の識別が必要な部分に、黄色と黄緑を使わない。なるべく黄色を使い、黄緑は使わない。
- 暗い緑は赤や茶色と間違えるので、同一サインの中で、色の識別が必要な部分に暗い緑と赤、茶を使わない。また、暗い緑に近い色を使用したい場合は、青みの強い緑を使う。
- 青に近い紫は青と区別できないので、同一サインの中で、色の識別が必要な部分に青と青に近い紫は使わない。また、青紫に近い色を青と合わせて使いたい場合は、赤紫を使う。
- 明るい黄色は白内障では白と混同するので白と合わせて使わない。
- 白黒でコピーしても内容を識別できるかを確認する。
- 弱視者にとっては、白地に黒文字よりも黒地に白文字の方が読みやすい。

b　色の組み合わせ方のポイント

- 暖色系（赤紫、赤、黄赤、黄）と寒色系（青緑、青、青紫）、明るい色と暗い色を対比させる。ただし、暖色系と寒色系で対比させるよりも明るい色と暗い色で対比させるほうが効果的である。

c　文字に色をつけるときのポイント

- 色相（色み）の差だけでなく、背景と文字の間にはっきりとした明度（明るさ）の差をつける。
- 色だけでなく、書体（フォント）、太字、イタリック、傍点、下線、囲み枠など形の変化を利用する。

d　グラフや図表、地図などに色をつけるときのポイント

- 色に頼らなくても情報が得られるように工夫する。
- 白黒でも意味が通じるように図をデザインし、色はその後で「装飾」としてつける。
- 線は実線どうしで色だけを変えるのではなく、実線、点線、波線など様々な線種と色とを組み合わせる。
- 色情報をのせる線は太く、輪郭線や境界線で、塗り分けの境を強調する。
- 色相（色の種類）の差ではなく明度の差を利用して塗り分ける。

e　色で用途を分けるとき

- 色覚障がい者にとっては色名での案内はその色を探すことが困難なため、用紙や窓口に色名も表示する。

コンピュータで色覚障がいの見え方のシミュレーションができることから、計画時に見え方の確認をする。

秩序の原理は、色相環上の正3角形が描ける位置の純色3色や色相環上で等間隔にある4色のように規則的に選ばれた色は調和するというものである。

なじみ（親しみやすさ）の原理は、自然界にある色のように普段から見慣れている色は調和するというものである。

類似性（共通性）の原理は、色相が同じである、明度が同じであるなど共通性があると調和するというものである。

明瞭性（明白性）の原理は、色相差がはっきりしている、明度差がはっきりしているなど色の差がはっきりとしていてあいまいでないとき調和するというものである。

7　カラーユニバーサルデザイン

近年は、案内表示や印刷物、表示ランプやコンピュータの画面など、多色表示になっているため、不便を感じるケースが増えてきている。そのため、誰にでもわかりやすい色使いについて考える必要がある。

色覚障がいは、黄色人種で男性の20人に1人（5％）、女性の500人に1人（0.2％）にみられる。白人男性では8％、黒人男性では4％といわれる。色覚障がいは、3種類の錐体細胞（L錐体、M錐体、S錐体）のうちいくつかが欠損していたり、感度曲線がずれて他の細胞に近づいてしまうことによって起こる。残った錐体細胞の感度の差を利用して大半の色は見分けられるが、特定の色については差を感じにくくなる。大多数を占める1型色覚、2型色覚は赤緑色覚異常ともいわれるように、赤と緑の区別がつきにくい。

症状の重軽はあるが、85歳以上の高齢者のほぼ100％が白内障であるといわれる。人の視覚機能は高齢になると衰えるが、水晶体の白濁や黄変化により色

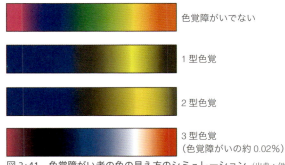

色覚障がいでない

1型色覚

2型色覚

3型色覚
（色覚障がいの約0.02％）

図3・41　色覚障がい者の色の見え方のシミュレーション（出典：伊藤啓『色使いのガイドライン』p.3、2005を参考に作成）

の見え方が変化することにより、色の識別能力が低下し、わずかな色の差が識別できなくなる。特に水晶体の黄変化により、青色が暗く見える。

視覚障がい者の多くは、弱視（ロービジョン）者で、低視力かつさまざまな症状を持っており、人によって視覚の状態は異なる。晴眼者にとっては色相や彩度の違いによってモノのイメージが大きく変化するが、弱視者には、色相や彩度の区別がむずしい場合がある。

以上のように、視覚の状態によって色の見え方が異なることから、カラーユニバーサルデザインが提案されている。サイン計画の際の色選びのポイントを左のコラムに示す。

3・3　建築とのかかわり

1　日照調整

窓面から入射する日射は、夏には室内の温度を高める冷房負荷になるため、できるだけ遮る必要がある。逆に冬には室内を暖める暖房効果があることから、日射を有効に利用できる。しかし、日射はグレアの原因にもなるため適度に遮蔽し適度な光環境を保つ必要がある。そのために日照調整が行われる。その方法として、**窓材料**、**窓装置**、**窓処理**（ウィンドートリートメント）、**植栽**等による工夫などがある。

(1)窓材料

窓材料には主にガラスが使われるが、**熱線反射ガラス**、**熱線吸収ガラス**、**日射遮蔽型 Low-E 複層ガラス**などは日射遮蔽効果が大きい。

日射遮蔽効果の大きい窓材料は夏の日射遮蔽には有効であるが、冬の日射熱取得には不利になる。特に単層のガラスは断熱性が低いため冬の暖房負荷低減効果は期待できない。

(2)窓装置

庇、**ルーバー**、**フィン**など建築物の構造的な工夫によって日照を調整する方法がある。

ル・コルビュジエが日射を遮蔽するための装置として建築と一体化した日除けを**ブリーズ・ソレイユ**と称したことが知られている。

これらの設備は、取り外しを前提としていないため季節や時刻によって日射遮蔽の効果が変わる。ルーバーには、太陽の動きに合わせて**スラット角**（水平面と横板（スラット）とのなす角度）を調整することができるものが多い。

窓装置が直射日光を遮蔽する角度を保護角という。

(3)窓処理（ウィンドートリートメント）

ベネシアンブラインド、**カーテン**、**障子**、**簾**、**よしず**など窓の内側または外側に取り付ける調整方法がある。

ベネシアンブラインドを内側に設置した場合と外側に設置した場合で日射遮蔽効果を比較すると、外側に設置した場合の方が日射遮蔽効果はかなり大きくなる。

また、室内側にロールブラインドやカーテンをつける場合、暗色よりも暖色の場合の方が反射率が高く日射遮蔽効果が大きくなる。

日本の伝統的な日照調整装置である**簾**やよしずは屋外に設置することから、日射遮蔽効果は大きくなる。日中は屋内にやわらかな光を通し、屋外の様子がわかる。

(4)日射導入装置

直射日光を、照明として利用するための装置として**ライトウェル**、**ライトシェルフ**、**ライトダクト**、**光フ**

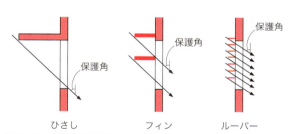

図3・42　窓装置と保護角（出典：平手小太郎『建築光環境・視環境』数理工学社、p.121、2011）

屋内から屋外の見え方　　屋外から屋内の見え方
図3・43　昼間の簾を通した人の見え方

アイバーなどがある。

　ライトウェルは光井とも呼ばれ、トップライトからの光が井戸状の部分で反射してやわらかい光が下部に導かれる。

　ライトシェルフは、開口部外部に設けた庇の上部での反射光を建築物内部の天井で反射させ室内に取り込むものである。

　光ダクトは側壁や屋根に設置し、ダクト内部に反射鏡など反射率の高い材料を使うことによって効率よく直射光を室内に導入する装置である。

　光ファイバーによる照明は、自然光または人工光を集光して光ファイバーによって光を室内に導入することができる。太陽光追尾システムを導入し、光ファイバーを利用した照明では、自動的に太陽の動きを追尾して効率よく昼光を利用できる。

(5)窓の種類と特徴

　窓はその位置によって大きく**側窓、頂側窓、天窓**の3つに分類される。

1)側窓

　側窓は、**壁に設置された窓**で、掃出し窓、腰窓、肘掛け窓などが例として挙げられる。構造、施工、維持管理が比較的容易であり、通風、遮熱に有利であり、眺望も得やすいという利点がある。欠点としては、窓外の状況によって十分に光が得られないことや、プラ

イバシーの問題が挙げられる。また、片側採光の場合は、窓面と室奥の明るさが不均一になる。

2)天窓

　天窓（トップライト）は**屋根または天井面にあけた窓で、窓面が床面に対して水平かそれに近い関係にある**。天窓は、構造、施工、維持管理上難しい面があり、通風、遮熱に対して不利であるが、同面積の側窓に対してかなり多くの光を得ることができる。日射によるグレアには注意が必要であるが、太陽の動きによる直射面の変化を楽しむことが可能である。

3)頂側窓

　頂側窓は**天井部に近い高さにある鉛直な窓**で、越屋根、鋸屋根、疑似天窓などが例として挙げられる。頂側窓は構造、施工面では側窓の長所を持ち、採光上は天窓の長所を持っている。美術館の展示室や工場などに用いられる。

(6)採光に必要な窓の面積

　建築基準法では、建築物の居室には適切な採光上有効な窓面積を設けるように規定している。採光上有効な実際の窓面積は、建物の用途や用途地域によって異なる。天窓は、側窓の3倍の光量があるとみなして計算する。

　例えば、住宅の居室の開口部の有効面積は居室の面積の1/7以上必要であることから、14m²の居室の場合

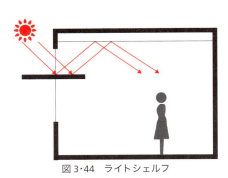

図3・44　ライトシェルフ

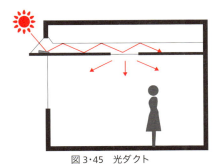

図3・45　光ダクト

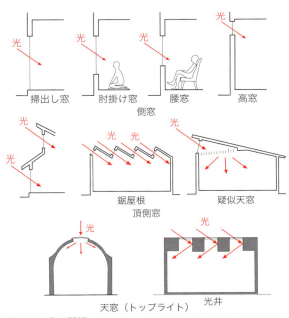

図3・46　窓の種類（出典：平手小太郎『建築光環境・視環境』数理工学社、p.116、2011を参考に作成）

$2m^2$ 以上の開口部があればよいことになるが、開口部の中心と隣地や前面道路との関係から採光補正係数を算出しなければならないため、単純に $2m^2$ でよいとはいえない。隣地との距離が十分にある場合、実際の窓面積の最大3倍までを有効面積とみなすことができる。

(7)昼光率 D

　昼光による室内のある点の照度は、その時の天候や時刻などによって変化する。そのため、ある時刻に測定した照度でその室の明るさを評価することはできない。そこで、天候や時刻にできるだけ左右されない室内の明るさを示す指標として**昼光率**が使われる。昼光率は、直射光を除いた天空光による屋外水平面照度である**全天空照度**［lx］に対する室内のある点の照度［lx］の割合［％］で示す。

$$D = \frac{室内のある点の照度}{全天空照度} \times 100 \ ［\%］ \cdots\cdots（式3\cdot12）$$

表3・8　採光上有効な開口部面積の割合（出典：岩田利枝『最新建築環境工学』井上書院、p.134、2015 より作成）

居室の種類	窓の有効面積／居室の床面積
幼稚園、小学校、中学校、高等学校または中等教育学校の教室	1／5
保育所の保育室	
住宅の居室	
病院または診療所の病室	1／7
寄宿舎の寝室または下宿の宿泊室	

表3・9　採光補正係数（出典：岩田利枝『最新建築環境工学』井上書院、p.134、2015 より作成）

用途地域	採光補正係数	有効採光面積
住居系	6×D／H － 1.4	開口部の面積 ×採光補正係数
工業系	8×D／H － 1.0	
商業系	10×D／H － 1.0	

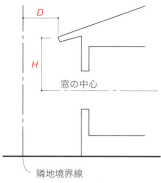

図3・47　採光に必要な窓面積の求め方

　ある点の明るさは、窓から直接入射する光による**直接照度**と、窓から入った光が壁や天井などに反射して入射する光による**間接照度**の足し算で考えることができる。全天空照度に対する直接照度の割合を**直接昼光率 D_d**、全天空照度に対する間接照度の割合を**間接昼光率 D_r** という。また、直接昼光率と間接昼光率の和を**全昼光率**ともいう。

　立体角投射率はある面 S を半径1の半球上に投影した面 S' をさらに水平面に投影した面 S'' の面積を半径1の円の面積で割った割合である。

$$U = \frac{S''}{\pi} \cdots\cdots\cdots\cdots\cdots\cdots\cdots\cdots\cdots（式3\cdot13）$$

　天空輝度が一様で周りに建物や樹木などがない場合の直接昼光率は次式で求められる。

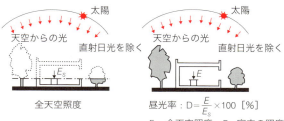

図3・48　全天空照度と昼光率（出典：日本建築学会編『建築環境工学用教材　環境編』丸善、p.62、2015）

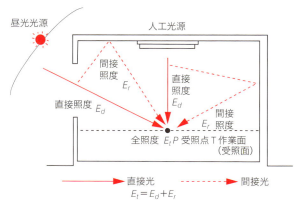

図3・49　直接照度と間接照度（出典：日本建築学会編『建築環境工学用教材　環境編』丸善、p.60、2015）

表3・10　設計用全天空照度（出典：日本建築学会編『建築環境工学用教材　環境編』丸善、p.62、2015 より作成）

天候等	照度［lx］
特に明るい日（薄曇りなど）	50000
明るい日	30000
普通の日	15000
暗い日	5000
非常の暗い日（雷雲など）	2000
快晴の青空	10000

表 3・11　基準昼光率 (出典：吉澤望『生活環境学』井上書院、p.137、2008)

段階	基準昼光率 [%]	視作業・行動のタイプ (例)	室空間の種別
1	5	長時間の精密な視作業 (精密製図、精密工作)	設計・製図室 (天窓・頂側窓)
2	3	精密な視作業 (一般製図、タイプ)	公式競技用体育館、工場制御室
3	2	長時間の普通の視作業 (読書、診察)	事務室一般、診察室、駅、空港コンコース
4	1.5	普通の視作業 (板書、会議)	教室一般、学校、体育館、病院検査室
5	1	短時間の普通の視作業または軽度の視作業 (短時間の読書)	住宅の居間、台所、子ども室、絵画展示美術館、病院待合室
6	0.75	短時間の軽度の視作業 (包帯交換)	病院病室、事務所の廊下、階段
7	5	ごく短時間の軽度の視作業 (接客、休憩、荷造り)	住宅の応接室、玄関、便所、病棟廊下
8	0.3	短時間出入りする際の方向付け (通常の歩行)	住宅の廊下、階段
9	0.2	停電の際などの非常用	体育館観客席、美術館、収蔵庫

$$D_d = \tau MRU \times 100 \quad \cdots\cdots\cdots\cdots\cdots (式 3・14)$$

τ：ガラスの透過率

M：ガラスの透過の維持率 (保守率)

R：窓面積の有効率

U：立体角投射率

　窓をガラスのない開口と考える場合、τ、M、R をそれぞれ 1 とすると

$$D_d = U \times 100 \quad \cdots\cdots\cdots\cdots\cdots\cdots (式 3・15)$$

となり、直接昼光率は立体角投射率で求めることができる。

(8) 長方形光源 (窓) の立体角投射率

　側窓のように受照面と光源 (窓) が垂直な場合と天窓のように受照面と窓が水平な場合で求め方が異なる。

　長方形窓面と受照面が垂直で、受照面が長方形の 1 つの頂点からの法線上にある場合は、立体角投射率を U_v、長方形窓面から受照面までの距離を d、長方形窓面の幅を b、長方形窓面の高さを h とすると、

$$U_v = \frac{1}{2\pi}\left(\tan^{-1}\frac{b}{d} - \frac{d}{\sqrt{d^2+h^2}}\tan^{-1}\frac{b}{\sqrt{d^2+h^2}}\right)$$
$$\cdots\cdots\cdots\cdots (式 3・16)$$

となる。この式による立体角投射率 U_v の算定図を図 3・52 に示す。

　また、長方形窓面と受照面が平行で、視点が長方形

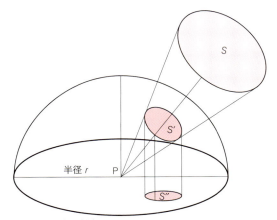

図 3・50　立体角投射率 (出典：日本建築学会編『建築環境工学用教材　環境編』丸善、p.60、2015 を参考に作成)

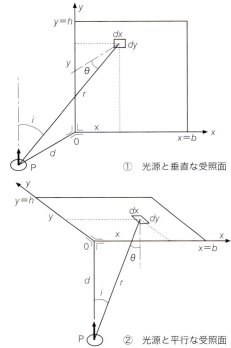

① 光源と垂直な受照面

② 光源と平行な受照面

図 3・51　長方形光源 (窓) の立体角投射率 (出典：松浦邦男・高橋大弐『エース建築環境工学 1』朝倉書店、p.88、2001)

の 1 つの視点からの法線上にある場合は、立体角投射率を U_p、長方形窓面から受照面までの距離を d、長方形窓面の 1 辺の長さを b、他辺の長さを h とすると、

$$U_p = \frac{1}{2\pi}\left(\frac{b}{\sqrt{d^2+b^2}}\tan^{-1}\frac{h}{\sqrt{d^2+b^2}}\right.$$
$$\left. + \frac{h}{\sqrt{d^2+h^2}}\tan^{-1}\frac{b}{\sqrt{d^2+h^2}}\right)$$
$$\cdots\cdots\cdots\cdots (式 3・17)$$

となる。この式による立体角投射率 U_p の算定図を図 3・53 に示す。

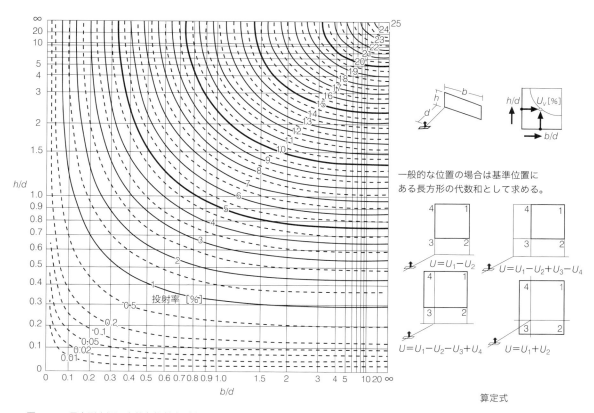

図 3・52　長方形光源の立体角投射率（光源と受照面が垂直な場合）（出典：日本建築学会編『建築環境工学用教材　環境編』丸善、p.62、2015）

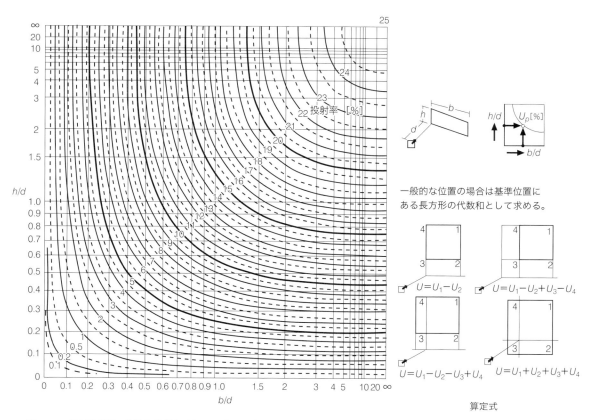

図 3・53　長方形光源の立体角投射率（光源と受照面が平行な場合）（出典：日本建築学会編『建築環境工学用教材　環境編』丸善、p.62、2015）

2 人工照明計画

(1)照明方式

照明方式には大きく分けると全般照明と局部照明がある。

全般照明は、空間全体に必要な明るさを確保する照明方式である。

局部照明は、作業面を個別に明るくする照明方式である。

また、**作業照明**（タスクライト）と**周辺照明**（アンビエントライト）を組み合わせた照明方式である**タスク・アンビエント照明**がある。アンビエントライトにより、安全性、快適性を高め、さらにタスクライトにより、作業性を向上させることを目的としている。タスク・アンビエント照明は、作業面に対する個別の制御が可能であること、グレアが少ないこと、省エネルギーである、明暗差が大きいと好ましくない雰囲気・目の疲れの原因になるなどの特徴がある。

(2)照明器具の種類

照明器具には、天井直付け照明の**シーリングライト**や**スポットライト**、吊り下げ照明の**ペンダント**や**シャンデリア**、埋め込み照明の**ダウンライト**や**システム照明**、壁直付け照明の**ブラケット**、置き型照明の**フロアスタンド**や**テーブルスタンド**などがある。

一般の照明器具とは異なり、天井・壁や造り付け家具の一部として設けられた照明を**建築化照明**という。建築化照明は、光源が見えず、天井や壁に反射させた光が配光されるため、柔らかな光が得られる。建築物と一体となっていることから、設計時に十分な検討が必要である。建築化照明の事例としては、上向きの光を天井や壁に反射させる**コーブ照明**、下向きの光を壁に反射させる**コーニス照明**、上下方向の光を壁に反射させる**バランス照明**、天井全体または大部分を照明とした**光天井**、くり抜いた天井に光を反射させる**コファ照明**などがある。

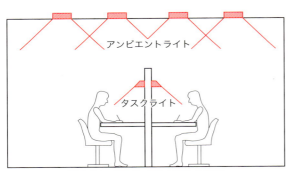

図 3・54 タスク・アンビエント照明

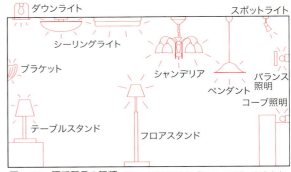

図 3・55 照明器具の種類 （出典：梁瀬度子他編『住まいの事典』朝倉書店、p.174、2004）

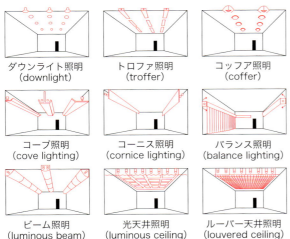

ダウンライト照明
（downlight）

トロファ照明
（troffer）

コッファ照明
（coffer）

コーブ照明
（cove lighting）

コーニス照明
（cornice lighting）

バランス照明
（balance lighting）

ビーム照明
（luminous beam）

光天井照明
（luminous ceiling）

ルーバー天井照明
（louvered ceiling）

図 3・56 建築化照明の例 （出典：日本建築学会編『建築環境工学用教材 環境編』丸善、p.54、2015）

直接照明器具	半直接照明器具	全般拡散照明器具
上向光束　0～10% 下向光束　100～90%	上向光束　10～40% 下向光束　90～60%	上向光束　40～60% 下向光束　60～40%
直接間接照明器具	半間接照明器具	間接照明器具
上向光束　40～60% 下向光束　60～40%	上向光束　60～90% 下向光束　40～10%	上向光束　90～100% 下向光束　10～　0%

図 3・57 配光による照明器具の分類 （出典：日本建築学会編『建築環境工学用教材 環境編』丸善、p.54、2015 を元に作成）

(3)人工照明の配光による分類

　人工照明は、照明器具の形やシェードの素材などによって配光が異なり、空間のイメージに与える影響は大きい。空間の用途によって適切な配光が必要である。

　照明器具を配光により分類すると**直接照明、半直接照明、全般拡散照明、半間接照明、間接照明**の5つに分けることができる。

　直接照明は、ダウンライトや金属シェードの下向きペンダントなどのようにほとんどの光が下方に配光される。室全体を明るくするのには不向きであるため、局部照明として使われる。ダウンライトを複数灯設置することによって全般照明として利用されることもある。**半直接照明**は、大半が下方に配光されるが、一部上方に配光され、天井または壁面で反射した光が照明として利用される。**全般拡散照明**は、球状の照明器具のように空間全体にほぼ均一に配光される。**半間接照明**は、大半が上方に配光され、天井または壁面で反射した光が拡散するとともに、一部直接下方に配光される。半直接照明、全般拡散照明、半間接照明は、室全体を明るくする全般照明として利用されることが多い。**間接照明**は、ほとんどの光が上方に配光され、天井または壁面で反射した光が室内の照明として利用される。反射光のため柔らかく、落ち着いた光が得られる。

(4)人工照明と昼光照明の併用

　昼間はできるだけ昼光照明を利用し、補助的に人工照明を利用することで推奨照度を確保するシステムが用いられるようになってきている。窓からの昼光量を照明器具に取り付けられた明るさセンサーによってとらえ、照明器具個々の明るさを調光制御するシステムが事例として挙げられる。

(5)光束法による照明計算

　教室や事務室、作業場など複数の人が同じ光環境の中で作業する必要のある空間では、室内の光環境が均一になるような照明設計が必要になる。

　照明器具から放射される全光束のうち作業面に到達する光束の割合を算定することによって室の**平均照度**［lx］を算出することができる。照度を計算するにあたって、室の形状（天井高、平面形状）から求められるk（**室指数**）や天井、壁、床の材料の反射率をとらえておく必要がある（表3・1）。

室指数（k）は次式で求められる。

$$k = \frac{xy}{H(x+y)} \cdots\cdots\cdots\cdots\cdots\cdots\text{(式3・18)}$$

　x　：室の奥行き　［m］

　y　：室の間口　［m］

　H　：作業面から光源までの高さ　［m］

　次に、求められた室指数、天井、壁、床の反射率から**照明率**（U）を定める。照明率は照明器具によって異なることから、使用する器具の照明率表を用いる。また、照度は、照明器具に使用しているランプの**光束維持率**、ランプや器具の清掃の状態、内装材の反射率の低下などによって低下する。新設時の明るさとランプを交換する直前の明るさの比を**保守率**（M）と定義し、「保守が良い」「普通」「悪い」の3段階について器具ごとに算定されている。保守率の逆数を**減光補償率**（D）という。図3・60は照明器具例の照明率、保守率等を示している。

　使用する器具の台数が決まっている場合の作業面の**平均照度** E ［lx］は、次式で求められる。

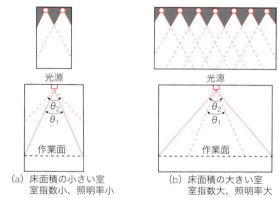

(a) 床面積の小さい室　　　(b) 床面積の大きい室
　　室指数小、照明率小　　　　室指数大、照明率大

図3・58　室指数と照明率との関係 (出典：日本建築学会編『建築環境工学用教材　環境編』丸善、p.61、2015)

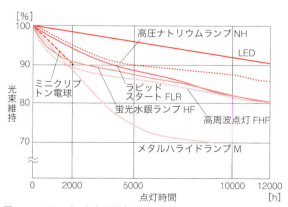

図3・59　ランプの光束維持率の例 (出典：『Panasonic 照明設計資料』から作成)

照明器具		反射率 天井	80 %				70 %				50 %				30 %				0 %
		壁	70	50	30	10	70	50	30	10	70	50	30	10	70	50	30	10	0 %
		床	10 %				10 %				10 %				10 %				0 %
		室指数	照明率（×0.01）																
		0.6	56	43	35	30	54	42	35	29	52	41	34	29	50	40	34	29	27
		0.8	66	54	46	40	64	53	45	40	61	51	45	39	59	50	44	39	37
		1.0	72	61	53	47	70	60	53	47	67	58	52	46	65	57	51	46	44
		1.25	78	68	60	54	76	67	60	54	73	65	59	54	70	63	58	53	51
		1.5	82	73	66	60	81	72	65	60	77	70	64	59	74	68	63	59	56
光源 ： LED(5000K) 6720 lm		2.0	88	80	74	69	86	79	73	68	83	77	72	67	80	75	71	67	64
		2.5	92	85	79	75	90	84	79	75	87	82	77	73	84	79	76	72	69
		3.0	94	88	83	79	93	87	83	78	90	85	81	77	87	83	79	76	73
		4.0	98	93	89	85	96	92	88	84	93	89	86	83	90	87	84	82	79
		5.0	100	96	92	89	98	95	91	88	95	92	89	87	92	90	88	85	83
		7.0	102	99	96	94	101	98	95	91	98	95	93	91	95	93	91	90	87
		10.0	104	102	100	98	102	100	99	97	100	98	97	95	97	96	95	93	90

取付高さ	器具間隔最大限(m)		保守率	
	横方向	縦方向		
1.5m	1.98	2.17	良	0.81
2	2.62	2.74	中	0.77
2.5	3.25	3.32	否	0.68
3	3.88	3.92		

図3・60　照明器具の例 （出典：『パナソニックの器具データ』から作成）

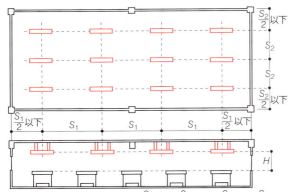

壁際まで使用する場合は図中の $\frac{S_1}{2}$ 以下、$\frac{S_2}{2}$ 以下を $\frac{S_1}{3}$ 以下、$\frac{S_2}{3}$ 以下とする。（Hは光源から作業面までの高さ）

図3・61　照明器具の配置 （出典：日本建築学会編『建築環境工学用教材　環境編』丸善、p.61、2015）

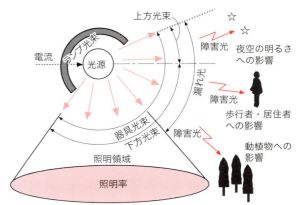

図3・62　光害に関する用語 （出典：環境省光対策ガイドラインより）

$$E = \frac{NFUM}{A} \ [\mathrm{lx}] \quad\cdots\cdots\cdots\cdots\cdots（式3・19）$$

A ：室の面積 [m^2]

F ：1台の照明器具に設置されているランプの光束の合計 [lm]

N ：照明器具台数 [台]

U ：照明率

M ：保守率

作業面の**所要照度** E [lx] と照明器具が決まっている場合には、次式によって照明器具台数（N）を求めることができる。

$$N = \frac{AE}{FUM} = \frac{EAD}{FU} \ [\text{台}] \quad\cdots\cdots\cdots\cdots（式3・20）$$

照明器具の設置位置は、全般照明の場合は、取り付け間隔（S）を等間隔とし、壁際の照明器具と壁の間隔は、壁際まで使用しない場合は$S/2$、使用する場合は$S/3$、あるいはそれ以下とする。S は照明器具、取り付け高さによって異なる。

（6）光害

　夜間の屋外照明には、歩行者、運転者等の安全性と円滑性の確保、犯罪の防止、活動・作業の安全性と確実性の向上、楽しさや華やかさの演出などが求められる。しかし、夜間照明は、動物・植物の生理生態に影響を及ぼす可能性があり、人の活動への影響も指摘されている。都市部の光が大気中の水分や塵などで拡散し夜空が明るくなるため、天体観測の妨げとなる。また、街路などの屋外照明の光が住居の寝室に入り込み、安眠妨害やプライバシーに影響することもある。さらに、歩行空間や道路照明に上向きの光のような不必要な光が使われることによるエネルギー消費が二酸化炭素排出と関係する。

　このように良好な「光環境」の形成が、人工光の不適切あるいは配慮に欠けた使用や運用、漏れ光によって阻害されている状況またはそれによる悪影響を及ぼしていることを**光害**という。

　光害抑制策として1998年に環境省により**光害対策**

表 3・12　夜間照明の植物への影響 （出典：環境省光対策ガイドラインより）

植物		夜間照明の影響
作物・野菜	水稲	品種により異なるが数ルクスの照度でも出穂が遅延。照度の増加に伴い遅延日数も大きくなり不出穂の場合も発生。
	ホウレンソウ、シュンギク、カラシナ	抽苔・開花促進を生じ、商品価値が損われる。その程度は品種間、栽培時期で異なる。
	タマネギ	苗が小さくとも鱗茎を形成し、鱗茎が充分肥大しないうちに成熟してしまう。
	セルリー、イチゴ	20ルクス以下での生育実験データからは抽苔、出曹、開花の反応は見られない。
樹木・花木	アオギリ、スズカケノキ、ニセアカシア、ユリノキ、プラタナス	落葉が遅れ、冬芽形成などの休眠誘導を阻害。
	トウカエデ	幾分、落葉の遅れが見られる。
	ツツジ	葉が無くなるなどの影響がある。

表 3・13　光害対策ガイドラインで設定する指針値抜粋 （出典：環境省光対策ガイドラインより）

光環境類型	最大鉛直面照度値		発光面の平均輝度の最大許容値 (cd／㎡)		上方光束比の最大許容値
	減灯時間前	減灯時間後	建物ファサード	看板	
E1	2 lx	0 lx	減灯時間前< 0.1	50	0%
			減灯時間後　0	0	
E2	5 lx	1 lx	5	400	2.5%
E3	10 lx	2 lx	10	800	5.0%
E4	25 lx	5 lx	25	1,000	15%

E1：自然公園や里地等で、屋外照明設備等の設置密度が低く、本質的に暗く保つべき地域。
E2：村落部や郊外の住宅地等で、道路照明灯や防犯灯等が主として配置されている程度であり、周辺の明るさが低い地域。
E3：都市部住宅地等で、道路照明灯・街路灯や屋外広告物等がある程度設置されており、周囲の明るさが中程度の地域。
E4：大都市中心部、繁華街等で、屋外照明や屋外広物の設置密度が高く、周囲の明るさが高い地域。

ガイドラインが策定された（2021年改訂）。地域の特性に応じた4つの光環境類型を設定し、光環境の指針値等を示している。

3　建築物の色彩計画

　建築物を構成する部材に使われる色は、その占める割合によって**基調色**、**配合色（副基調色）**、**強調色（アクセント色）**に分類できる。

　基調色は大きな面積を占める部分の色彩で、全体のイメージに大きな影響を及ぼす。建築物の外壁や建築内部の壁、天井、床などの色がこれにあたる。

　配合色（副基調色）は基調色部分に次いで大きな面積を占める部分の色彩で、基調色との配色によって特徴あるイメージを作る。建築物外部の屋根、窓サッシ、ドア、庇などや、建築内部の建具、カーテン、家具などの色がこれにあたる。

　強調色（アクセント色）は小面積部分に使用し、強調して全体の印象を引き締める色である。

4　景観色彩計画

　日本では高度経済成長期以降、乱開発により住環境が悪化した。都市の景観についての規制がなかったため、看板、バス、建築物外壁の色などに誘目性の高い色を使うことによって目立たせる事例が増えた。そして、誘目性の高い色が、街の中にあふれるようになり**騒色**という言葉まで登場する。

　国は効率重視、景観軽視であった施策から、魅力の

表 3・14　建築構成部材の色彩分類 （出典：日本建築学会編『建築の色彩設計法』p.107、2005）

色彩分類	定義	部位	
		建築外観	建築内部
基調色	背景となる部分の色彩で、大きな面積を占め、全体の雰囲気を決定付ける	壁	壁
			床
			天井
配合色（副基調色）	図となる部分の色彩で、基調色に次いで大きく、特徴あるイメージを表現する	屋根	腰壁
		壁・塗り分け部	窓サッシ
		窓サッシ	建具
		ドア	幅木
		雨戸	回り縁
		庇	（家具類）
		バルコニー	（什器類）
		外階段	（カーテン類）
		その他	その他
強調色（アクセント色）	小面積部分を強調し、全体の印象を引き締める	壁（部分・小面積）	（装飾品類）
		その他	その他

ある美しい国づくりを目指すために2003年に「**美しい国づくり政策大綱**」を策定している。その後、2004年には**景観法**が施行された。

　景観法に基づき各自治体は**景観行政団体**となり、**景観計画**の策定を行っている。景観計画の中で、建築物の外壁や屋根などの色彩ガイドラインを設けている団体が多くみられる。また、**屋外広告物法**に基づき、景観形成団体である自治体は、屋外広告物に対する規制を行っている。屋外広告物についても、色彩に関する制限が設けられている場合が多い。

　色彩ガイドラインは、地域の状況に応じて設けられ

ているが、マンセル表色系を用いたガイドラインを設けている自治体が多い。

図3・40 は、滋賀県草津市の色彩に関わるガイドラインの抜粋である。市内を琵琶湖景観形成重点地区、伝統的沿道景観重点地区、田園ゾーン・丘陵部ゾーン・住宅地ゾーン・まちなかゾーンに分けて、外観および屋根の基調色の基準を決めている。色の表示にはマンセル表色系が使われている。

5　インテリア配色モデル

日本インテリア産業協会が提案した配色モデルを紹介する。これは、インテリア空間の壁、床の2色配色についてSD法を使ったイメージ調査から導き出した配色モデルであり、3つの主要な因子である「コントラスト・アナロジー」因子、「ライト・ダーク」因子、「バラエティ・アイデンティティ」因子から8パターンを決定している。これは、PCCS（日本色研配色体系）に基づいた提案である。PCCSは、配色のために体系化された表色系であり、色を色相と色調（トーン）で表すことができる。

「コントラスト・アナロジー」にはトーン配色が関係し、壁面と床面の配色が、同一・類似トーン配色か対比トーン配色かでその空間のイメージが変化する。人工的・固い・冷たいなどのイメージは対比トーン配色で得られる。自然な、柔らかい、暖かいなどのイメージは、同一・類似トーン配色で得られる。

「ライト・ダーク」には壁面の色彩の明度が関係しており、壁面の明度7〜7.5がイメージの変化点になっている。壁面の明度が7.5以上で明るい、派手な、軽快ななどのイメージが、明度7.0以下で暗い、地味な、重厚ななどのイメージが得られる。

「アイデンティティ・バラエティ」には色相配色が関係しており、同一・類似色相配色か対比色相配色かでイメージが変わる。落ち着いた、スマートな、調和したなどのイメージは、同一・類似色相配色によって得られ、落ち着きのない、野暮な、不調和ななどのイメージは、対比色相配色によって得られる。

6　安全色

色によって、国や民族に関わらず多くの人が共通の連想を持つことがあり、色の象徴という。この色の象徴性を安全色として利用している。

工場や作業現場、学校、病院、交通機関などで災害防止と救護など安全のための表示や色が使われている。JIS Z 9103 では、安全標識及び安全マーキングならびにその他の対象物に一般材料、蛍光材料、再帰性反射体、透過色光、信号灯、りん光材料などの安全色を利用するための規定が示されている。表3・15 は、一般材料の安全色・対比色とその意味を表している。

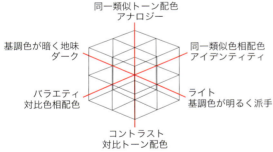

図3・63　インテリア配色モデルと配色形式 （出典：日本建築学会編『建築の色彩設計法』p.148、2005）

表3・15　安全色および対比色とその意味（一般材料の場合）（出典：『JIS ハンドブック 61 色彩』pp.695-698、2019 より作成）

	色の区分	三属性による記号（マンセル記号）	意味
安全色	赤	8.75R5/12	防火、禁止、停止、危険
	黄赤	5YR6.5/14	注意警告、明示
	黄	7.5Y8/12	注意警告、明示
	緑	5G5.5/10	安全状態、進行
	青	2.5PB4.5/10	指示、誘導
	赤紫	10P4/10	放射能、極度の危険
対比色	白	N9.3	—
	黒	N1.5	—

参考文献
岩田利枝『最新建築環境工学　改訂4版』井上書院、2015
グレア調査研究小委員会『UGR ガイド』日本照明器具工業会、2006
照明学会編『照明ハンドブック第2版』オーム社、2003
日本規格協会『JIS ハンドブック 61 色彩』2013
日本規格協会　JIS Z 9110 2011『照明基準総則』2010
日本建築学会編『建築環境工学用教材　環境編』日本建築学会、2015
日本建築学会編『建築設計資料集成［人間］』丸善、2003
日本建築学会編『建築の色彩設計法』日本建築学会、2005
日本建築学会編『光と色の環境デザイン』オーム社、2001
日本色彩学会編『新編色彩科学ハンドブック第2版』東京大学出版会、1998
日本照明工業会『照明器具自主統計 2017 年 03 月分』
平手小太郎『建築光環境・視環境』数理工学社、2011
松浦邦男・高橋大弐『建築環境工学 I—日照・光・音一』朝倉書店、2001
矢野正・金谷末子・市川一夫「高齢者の不快グレア—光色との関係」『照明学会誌』Vol. 77、No. 6、1993
吉澤望『生活環境学』井上書院、2008
Kruithof A. A., *Philips Tec. Rev.*, 6-3, pp.65-73, 1941
Lewy A. J. et al., : Light Suppresses Melatonin Secretion in Humans, *SCIENCE* Vol. 210,12, pp.1267-1269, 1980

演習問題

問1 下記の A、B、C 各点の明るさの関係について正しいものを選択しなさい。

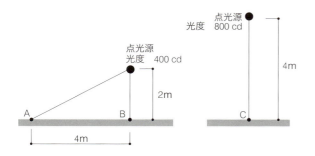

1. A＜B＝C
2. A＝B＞C
3. A＜C＜B
4. A＜B＜C
5. C＜A＜B

問2 図のような側窓と天窓がある室の中央、床上80cm 高さの立体角投射率を求めよ。

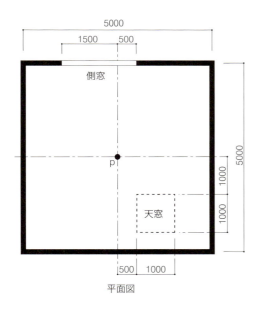

平面図

断面図

問3 大きさが8m×10m、高さが3m の室に図3・60の照明器具を使用し、必要照度を500lx としたときに必要な照明器具数を計算せよ。作業面高は80cm、光源の高さは天井面高と同じとする。

室の内装の反射率は天井70%、壁50%、床10%とする。また保守は中程度とする。

問4 測光量に関する下記の文章のうち最も不適当なものを選択せよ。

1. ある空間内を単位時間当たりに流れる光のエネルギー量で、380〜780nm の範囲の各波長の電磁波の放射束を積分したものを光束という。
2. ある面に入射する単位面積［m²］当たりの光束の割合を照度という。
3. 発光している面を、ある方向から見たときの明るさで、見かけの面積から単位立体角当たりに照射される光束を輝度という。
4. 点光源からある方向に放射される光束の単位立体角当たりの割合を光度という。

問5 色彩計画に関わる下記の文章のうち最も不適当なものを選択せよ。

1. 高彩度色は誘目性が高いため建築物外観の基調色として使うことは避ける。
2. マンセル表色系は、色相、明度、彩度をそれぞれ知覚的に等歩度になるように設定している。
3. 暖色系の色は面積が大きくなると明るくくすんで見える。
4. 色覚の状態によって色の見え方が異なることから、できるだけ背景と文字の色には明暗の差のある配色を選ぶ。

演習問題　解答

問1 〈正解3〉

B点の明るさは、逆二乗の法則から $400 \div 2^2 = 100\,\text{lx}$、C点の明るさは、$800 \div 4^2 = 50\,\text{lx}$ である。

A点から光源までの距離は、$2\sqrt{5}$ であることから、光源と垂直方向に入射する時の明るさは $400 \div \left(2\sqrt{5}\right)^2 = 20\,\text{lx}$ となり、この時点でB、Cよりも低い照度となる。実際には、入射角の余弦法則からさらに照度が低くなる。

問2

ここでは、図3・52、図3・53を用いた方法を示す。

まず側窓について考える。P点を基準としたA面、B面それぞれの立体角投射率を求める。P点より低い窓面については、無視できる。

側窓の計算のための図　

窓面から室中央までの距離 (d) は、2.5m である。窓幅 (b)、窓高 (h) とすると、A面は、$\dfrac{b}{d} = 0.5 \div 2.5 = 0.2$　$\dfrac{h}{d} = 1.2 \div 2.5 = 0.48$　となり、図3・52から、A面の立体角投射率は0.6となる。

同様にB面は、$\dfrac{b}{d} = 1.5 \div 2.5 = 0.6$　$\dfrac{h}{d} = 1.2 \div 2.5 = 0.48$ となり、立体角投射率は、1.5%となる。

よって、側窓の立体角投射率はA面の立体角投射率とB面の立体角投射率を足した2.1%となる。

次に天窓の立体角投射率を求めるには、P点を基準とした4面の立体角投射率を求める必要がある。

天窓の計算のための図　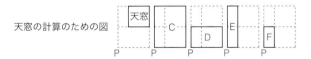

窓面から、室中央の点Pの高さまでの距離 (d) は1.7m である。窓幅 (b)、高さ (h) から、
C面は、$\dfrac{b}{d} = 1.5 \div 1.7 \fallingdotseq 0.9$　$\dfrac{h}{d} = 2 \div 1.7 \fallingdotseq 1.2$ となり、図3・53から、立体角投射率は (U_c) 14%となる。D面は、$\dfrac{b}{d} = 1.5 \div 1.7 \fallingdotseq 0.9$　$\dfrac{h}{d} = 1 \div 1.7 \fallingdotseq 0.6$　となり、立体角投射率 (U_d) は9.7%、E面は、$\dfrac{b}{d} = 0.5 \div 1.7 \fallingdotseq 0.3$　$\dfrac{h}{d} = 2 \div 1.7 \fallingdotseq 1.2$　となり、立体角投射率 (U_e) は6%、F面は、$\dfrac{b}{d} = 0.5 \div 1.7 \fallingdotseq 0.3$　$\dfrac{h}{d} = 1 \div 1.7 \fallingdotseq 0.6$　となり、立体角投射率 (U_f) は4.4%である。天窓の立体角投射率は $U_c - U_d - U_e$

$+ U_f = 14 - 9.7 - 6 + 4.4 = 2.7\%$ となる。

側窓と天窓を合わせた立体角投射率は $2.1 + 2.7 = 4.8\%$ となる。

問3

対象室の室指数は

$$\frac{8 \times 10}{2.2 \times (8 + 10)} \fallingdotseq 2.0$$

となる。図3・60の照明器具の照明率表から反射率が天井70%、壁50%、床10%で、室指数が2.0の場合の照明率は、0.79である。また、中程度の保守率は、0.77、この器具で使われている光源の光束は6720 lm である。

よって、照明器具の個数は以下のように求めることができ、

$$\frac{500 \times 8 \times 10}{6720 \times 0.79 \times 0.77} \fallingdotseq 9.8$$

である。必要照度を満たすためにはこれを切り上げる必要があることから、10台必要ということになる。

問4 〈正解1〉

光束は電磁波の放射束に標準比視感度を掛け合わせて積分したものであり、放射束そのものを積分したものではない。

問5 〈正解3〉

暖色系の色は面積が大きくなると明るくあざやかに見える。

04

熱と湿気

イラストと写真で学ぶ 熱のデザイン

建築の形態により環境を制御する

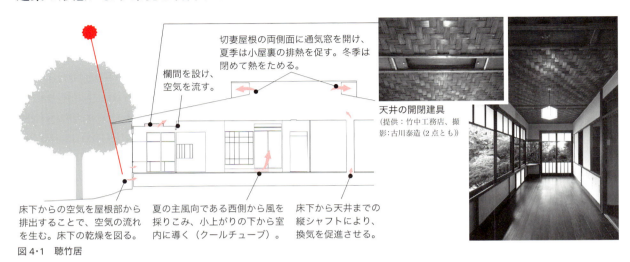

切妻屋根の両側面に通気窓を開け、夏季は小屋裏の排熱を促す。冬季は閉めて熱をためる。

欄間を設け、空気を流す。

天井の開閉建具
（提供：竹中工務店、撮影：古川泰造（2点とも））

床下からの空気を屋根部から排出することで、空気の流れを生む。床下の乾燥を図る。

夏の主風向である西側から風を採りこみ、小上がりの下から室内に導く（クールチューブ）。

床下から天井までの縦シャフトにより、換気を促進させる。

図4・1　聴竹居

聴竹居（1928、藤井厚二設計）には温熱・湿気環境を制御する工夫がある。南側に設けられたサンルーム（写真）には、夏と冬の日射熱をたくみに制御できる角度でひさしが設けられている。また、床下の湿気を排出するために、住宅の縦方向に風の流れを生んでいる。夏に卓越する西風を冷やして取り入れるクールチューブもその一つだ。

► 太陽熱の利用・ダイレクトゲイン（p.118）　　► 日射の制御（p.119）
► クールチューブ（p.120）　　► 換気（p.138）

環境の変化によって温冷感を刺激する

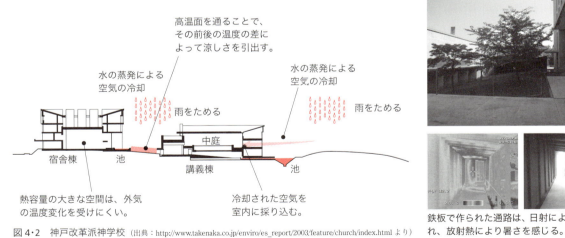

高温面を通ることで、その前後の温度の差によって涼しさを引出す。

水の蒸発による空気の冷却

水の蒸発による空気の冷却

雨をためる

雨をためる

宿舎棟　　池　　講義棟　　中庭　　池

熱容量の大きな空間は、外気の温度変化を受けにくい。

冷却された空気を室内に採り込む。

鉄板で作られた通路は、日射によって温められ、放射熱により暑さを感じる。

図4・2　神戸改革派神学校　（出典：http://www.takenaka.co.jp/enviro/es_report/2003/feature/church/index.html より）

神戸改革派神学校（2003、竹中工務店設計）は、簡素、身体性を重視した建物で、さまざまな環境配慮が取り入れられている。夏の日中、日射で熱せられた鉄板壁の通路では平均放射温度が高く、暑さを感じる。この暑い空間を抜けて、宿舎棟に入ると、熱容量で温度上昇の抑えられた棟内ではひんやりと涼しさを感じる。人の温冷感を刺激する環境変化を作ることも、デザインだ。

► 温冷感（p.103）　　► 蒸発（p.97）
► 躯体への蓄熱（p.115）

放射で環境を制御する

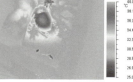

札幌市円山動物園 は虫類・両生類館 (提供：斉藤雅也)

図 4・3　札幌市円山動物園

暗い部分は、放射によって温められた場所 (提供：斉藤雅也)

は虫類は変温動物であり、体温は周りの環境の影響を大きく受ける。空気温度を上げる暖房では、乾燥を伴うため体の水分が奪われる。太陽とおなじ放射による暖かさを作ることで、よりは虫類に適した環境を作ることができる。放射環境の異なる場所を作ることで、生きものが体温と環境に応じて場所を移動する、動物の活発な動きが生まれる。

▶放射熱伝達 (p.94)

▶温熱環境 (p.103)

環境に合わせて移動・作り替える

図 4・4　ゲル (提供：Bao Mu Ping)

モンゴルの遊牧民は、家畜の放牧に合わせて、季節によって住む場所を移動する。移動に使われるゲルにもまた、環境に応じて簡単にしつらえを変えられる工夫がある。写真は、夏のゲルの様子。床部分の幕を上げることで、通風と排熱を促している。

▶気候 (p.38)

▶建物の熱移動 (p.107)

水分の移動を制御する

図 4・5　ワットスリチュムの大仏

世界遺産タイ・スコータイ遺跡にあるワットスリチュムの大仏。しっくいで仕上げられた大仏の表面は藻類の繁殖が著しく、何度も保存修復が行われてきた。表面の藻類の繁殖の程度は、水・光・栄養素の供給によって決まる。建築物を適切に保存するには、水分の移動を調整することが極めて重要である。

▶水分移動 (p.115)

4・1　熱と湿気の物理理論

　熱はエネルギーの形態のひとつであり、外部からの仕事や物質の変化が伴わなければ、高温側から低温側へ移動する。熱がある場所から別の場所へ移動することを**伝熱**といい、伝熱には放射、対流、伝導がある。

1　室内の温度と湿度（水分量）の変化

(1)定常状態と非定常状態

　室内の温度や湿度（水分量）は、外界や室内の状況に応じた熱や水分の流入や流出により、時々刻々と変化している。この時間的に温度や湿度（水分量）が変化する状態を**非定常状態**という。これに対して、流入する熱や水分と流出する量が時間的に変化しなければ、室内の温度や湿度（水分量）も変化しない。このような状態を**定常状態**という。図4・6では、室内で暖房（加湿）を開始もしくは停止してから室温（水分量）が一定になるまでの状況を示している。室温が変化している状況を非定常状態、室温が一定となる状況を定常状態という。

(2)熱容量

　物質の温度を1℃（1K）上げるのに必要な熱量［J］を**熱容量**（thermal mass）［J/K］という。物質の質量（1kg）あたりの熱容量を**比熱**（thermal capacity）［J/kgK］といい、物質の容積（1m^3）あたりの熱容量を**容積比熱**［J/m^{3}K］という。建築では、容積比熱を

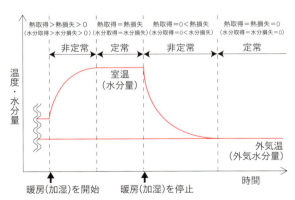

図4・6　定常状態と非定常状態のイメージ

冬期のように室温が外気温度よりもやや高い状況において、暖房を開始する。このとき、はじめのうちは暖房による加熱（熱取得）よりも熱損失が小さいため室温が徐々に上昇する。そのうち熱損失が大きくなり、熱取得と等しくなり、室温が変化しなくなる。暖房を停止すると、徐々に室温が下がる。

使用する場合が多い。一般的に空気を多く含む材料（断熱材など）の容積比熱は小さく、密度の大きい材料は大きい傾向がある。

2　伝熱の3形態

　熱がある場所から別の場所へ移動することを**伝熱**といい、伝熱の形態には放射熱伝達、対流熱伝達、熱伝導がある（図4・7）。

(1)放射熱伝達

　高温の物質の表面から低温側へ、電磁波による熱の移動を**放射熱伝達**（radiation heat trahsfer）という。すべての物質の表面では、分子が振動することで**電磁波**を放出している。温度が高いほど、分子の振動が激しく、放出される熱（**放射エネルギー**）も大きい。高温面は低温面より大きな放射熱伝達となるため、正味分の放射熱伝達は、高温面から低温面へとなる。

1)完全黒体からの放射

　入射した放射エネルギーを完全に吸収する物体を**完全黒体**という。表面温度 T［K］の完全黒体からの波長 λ［m］における**波長ごとの放射強度 $E_{b\lambda}$**（**時間あたり立体角あたりの放射エネルギー**）は、**プランクの公式**（Planck's Law）（式4・1）で表される。完全黒体の温度が高いほど放射されるエネルギーが大きい。また放射エネルギーは波長 λ_m（$hc/4.97kT$）に最大値を持ち、これを**ウィーンの変位則**（Wien's Displacement Law）という。

$$E_{b\lambda} = \frac{2hc^2}{\lambda^5 \left(e^{hc/\lambda kT} - 1\right)} \quad \cdots\cdots\cdots（式4・1）$$

c ：光速［m/s］（2億9979万2458 m/s）

h ：プランク定数［Js］（6.62×10^{-34} Js）

k ：ボルツマン定数［J/K］（1.38×10^{-23} J/K）

$hc^2 = 0.59548\times10^{-16}$［Wm^2］

$hc/k = 1.43879\times10^{-2}$［mK］

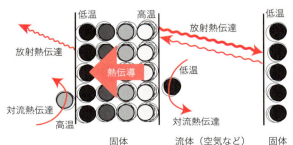

図4・7　伝熱の3形態

太陽はおおむね6000Kの黒体放射体とみなせる。その放射は、波長が m 〜数 μm であり、紫外線、可視光線、赤外線の領域を含む。一方、人体など常温域（300K）の放射には赤外域が含まれる。

式4・1を0〜∞の全波長域で積分すると、完全黒体の単位表面からの放射エネルギー総量（式4・2）が得られる。E_b を**黒体の放射**といい、放射量は表面温度の四乗に比例する。式4・2の関係を**ステファン・ボルツマンの法則**（Stefan-Boltzmann Law）という。

$$E_b = \sigma T^4 \cdots\cdots\cdots\cdots\cdots\cdots（式4・2）$$

  E_b：黒体の放射エネルギーの総量 [W/m²]

  σ：ステファン・ボルツマン定数（5.67×10^{-8} W/m²K⁴）

  T：絶対温度 [K]

2)灰色体からの放射

完全黒体に対して、一般的な材料を灰色体（はいいろたい）といい、その放射量を完全黒体の放射量との比として表したものを、**放射率** ε [−] という。放射率は0以上1以下の値をとり、電磁波の波長により異なる。また、ある材料が放射エネルギーを吸収する割合を**吸収率** a [−] といい、放射率と等しい。

3)放射率と反射率

物質の波長ごとの**放射率** ε_λ [−] は、それぞれ、波長ごとの**吸収率** a_λ [−] に等しい（$\varepsilon_\lambda = a_\lambda$）。また、物質に照射した放射エネルギーのうち、一部は物体の表面で吸収され、一部は表面で反射される。また、ガラスのような透過性の材料の場合は、放射エネルギーの一部が透過する。

放射率（吸収率）a、反射率 r [−]、**透過率** τ [−] は、それぞれ0以上1以下の値をとり、その和は1となる（$a+r+\tau=1$）。

4)放射熱伝達率

温度 T_1 [K]（θ_1[℃]）の高温面1と T_2 [K]（θ_2[℃]）の低温面2の、相互の放射による熱エネルギーの移動量 q_{12} [W/m²] は、式4・3のように表現できる。このとき、一方の面で吸収されない放射エネルギーは反射され、相互に放射しあうことになるが、放射率が1に近い場合は相互の放射（間接放射）を無視できる。

$$q_{12} = \varepsilon_1\varepsilon_2(\sigma T_1^4 - \sigma T_2^4)$$
$$= \varepsilon_1\varepsilon_2\sigma(T_1^2+T_2^2)(T_1+T_2)(T_1-T_2) \cdots\cdots（式4・3）$$

 q_{12}：高温面1から低温面2への熱の正味移動量 [W/m²]

 ε_1、ε_2：面1、2の放射率 [−]

  σ：ステファン・ボルツマン定数（5.67×10^{-8} W/m²K⁴）

 T_1、T_2：面1、2の表面の絶対温度 [K]

ここで、$\varepsilon_1\varepsilon_2\sigma(T_1^2+T_2^2)(T_1+T_2)$ は放射率を $\varepsilon_1=\varepsilon_2=0.9$、ステファン・ボルツマン定数、$T_1$、$T_2$ を常温300K程度であるとすると、おおよそ5程度となる。設計上では、個体の表面温度を θ_s [℃]（T_s [K]）、対面する個体表面や大気の温度を θ_s' [℃]（T_s' [K]）として、この関係は式4・4で表される ▶ p.108。

$$q_r = \alpha_r(\theta_s' - \theta_s) \cdots\cdots\cdots\cdots\cdots（式4・4）$$

 q_r：放射熱伝達量 [W/m²]

 α_r：放射熱伝達率 [W/m²K]

T_s, T_s'：表面の絶対温度 [K]

  （$273.15 + \theta_s' = T_s'$ [K]）

  （$273.15 + \theta_s = T_s$ [K]）

式4・4の α_r は放射熱伝達率という。**放射熱伝達率**は、アルミなどの放射率の小さい材料を除けば、およそ5 W/m²K 程度であり、設計用にはこの値が用いられる。

(2)対流熱伝達

個体の表面とそれに触れる流体（気体と液体）の間の熱移動を**対流熱伝達**（convection heat transfer）という。このとき、流れる熱量は温度差に比例し、固体表面の温度を θ_s [℃]、近傍空気を θ_i [℃] とすると、式4・5で表される。

$$q_c = \alpha_c(\theta_i - \theta_s) \cdots\cdots\cdots\cdots\cdots（式4・5）$$

 q_c：対流熱伝達量 [W/m²]

 α_c：対流熱伝達率 [W/m²K]

対流熱伝達率は個体近傍の流体の流れの条件や、表面の状態によって大きく変わる（図4・9）。また、対流熱伝達は、流れが温度差によって生じる浮力のみによって生じている自然対流と気流があたる場合の強制対流に区別される。

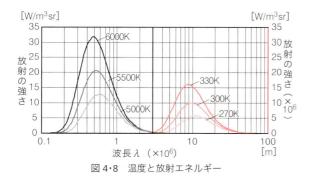

図4・8 温度と放射エネルギー

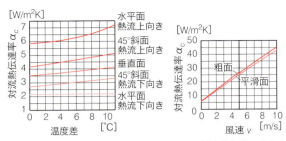

図4・9　熱伝達率と熱流の向き（左）、風速と対流熱伝達の大きさ
（出典：W. Jurges, Der Warmubergang an einer ebenen Wand, Beih. Z. Gesundheits Ingenieur, 19-1, 51, 1924 より作成）（右）

表4・1　一般的な材料の熱伝導率 （出典：建築研究所「第二節 外皮性能」
『平成28年省エネルギー基準に準拠したエネルギー消費性能の評価に関する技術情報（住宅）』2017 より抜粋）

分類	建材などの名称	熱伝導率 λ ［W/mK］
金属	アルミニウム	210
	銅	370
	ステンレス鋼	15
岩石		3.1
土壌		1.0
コンクリート系材料	コンクリート	1.6
	軽量コンクリート	0.5 ～ 0.8
	コンクリートブロック	0.53 ～ 1.1
	セメント・モルタル	1.5
非木質系壁材・下地材	せっこうプラスター	0.60
	しっくい	0.74
	土壁	0.69
	ガラス	1.0
	タイル	1.3
	レンガ	0.64
	かわら	1.0
	ロックウール化粧吸音板	0.064
木質系壁材・下地材	天然木材	0.12
	合板	0.16
	木毛セメント版	0.13
床材	ビニル系床材	0.19
	FRP	0.26
	アスファルト類	0.11
	カーペット類	0.08
断熱材	グラスウール	グラスウール（10K ～ 32K 相当）	0.050 ～ 0.036
		高性能グラスウール（16K ～ 48K 相当）	0.038 ～ 0.033
		吹込み用グラスウール 13K ～ 35K 相当	0.052 ～ 0.040
	ロックウール	吹付ロックウール	0.064
		ロックウール断熱材（マット）	0.038
		吹込み用ロックウール　25K・65K 相当	0.047 ～ 0.039
	セルロースファイバー		0.040
	ポリスチレンフォーム	押出法ポリスチレンフォーム保温板（1種・2種・3種）	0.040 ～ 0.028
		ビーズ法ポリスチレンフォーム保温板　特号・1号～4号	0.043 ～ 0.034
	ウレタンフォーム　保温板		0.024 ～ 0.023
	フェノールフォーム　保温板		0.022

（3）熱伝導

個体内に温度差があるときの熱移動を**熱伝導**（thermal conduction）という。このときの個体内部での熱の移動量（熱流量）は、温度差に比例し、式4・6（**フーリエの法則**［Fourier's Law］）で表される。

$$q = - \lambda \frac{\partial \theta}{\partial x}$$ ･････････････････････(式4・6)

q　：個体内部での熱の移動量 ［W/m^2］

λ　：熱伝導率 ［W/mK］

θ　：温度 ［℃］（絶対温度 T ［K］）

λ は材料の熱の伝わりやすさを表し、**熱伝導率** ［W/mK］という。一般的な材料の熱伝導率を表4・1に示す。熱伝導率は、材料の密度が小さいほど小さく（図4・10）、熱伝導率がおおむね 0.05W/mK 以下のものは断熱材として用いられる。

熱移動を実務上で検討する場合は、定常状態▶p.94 を想定することが一般的である。また、一様な材料内では熱伝導率も一様であり、材料両端の温度を θ_1 ［℃］、θ_2 ［℃］（$\theta_1 > \theta_2$）、材料の熱伝導率を λ ［W/mK］、厚みを d ［m］とすると、定常状態では、式4・6は式4・7で表される。

$$q = \lambda \frac{(\theta_1 - \theta_2)}{d}$$ ･････････････････････(式4・7)

q　：材料内での熱流量 ［W/m^2］

ここで、λ/d は厚みのある材料の熱の流れやすさを示しており、**熱コンダクタンス**とも呼ばれる。また、熱コンダクタンスの逆数（d/λ）は、熱の流れにくさ（**熱抵抗** R ［m^{2}K/W］）を表す。

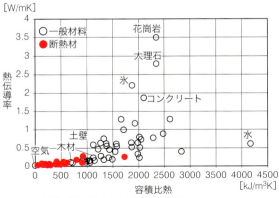

図4・10　材料の熱伝導率と容積比熱の関係 （出典：日本建築学会編『建築設計資料集成』丸善（1978）より作成）

3 蒸発による熱移動

水面などでは、水蒸気圧差により液体が気体へと気化する現象を蒸発という。液体から気体への相変化の際に、周囲から熱を奪う。熱量は、温度によって異なるが、25℃では2440kJ/kg程度である。気体が液体に相変化する現象は凝縮といい、このとき同じ量の熱を周囲に与える。

4 物質の温度変化

物質をとりまく外部の温度が変化すると、その環境下にある物質の温度も変化する。物質の温度変化は、式4・8で表される。

$$C \frac{d\theta}{dt} = \Delta q \quad \cdots\cdots\cdots (式4・8)$$

C：容積比熱［J/m³K］

壁が一様に広がる場合など、熱移動が一方向とみなせる場合は、1次元熱伝導として扱え、熱伝導率λ［W/mK］を用いて式4・9と表せる。

$$C \frac{d\theta}{dt} = \lambda \frac{\partial^2 \theta}{\partial x^2} \quad \cdots\cdots\cdots (式4・9)$$

x：厚み［m］

このとき、熱伝導率λを容積比熱Cで除したものを温度伝導率a［m²/s］($a = \lambda/C$)といい、式4・9は式4・10と表せる。

$$\frac{d\theta}{dt} = a \frac{\partial^2 \theta}{\partial x^2} \quad \cdots\cdots\cdots (式4・10)$$

5 湿気の移動

(1)湿り空気と乾き空気

一般的に、空気中には水分（水蒸気）が含まれている。その量は、水蒸気を除いた空気の重さ1kg(およそ0.83㎥) に数gから数十gである。水分を含む空気のことを湿り空気といい、これに対して水分をまったく含まない空気のことを乾き空気（dry air）という。空気の主な構成要素である窒素は78％、酸素は21％であるが、水蒸気は0.1〜3％程度ときわめて少ない。

(2)水蒸気分圧（水蒸気圧）と絶対湿度

湿り空気中の水分量の表現として、絶対湿度（humidity ratio）がある。絶対湿度とは、乾き空気1kgあたりに含まれる水分量x［g］を指し、x［g/kg(DA)］

（［kg/kg(DA)］) もしくは ［g/kg′］（［kg/kg′］) と表される。

複数の気体が混合された空気の圧力（全圧）は、それぞれの気体の分圧の和となるが、乾き空気の分圧をp_a［Pa］、水分（水蒸気）の分圧をp_v［Pa］とすると、$p_a + p_v$［Pa］は大気圧に等しくなる。このとき、水蒸気の分圧を水蒸気分圧（水蒸気圧）と呼ぶ。空気中に含むことのできる水分量の最大値は温度に依存するが、そのときの水蒸気の分圧を飽和水蒸気（分）圧という。

飽和水蒸気圧p_{vs}［hPa］は、温度θ［℃］(T［K］$= \theta + 273.15$) の関数であり、水と平衡する状態では、式4・11（ゴフグラッチ［Goff-Gratch］の実験公式）で与えられる。

$$\log_{10} p_{vs} = -7.90298\left(\frac{373.16}{T} - 1\right) + 5.02808 \log_{10} \frac{373.16}{T}$$
$$-1.3816 \times 10^{-7}\left(10^{11.3444\left(1 - \frac{T}{373.16}\right)} - 1\right)$$
$$+8.1328 \times 10^{-3}\left(10^{-3.49149\left(\frac{373.16}{T} - 1\right)} - 1\right)$$
$$+\log_{10} 1013.246$$
$$\cdots\cdots\cdots (式4・11)$$

絶対湿度は、水分が水蒸気のみの場合は、式4・12で表すことができる。

$$x = 0.622 \times \frac{p_v}{P - p_v} \quad \cdots\cdots\cdots (式4・12)$$

P：大気圧［Pa］

(3)相対湿度

乾き空気に含むことのできる水分（水蒸気）の量（絶対湿度）には、上限がある。その値は、その空気の温度が高いほど、大きくなる。乾き空気1kgが含むことのできる最大の水分量を、飽和絶対湿度x［kg/kg(DA)］という。また、このときの水蒸気の分圧を飽和水蒸気圧という。この飽和水蒸気圧p_{vs}［Pa］に対する、

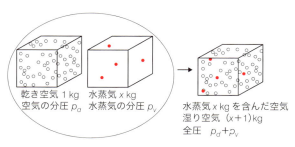

乾き空気 1kg　水蒸気 x kg
空気の分圧 p_a　水蒸気の分圧 p_v

水蒸気 x kg を含んだ空気
湿り空気 $(x+1)$kg
全圧　$p_a + p_v$

図4・11　乾き空気と湿り空気のイメージ

当該空気の水蒸気圧 p_v [Pa] を百分率で表したものを相対湿度（relative humidity）rh [%] という。これが一般的に湿度と呼ばれているものである。温度が高いほど飽和水蒸気圧は大きくなる（図4・12）ため、相対湿度が同じでも温度が高いほどたくさんの水蒸気を含んでいるということである。

$$rh = \frac{p_v}{p_{vs}} \times 100 \quad\cdots\cdots\cdots\cdots\cdots\text{（式 4・13）}$$

(4) エンタルピー（顕熱と潜熱）

湿り空気の持つ熱量は、湿り空気 1kg あたりの熱エネルギー量であるエンタルピー（enthalpy）h [kJ/kg(DA)] で表される。エンタルピーは、0℃の乾き空気のもつエンタルピーを 0kJ/kg として考えられる。

乾球温度 t [℃]、絶対湿度 x [kg/kg(DA)] が持つエンタルピー h [kJ/kg(DA)] は、θ ℃の乾き空気 1kg のもつ比エンタルピーと x [kg] の水蒸気が持つ比エンタルピーの合計であり、式 4・14 で表される。

$$h = c_p\theta + \gamma_0 x = (c_{pa} + c_{pw}x)\theta + \gamma_0 x \quad\cdots\cdots\text{（式 4・14）}$$

  c_p：定圧比熱 [kJ/kgK]
  γ_0：0℃1気圧下の水の蒸発潜熱 （2500.3 kJ/kg）
  c_{pa}：乾き空気の定圧比熱 [kJ/kgK]（1.005 kJ/kgK）
  c_{pw}：水蒸気の定圧比熱 [kJ/kgK]（1.846 kJ/kgK）

このとき、$(c_{pa} + c_{pw}x)\theta$ [kJ/kg] は、湿り空気の温度が変化したときの熱エネルギーを表し、$\gamma_0 x$ [kJ/kg] は水が水蒸気に変化することに使われる熱エネルギーを示す。前者 $(c_{pa} + c_{pw}x)\theta$ [kJ/kg] を顕熱、後者 $\gamma_0 x$ [kJ/kg] を潜熱という。

(5) 湿り空気線図

湿り空気の乾球温度、湿球温度、相対湿度、絶対湿度、水蒸気分圧、比エンタルピーなどの状態量の関係を表した図を湿り空気線図（図4・13、附図▶ p.122）という。これらの要素のうち2つが決まれば、残りの要素も求められる。

6 結露現象

湿り空気には水分が水蒸気の状態で含まれる。湿り空気に含まれうる水分量の最大値は空気の温度が高いほど大きい。ある空気の温度を下げてゆくと、相対湿度が高くなり、ある時点で含まれる水分の量が飽和絶対湿度（相対湿度は100％）に達する。このときの温度のことを露点温度（dew-point temperature）という。

さらに温度を下げると、飽和絶対湿度を超える水分が空気中に含まれえず、液水の形で表に現れる凝縮

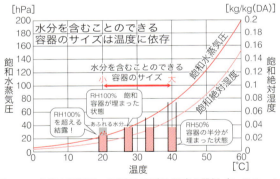

図4・12　飽和水蒸気圧・飽和絶対湿度と温度の関係（Goff-Gratch の式）

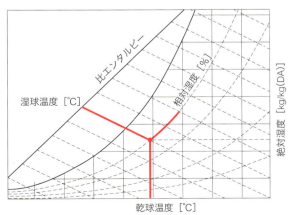

図4・13　温度と水分物性の関連

図4・14　窓面の結露

（凝結）が起こる。この現象を結露（condensation）という。

7　材料内の水分

(1)材料内の水分の状態

一般的に建築材料は、内部に空隙を含む多孔質材料である。その空隙には、実質部との境界面に存在する吸着水、固体内の毛細管に存在する毛管水、そして空隙内部に存在する水蒸気など、いくらかの水分が含まれている。

材料内にまったく水蒸気や水が含まれていない状態を絶乾状態という。材料内に含まれる水分量は、体積あたりの含水率（式4·15）、質量含水率（式4·16）、容積含水率（式4·17）などで表される。

$$w = \frac{W - W_0}{V} \quad\cdots\cdots\cdots\cdots\text{(式 4·15)}$$

w：体積あたりの含水率 [kg/m^3]
W：水分を含む材料の質量 [kg]
W_0：絶乾状態の材料の質量 [kg]
V：材料の体積 [m^3]

$$W_w = \frac{W - W_0}{W_0} \quad\cdots\cdots\cdots\cdots\text{(式 4·16)}$$

W_w：質量含水率 [kg/kg]

$$W_v = \frac{(W - W_0)/\rho_w}{V_0} \quad\cdots\cdots\cdots\cdots\text{(式 4·17)}$$

W_v：容積含水率 [m^3/m^3]
o_w：水の密度 [kg/m^3]

(2)平衡含水率

ある材料を一定の湿り空気中（温湿度の時間変化がない状態）におく。十分な時間が経過すると、材料内はこの湿り空気と同じ状態となる。つまり、材料が周囲の水分を吸収する、もしくは材料内の水分が放出される。材料が水分を吸湿したり放湿したりする状況を吸放湿という。

湿り空気と材料の相対湿度が平衡したこの状態において、材料に含まれている水分量を絶乾状態（水分を全く含まない状態）の材料の重量あたりで割ったものを、平衡含水率という。材料の平衡含水率は、相対湿度が高いほど大きくなる。つまり、相対湿度が高いほど、多くの水分を含む。

(3)材料内の湿気移動

熱が温度の高いほうから低いほうへ材料内部を伝導により移動するのと同じように、水蒸気も材料内の空隙を通して移動する。水蒸気は、材料内の絶対湿度 x [kg/kg(DA)] もしくは水蒸気圧 p_v [Pa] の差に応じて、絶対湿度（水蒸気圧）の高いほうから低いほうへ流れ

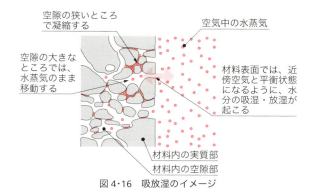

図4·16　吸放湿のイメージ

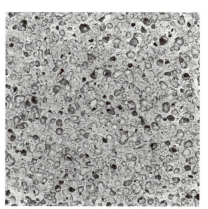

図4·17　材料の空隙（コンクリートの電子顕微鏡写真）(提供：安福勝)

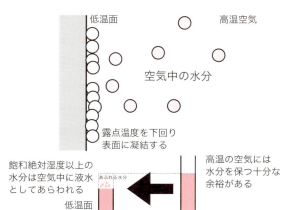

図4·15　結露のイメージ

る。これを**透湿**という。水蒸気の移動のしやすさを**湿気伝導率** λ'（もしくは**透湿率**）[kg/msPa] といい、その逆数を**透湿抵抗**という。水蒸気の移動量（拡散量）は、水蒸気圧の勾配に比例する。

固体内の水分移動 w [kg/sm^2] は、式4·18で表される。これは式4·6で表される熱の移動と相似である。

$$w = -\lambda' \frac{\partial p_v}{\partial x}$$ ·····························（式4·18）

同様に、個体と流体との湿気の移動は、熱伝達率の代わりに湿気伝達率 α' を用いて表すことができる。

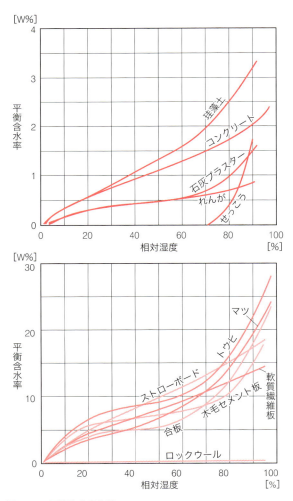

図4·18　平衡含水率曲線（出典：日本建築学会『建築設計資料集成』丸善、1978 より作成）

4·2　人間とのかかわり

1　人の体温

（1）熱生産と熱放散

人間を取り巻く環境は、高温から低温まで幅広く変化する。35℃ を超える夏や氷点下になる冬の屋外にいても、人の内部の温度（深部体温）は 36.5 ～ 37℃ ほどに保たれている。

人の体のうち、脳や、心臓などの中核をなす部分は**コア部**と呼ばれ、数度の体温の違いが命の危険につながる。それに対して、皮膚や皮下脂肪、筋肉などのコア部の周りの部分は**シェル部**と呼ばれ、このシェル部の温度と範囲は、暑さ寒さの感覚、それに伴う人間の体温調節反応によって変化する。

表4·2　熱移動と湿気移動の関係

	熱	湿気
駆動力ポテンシャル	温度 [℃] [K]	水蒸気圧 [Pa] [mmHg] 絶対湿度 [kg/kg(DA)]
流量	熱流量[W/m^2]	水分流量 [kg/s m^2]
伝導	熱伝導率[W/mK]	透湿率·湿気伝導率 [kg/m s Pa][kg/m h (kg/kg(DA))]
伝達	熱伝達率[W/m^{2}K]	湿気伝達率 [kg/m^2 s Pa][kg/m^2 h (kg/kg(DA))]
貫流	熱貫流率[W/m^{2}K]	湿気貫流率 [kg/m^2 s Pa][kg/m^2 h (kg/kg(DA))]
抵抗	熱抵抗[m^{2}K/W]	湿気抵抗·透湿抵抗 [m^2 s Pa/kg][m^2 h (kg/kg(DA))/kg]
容量	熱容量[J/m^{3}K]	湿気容量 [kg/m^3 (kg/kg(DA))]

表4·3　熱伝達率と湿気伝達率の関係

熱伝達率 [W/m^{2}K]	湿気伝達率 $\times 10^{-6}$[g/m^2 s Pa]([kg/m^2 h(kg/kg(DA))])
4.65	28.5（16.7）
9.30	56.8（33.3）
13.95	85.3（50.0）

表4·4　材質に応じた温度と相対湿度の条件

温度	約20℃（人間にとって快適な温度）	
高湿度	100%	出土遺物（保存処理前）
中湿度	55 ～ 65%	紙·木·染織品·漆
	50 ～ 65%	象牙·皮·羊皮紙·自然史関係資料
	50 ～ 55%	油絵
	45 ～ 55%	化石
低湿度	45%以下	金属·石·陶磁器
	30%以下	写真フィルム

（※表4·4の左端には「相対湿度」が縦書きで記載されている）

コア部の温度が上昇すると、温度を下げるために、コア部からの血流量が増え、発汗量が増え蒸散による放熱が起こるなど、外部への熱放散が起こる（図4・19）。逆に、体温が下がるとコア部からの血流量が減り、運動や震え（シバリング）による熱生産が増える。暑さや寒さを感じず、熱生産も熱放散もなく、人体に無理がかからない状況にあるときが、一般的に快適な状況だといわれる。

人間の体温は一日の中ではわずかに変動している。日中の体が活動中では体温が高く、就寝前より低下し始め、就寝中の体温は日中に比べて低くなる。睡眠時は、体温を低く保つことで代謝によるエネルギーの損失を抑えている。

(2)代謝量

人間を含めて動物は食物を摂取し、酸素を取り込み、燃焼させることで食物をエネルギーに変え、体温を維持し、仕事をする（図4・20）。このエネルギー変換を代謝という。食物から摂取したエネルギーのうち、80%は熱として外部に放出され、20%が外部仕事となる。

人間が生命維持のために必要なエネルギーを**基礎代謝量**といい、日本人では一日あたり5000〜6000kJ、欧米人では6300〜8400kJ程度である。

運動量によって**代謝量**は異なるが、その量は体表面積（成人男性で1.8m²）に比例して増加する。代謝量は[Met]（メット）という単位で表示され、いす座作業での代謝量を基本単位（1Met＝58.2W/m²＝50kcal/m²h）として定義されている。成人男性のいす座作業時（1Met）での発熱量はおおむね100Wである（図4・21）。

図4・19　熱生産と熱放散のバランスによる体温調整

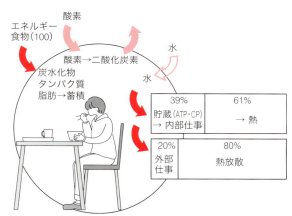

図4・20　体内外でのエネルギーフロー

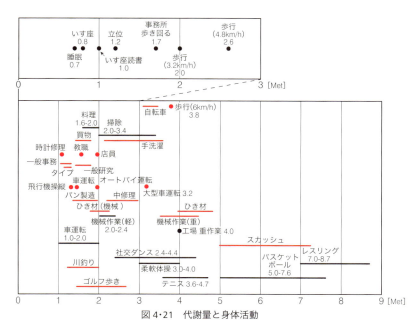

図4・21　代謝量と身体活動

2 体温調節

　人間は外部の刺激で皮膚や深部の温度が変化すると、発汗、血流量調整、震えによる代謝によって、無意識にコア部の温度（体温）を一定に保つように動いている。また、着衣の調整や運動、暖かい・涼しい場所の選択、暖房や冷房をするなど、無意識もしくは意識的に体温調節をしている。

(1) 自律性体温調節
1) 発汗による体温調節
　気温が高くなると汗をかくが、これは、汗の蒸発に伴う気化熱の冷却効果により、体温を低下させるためである。水の蒸発潜熱は、33℃で2420kJ/kgであり、これが汗をかくことで体内から奪われる熱となる。

2) 血流量の調整による体温調節
　発熱はおもにコア部で起こるが、皮膚を通して伝わる熱の移動量は大きくないため、熱がコア部にたまり体温が上昇する。これを防ぐために、血液の流れ（血流）によって熱をコア部から手足や皮膚のシェル部に移動させ、体の外側に放熱する。手足は体全体の表面積に対する表面積の割合が大きく、血流を調整することで効率よく放熱でき、制御が容易となる。血流量は、寒冷環境において小さく200mℓ/分まで抑えられる一方、暑熱環境では7000mℓ/分となる。

3) 震えによる体温調節
　寒冷環境では、血流量を抑えることによりコア部からの放熱を抑制するが、それでもなお体温を維持できない時には、無意識のうちに震え（シバリング）が起こり、体内での熱生産を増やす働きをする。震えが激しい場合の産熱量は安静時の数倍となる。

(2) 行動性体温調節
　自律性の体温調節のほかに、衣服の脱ぎ着や、日陰や日向に移動、風を受ける・避ける、冷たい・暖かいものを食べる、冷房や暖房を使用するなど、暑さや寒さを緩和し、体温を調節することを行動性体温調節という。昼寝も代謝量を調整する体温調節行動の一つである。

3 人と環境の授受

(1) 熱の授受の仕組み
　人と環境との熱の授受の仕組みを図4・23に示す。人間は、発熱や血流量を調整したり、運動すなわち代謝量が変化することで、熱生産が変わる。対して、熱放散は、周囲の気温や放射温度と皮膚表面温度との温度差による対流と放射、接触面での伝導、発汗の蒸発、呼吸による熱水分の交換によって行われる。

　このとき、対流による熱放散量は周囲の空気温度と気流速に、放射による熱放散量は周囲の壁面の温度（すなわち平均放射温度）に依存する。蒸散量は周囲の空気温度と相対湿度に依存する。

　さらに、着衣を脱ぎ着することによる調節は、熱放散面積を減らし、皮膚表面からの熱移動量を減らすことに寄与する。

　人体に負荷の少ない、熱生産と熱放散のバランスがとれた状態を中立な状態という。建築ではこの中立状態が快適な状況にほぼ等しいとみて、環境調整を行っていることが多い。

(2) 着衣量
　着衣による断熱性能（着衣の熱抵抗）を着衣量といい、[clo]（クロ）という単位で表示される（図4・24）。

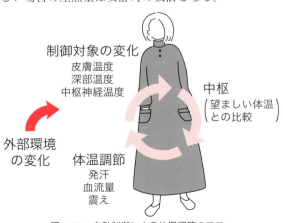

制御対象の変化
皮膚温度
深部温度
中枢神経温度

中枢
（望ましい体温）
との比較

外部環境
の変化

体温調節
発汗
血流量
震え

図4・22　自動制御による体温調節のフロー

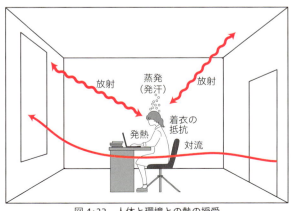

放射　　蒸発（発汗）　　放射

発熱　　着衣の抵抗　　対流

図4・23　人体と環境との熱の授受

1clo は気温 21.2℃、相対湿度 50％以下、気流速 0.1m/s の室内で、いす座作業時に成人男性が快適でいられる着衣による保温力を表し、0.155 m²K/W である。

4 温熱環境6要素

人は、たとえば周囲の温度が高いと暑く感じ、低いと寒く感じる。周囲の温度が高い場合には、内部の熱生産量が増え、熱放散よりも多くなり、コア部の温度上昇につながるが、このとき人は「暑さ」を感じ、体温を下げる方向に反応する。逆に、コア部の温度低下が起こると、「寒さ」を感じ体温を上げる方向に反応する。暑さ寒さを感じることで、体温調節行動が促され、人体の熱のバランスを保っている。この人の暑さ寒さの感覚を温冷感（thermal sensation、温熱感）という。

人の温冷感に影響を与える要素として、熱放散に寄与している周囲の空気の温度と相対湿度、放射温度、気流速の4要素（環境側要素）と、人間が調節している代謝量と着衣量の2要素（人体側要素）があり、あわせて温熱環境6要素という。これら6要素のバランスで、暑さ寒さを感じる。また、暑さ寒さの結果として、滞在する環境の快適さや不快さを感じる。

5 温熱環境の評価

人間は暑さ寒さといった温冷感や、快適性などによって周囲の温熱環境を評価している。この温熱環境を評価するために、温熱環境6要素を組み合わせて作った変量を温熱指標と呼ぶ。6要素の組み合わせは無数にあり、複合して影響する。

周囲の環境が快適かどうかは、一般的には周辺の空気温度（気温）をもって評価されることが多く、他の要素を含めた影響を加味して、それと等価な環境での気温で表すことがある。これを体感温度という。

（1）平均放射温度（MRT）

周囲の壁や窓、家具などの温度は一様であることはまれで、そのためそれらから受ける放射エネルギーを平均して温度で表したものを平均放射温度（MRT）［℃］といい、式4・19で表される。

$$MRT = \sum \varphi_i \theta_i \quad \cdots\cdots\cdots\cdots\cdots\cdots\cdots (式4・19)$$

φ_i：室内の任意の点 k と放射面 i との間の形態係数［－］
θ_i：放射面 i の表面温度［℃］

平均放射温度は、極端に温度差や面積差のある環境でなければ、近似的には、各面の温度を面積で重みづけした平均温度としても表される（式4・20）。

$$MRT = \frac{\sum \theta_i A_i}{\sum A_i} \quad \cdots\cdots\cdots\cdots\cdots\cdots (式4・20)$$

A_i：放射面 i の面積［m²］

（2）作用温度（OT）

作用温度 OT（Operative Temperature）［℃］は対流と放射による熱移動の影響を考慮した体感指標で、式4・21で表される。対流熱伝達率が気流速に依存することから、周辺の空気温度、気流速、放射温度の影響を考慮していることになる。放射温度には平均放射温度が用いられる。

直径 15cm の黒球（グローブ球（図4・25））で測定された温度が、近似的に作用温度となる。

$$OT = \frac{\alpha_c \theta_a + \alpha_r MRT}{\alpha_c + \alpha_r} \quad \cdots\cdots\cdots\cdots (式4・21)$$

θ_a：空気温度［℃］
α_c：対流熱伝達率［W/m²K］
α_r：放射熱伝達率［W/m²K］

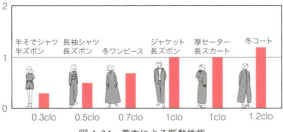

図4・24 着衣による断熱性能

図4・25 グローブ温度計

図4・26 アスマン通風乾湿計

室内で気流の影響が少ない場合は、対流熱伝達率 α_c［W/m²K］と放射熱伝達率 α_r［W/m²K］がほぼ等しいとみなせるため、作用温度は式4・22と書くことができる。この状況では作用温度は、気温と平均放射温度の平均値とみなすことができる。

$$OT = \frac{\theta_a + MRT}{2} \quad \cdots\cdots\cdots\cdots\cdots\cdots (式 4\cdot22)$$

空気温度の計測には**アスマン通風乾湿計**が用いられる。乾球および湿球温度計を反射率の高い材料でおおわれており、日射や周辺の放射の影響を抑える。また、上部についたファンにより、温度計周りを風速3〜5m/s以上の空気が流れることで、対流による熱移動と水分の蒸発を促し、比較的精度良く乾球温度と湿球温度を測ることができる。

(3)不快指数(DI)

不快指数 DI（Discomfort Index）は、空気の温度と相対湿度のみで表される、屋外の蒸し暑さを評価する指数である（式4・23、式4・24）。不快指数 DI が75以上で「やや暑い」、80以上では「暑くて汗が出る」、85以上では「暑くてたまらない」である。

$$DI = 0.81\,\theta_a + 0.01\,rh\,(0.99\,\theta_a - 14.3) + 46.3$$
$$\cdots\cdots\cdots\cdots (式 4\cdot23)$$

θ_a：空気温度（乾球温度）［℃］
rh　：相対湿度［%］

$$DI = 0.72\,(\theta_a + \theta_w) + 40.6 \cdots\cdots\cdots\cdots\cdots (式 4\cdot24)$$

θ_w：湿球温度［℃］

(4)有効温度(ET)

1920年代の暖冷房の技術発展に合わせて、暖冷房時の温熱環境を評価する必要性が出てきた。1925年に発表された**有効温度** ET（Effective Temperature）［℃］は、異なる周辺空気の温度と相対湿度の組み合わせにおいて、等しい快適性を、着衣量を変えた被験者によって評価したものであり、実験に基づいた体感指標である。周辺空気温度、相対湿度、気流速、着衣量が考慮されている。放射の影響は考慮されない。

その後、有効温度の周辺空気温度の代わりにグローブ温度を用いて行われた実験により、放射の影響が考慮された修正有効温度 CET（Corrective Effective Temperature）が発表されている。

(5)標準新有効温度(SET*)

新有効温度 ET^*（New Effective Temperature）は、温熱環境6要素を考慮し、人体の生理的制御モデルを用いて、相対湿度50%を基準にして算出される温度である。代謝量と着衣量ごとに定義されており、それらが同じ環境で比較ができる。

これを、温熱環境6要素すべてを考慮し、代謝量、着衣量も含めた標準状態で定義したものが**標準新有効温度** SET^*（New Standard Effective Temperature）である。

SET^* は、1971年にASHRAEから発表された。人体の熱生産と周辺環境への熱放散のバランス、体温調節機能から数値的に予測した環境指標であり、温度で表されている。気流速0.1m/s、着衣量0.6clo、代謝量1Met、相対湿度50%、放射温度が気温と等しい場合の

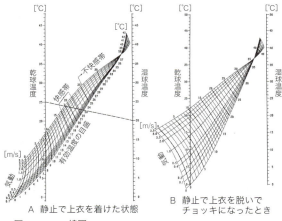

図4・27　ET線図（日本建築学会編『建築設計資料集成』丸善（1978））

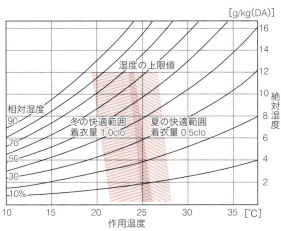

図4・28　SET*の快適範囲（出典：ASHRAE STANDARD 55 *Thermal Environmental Conditions for Human Occupancy*, 2003）

気温と定義される。現在、体感指標として広く用いられている。

(6)予測平均温冷感申告(*PMV*)

予測平均温冷感申告 *PMV*(Predictive Mean Vote)は、1970 年に発表された指標であり、環境を−3(Cold)から＋3(Hot)の 7 段階尺度の温冷感の予測値によって評価している(図4・29)。欧米人を中心とした大多数の被験者を対象に、異なる温熱環境 6 要素のもとで温冷感申告を収集し、その結果に基づいて関係式が導かれている。多数の滞在者の平均的な温冷感を表しており、*PMV* = 0 で中立環境となる。

予測不満者率(*PPD*)は、*PMV* に基づいて提案されており、滞在者の不満率を示している。*PMV* が 0(中立)の時に 0.5 となり、5%の不満者がいることを示している(図4・30)。また、ASHRAE では、不満足者の割合が 20%以下になるような環境を、温熱環境的に快適な環境と定義している。*PMV* と *PPD* は ISO にも指標として採用されており、*PPD* ≦ 10%以下、つまり *PMV* ≦|0.5| を推奨範囲としている。

(7)適応能力

人は暑さや寒さに対して不快を感じれば、着衣を調節したり、窓を開閉して風を取り入れたり、ブラインドにより日射を調整したりと、自らの環境を調整して、

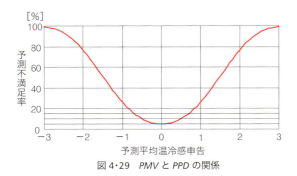

図4・29 *PMV* と *PPD* の関係

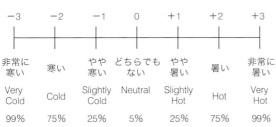

図4・30 *PMV* の数値・英語表記と対応する日本語

快適に近づけるべく行動を起こす、すなわち**適応能力**が備わっている。図4・31 は、**アダプティブモデル**▶p.31 に基づく月平均外気温度に対する快適な室内作用温度を示している。これは、自然換気建物の許容温度範囲を示しており、空調された建物では不満率が高くなることもある。

(8)そのほかの環境評価指標

PMV や *SET* * などの温熱指標は、極端に暑い、寒い環境下では使用されない。そのため、極端な環境下での指標がいくつかある。▶ pp.50〜52

1)湿球グローブ温度指標(*WBGT*)

湿球グローブ温度指標 *WBGT*(Wet Bulb Globe Temperature Index)▶p.50 は、熱帯地域での軍事訓練の限界を調べるために開発された指標であり、極端に蒸し暑い状況の労働環境の評価や屋外の環境評価に用いられている。

2)熱ストレス指標(*HSI*)

熱ストレス指標 *HSI*(Heat Stress Index)は、暑熱労働下での作業者の疲労や適切な休息について判断するための指標である。*HSI* が 100 を超えると体温上昇が、0 を下回ると体温低下が生じる。

$$HSI = \frac{E}{E_{\max}} \times 100 \cdots\cdots\cdots\cdots\cdots\cdots\cdots(式 4・25)$$

E:温熱的平衡を保つために必要な蒸発放熱量

$E_{\max}$:最大可能蒸発放熱量

3)熱帯夏季暑熱指標(*TSI*)

熱帯夏季暑熱指標 *TSI*(Tropical Summer Index)は、インドにおける成年男子を対象に行われた実験より、暑熱環境での湿球温度・グローブ温度・風速を、風速

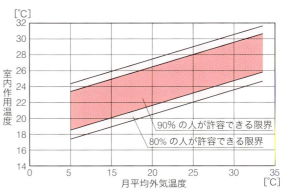

図4・31 アダプティブモデルによる許容温度範囲(出典:ASHRAE STANDARD-55 *Thermal Environmental Conditions for Human Occupancy*, 2010)

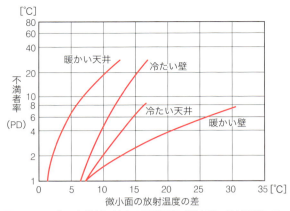

図4・32 不均一な放射に対する不満足率（微小面の放射温度には、形態係数の影響を含む）(出典：ASHRAE STANDARD 55 *Thermal Environmental Conditions for Human Occupancy*, 2003)

図4・33 高湿度によるカビの発生

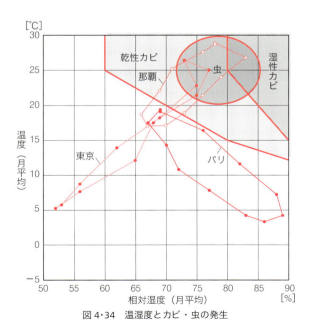

図4・34 温湿度とカビ・虫の発生

0、相対湿度50%の環境下の気温として定義した体感温度である。

$$TSI = \frac{1}{3}\theta_w + \frac{3}{4}\theta_g - 2\sqrt{v} \quad \cdots\cdots\cdots (式4\cdot26)$$

θ_g：グローブ温度 ［℃］

v：気流速 ［m/s］

(9) 局所不快感の指標

PMV や *SET* * は全身の温冷感を表すが、全身が中立であっても、極端な放射環境、ドラフト（不快な風環境）、上下の温度差などから、局所的な寒暑感が生じる場合がある。

1) 極端な放射

　暖かい天井や冷たい壁（や窓）などからは、周囲の放射温度の違いにより不快を感じることがある。

　ASHRAE Standard 55-2004、ISO7730（図4・32）では、暖かい天井に対する不均一の限界を5℃以内、冷たい壁や窓の不均一の限界を10℃以内としている。

2) ドラフト

　気流による不快感を**ドラフト**という。夏期には涼感を得ることができるが、暖房時などには不快を生じる場合がある。冬期に窓などの室温より低い面からのドラフトを**コールドドラフト**という。

6　健康と湿気

　夏季や梅雨時期など屋外が高湿な場合に、比較的低温な地下室などでは、結露が生じたり、内装材の水分量が高くなることがある。このような高湿状態が短期間で、その後乾燥時期が続けば、人体への被害は小さいが、高湿環境が続く場合には、カビや微生物が発生する（図4・34）。これらは、喘息やアレルギーといった健康被害の要因となる。

　低湿度環境では、静電気が発生したり、のどや目が乾燥し痛みや不快感が生じる場合がある。

4・3　建物とのかかわり

　屋外の温度が室内よりも低い場合には、建物内を暖房することがある。その際、暖房により供給された熱エネルギーは、温度の高い室内から温度の低い室外へ、換気や壁を通して移動する。そして、暖房つまり熱エネルギーの供給を止めると、室内の温度は屋外の温度と等しくなるまで、室内から屋外へ熱エネルギーが移動する。

　水分についても同じように考えられる。室内と室外の水分量に差があれば、その絶対湿度差（水蒸気圧差）に応じて、換気や漏気、壁体を通して屋外へもしくは屋内へと移動する。

　このような建物や室の内外での熱や水分の移動を理解することは、適切な室内環境の設計や、適切な空気調和のためにきわめて重要である。

1　建物部材の熱と湿気の移動

　水が高いところから低いところへ流れるように、熱も温度の高いほうから低いほうへ流れる。ある点での温度が時間により変化しない一定の状態（**定常状態** ► p.94）では、ある点に流入する熱と流出する熱は等しい。この熱の流れを**熱貫流**という。

　たとえば壁など材料の両面に温度差があるとき、壁の熱の流れは片面から反対側の面への一次元の流れとして扱える。

　建築を構成する壁や屋根、窓などの部材は、複数の材料や空気層など、複雑な構成をしている（図4・37）。

　たとえば、壁体内において、壁体の個体部では伝導により熱が移動し、壁の内外表面では、放射熱伝達により対面する壁や大気などと、また対流熱伝達により空気との熱の移動が生じている。このように、放射熱伝達、対流熱伝達と熱伝導の組み合わせにより熱が流れている。この壁や屋根などの熱の流れやすさは、**熱貫流率** $[W/m^2 K]$（U 値）で表される。

　壁体熱流量（貫流熱流量）は、壁体内外の空気温度 θ_i [℃]、θ_o [℃] として、式4・27で表される。

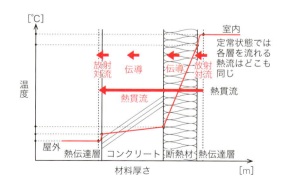

図4・35　熱の伝わり方のイメージ

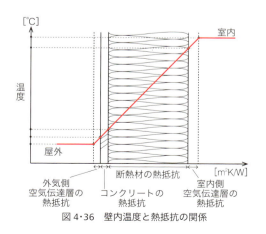

図4・36　壁内温度と熱抵抗の関係

$$q = U(\theta_i - \theta_o) \quad \cdots\cdots\cdots\cdots\cdots\cdots \text{(式 4·27)}$$

q ：単位面積あたりの熱流量 [W/m²]

θ_i ：室内温度 [℃]

θ_o ：室外温度 [℃]

(1) 総合熱伝達率

　壁体の表面では、壁表面と対面する壁表面などとは放射熱伝達により、壁表面と近傍空気とは対流熱伝達により熱が移動している。近傍空気と壁表面との熱の移動は、表面の近傍（**熱伝達層**）で起こっている。これらの熱の移動量は、次式で与えられる。

$$q_r = \alpha_r(\theta_s' - \theta_s) \quad \cdots\cdots\cdots\cdots\cdots \text{(式 4·28)}$$

q_r ：壁表面での放射による熱伝達量 [W/m²]

α_r ：放射熱伝達率 [W/m²K]

θ_s' ：壁に対面する個体もしくは気体の温度 [℃]

θ_s ：壁の表面温度 [℃]

$$q_c = \alpha_c(\theta_i - \theta_s) \quad \cdots\cdots\cdots\cdots\cdots \text{(式 4·29)}$$

q_c ：壁表面での対流による熱伝達量 [W/m²]

α_c ：対流熱伝達率 [W/m²K]

θ_i ：壁に対面する空気の温度 [℃]

θ_s ：壁の表面温度 [℃]

　便宜上、対面する壁表面などと室空気は同じと仮定すると、式 4·28 および式 4·29 の $\theta_s' = \theta_i$ とおけ、対流と放射を合わせた熱流量は、式 4·30 と表せる。

$$q = q_c + q_r = (\alpha_c + \alpha_r)(\theta_i - \theta_s) = \alpha(\theta_i - \theta_s) \cdots \text{(式 4·30)}$$

α ：総合熱伝達率 [W/m²K]

　このときの α は、放射熱伝達率と対流熱伝達率の和となり、**総合熱伝達率**という。設計用には、室内側では無風時の、室外側では風速 3m/s 程度を想定した値が、表 4·5 のとおりそれぞれ用いられる。

(2) 中空層での熱移動

　図 4·37 や図 4·38 に示すように、建物を構成する要素にはさまざまな中空層がある。空気は対流しなければ断熱性の高い材料であるため、空気層の気密性が高いほど、また、真空に近いほど熱抵抗が大きく、つまり、熱が流れにくくなる。

　中空層では、図 4·39 に示すように、放射熱伝達、対流熱伝達、熱伝導、そして空気層内での空気の移動によって熱が伝わるが、その動きは複雑なため、一体を熱抵抗として扱う。中空層での熱流量は、その前後の温度を θ_1 [℃] と θ_2 [℃] として、式 4·31 で表される。中空層の熱抵抗値 R_{air} [m²K/W] は、中空層の厚さや気密性によって変わる。垂直な密閉中空層の場合は、3 ～ 5cm の厚みでもっとも熱抵抗が大きくなる（図 4·40）。

$$q = \frac{\theta_1 - \theta_2}{R_{air}} \quad \cdots\cdots\cdots\cdots\cdots\cdots\cdots \text{(式 4·31)}$$

表 4·5　設計用の熱伝達率

	放射熱伝達率 [W/m²K]	対流熱伝達率 [W/m²K]	総合熱伝達率 [W/m²K]
室内側	5	4	9
室外側		18（風速 3m/s）	23

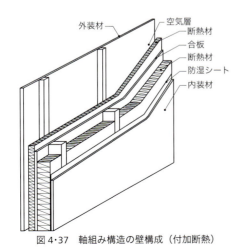

図 4·37　軸組み構造の壁構成（付加断熱）

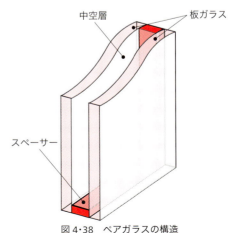

図 4·38　ペアガラスの構造

(3)熱貫流率(U値)

壁体の片側空気から反対側の空気への熱の流れやすさは、**熱貫流率**（U値 [W/m²K]）で表される。熱貫流率（U値）は壁体の全体の熱抵抗（R [m²K/W]）の逆数である。壁の熱抵抗は構成する部材の熱抵抗の和（式4·32）となる。このとき、壁体表面の空気の層（空気熱伝達層）による抵抗も考慮しなければならない。

$$R = \frac{1}{\alpha_i} + \sum \frac{d}{\lambda} + \sum R_{air} + \frac{1}{\alpha_o} \quad \text{（式4·32）}$$

$$U = \frac{1}{R} \quad \text{（式4·33）}$$

建物全体の外皮（壁・床・天井・屋根・基礎部）の熱貫流率（基礎は線熱貫流率で表される）に面積をかけ、外皮の面積の合計で除したものを、**外皮平均熱貫流率**（UA値 [W/m² K]）という。建築物省エネ法 ▶p20 では、建物の外皮性能の基準としてUA値が用いられている。

$$UA = \frac{\sum\limits_{i=1}^{n} U_i \times A_i}{\sum\limits_{i=1}^{n} A_i} \quad \text{（式4·34）}$$

U_i：部位 i の熱貫流率 [W/m²K]

A_i：部位 i の面積 [m²]

(4)壁体内の温度

壁を片面から裏面への一次元の熱の流れとみなすと、壁体を流れる熱流は部位によらず等しいことから、式4·35-1 ～ 4·35-7（図4·41）を用いることで、壁体内の温度分布を求めることができる。コンクリートと断熱材で構成された壁における表面温度、内部温度の算出例を示す。

$$q = U(\theta_i - \theta_o) \quad \text{（式4·35）}$$

$$q_1 = \alpha_i(\theta_i - \theta_1) \quad \text{（式4·35-1）}$$

$$q_2 = \frac{\lambda_1}{d_1}(\theta_1 - \theta_2) \quad \text{（式4·35-2）}$$

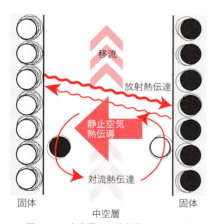

固体　　中空層　　固体

図4·39　中空層での熱移動のイメージ

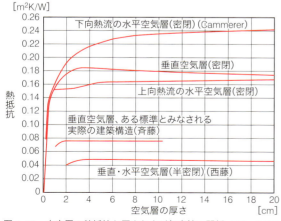

図4·40　中空層の熱抵抗と厚さおよび気密性の関係（出典：日本建築学会『建築環境工学用教材』をもとに作成）

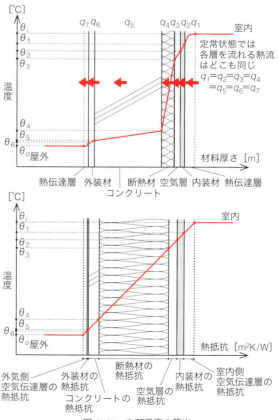

図4·41　内部温度の算出

$$q_3 = \frac{1}{R_{air}}(\theta_2 - \theta_3) \quad \cdots\cdots\cdots（式 4\cdot35\text{-}3）$$

$$q_4 = \frac{\lambda_2}{d_2}(\theta_3 - \theta_4) \quad \cdots\cdots\cdots（式 4\cdot35\text{-}4）$$

$$q_5 = \frac{\lambda_3}{d_3}(\theta_4 - \theta_5) \quad \cdots\cdots\cdots（式 4\cdot35\text{-}5）$$

$$q_6 = \frac{\lambda_4}{d_4}(\theta_5 - \theta_6) \quad \cdots\cdots\cdots（式 4\cdot35\text{-}6）$$

$$q_7 = \alpha_o(\theta_6 - \theta_o) \quad \cdots\cdots\cdots（式 4\cdot35\text{-}7）$$

q_i：i 層の熱貫流量 ［W/m²］

λ_i：i 層の材料の熱伝導率 ［W/mK］

α_i, α_o：室内外の熱伝達率 ［W/m²K］

d_i：i 層の材料厚さ ［m］

このとき、熱貫流率 U［W/m²K］は、各層の熱抵抗の和の逆数として式 4·37 で表される。

$$R = \frac{1}{\alpha_i} + \frac{d_1}{\lambda_1} + R_{air} + \frac{d_2}{\lambda_2} + \frac{d_3}{\lambda_3} + \frac{d_4}{\lambda_4} + \frac{1}{\alpha_o}$$
$$\cdots\cdots\cdots\cdots（式 4\cdot36）$$

$$U = \frac{1}{\dfrac{1}{\alpha_i} + \dfrac{d_1}{\lambda_1} + R_{air} + \dfrac{d_2}{\lambda_2} + \dfrac{d_3}{\lambda_3} + \dfrac{d_4}{\lambda_4} + \dfrac{1}{\alpha_o}}$$
$$\cdots\cdots\cdots\cdots（式 4\cdot37）$$

(5) 壁体内の湿度

熱と同様に、壁体の両面で水蒸気圧差（もしくは絶対湿度差）があると、水蒸気も移動する。定常状態の場合は、壁体を流れる水分流量は部位によらず等しいことから、熱と同様に水蒸気の移動量も検討できる。

多層からなる壁体での湿気移動は、定常状態の場合は各層での水分移動量が等しくなるため、熱と同様に式 4·38-1 ～ 4·38-6（図 4·42）で表すことができる。水蒸気移動の駆動力は、水蒸気圧差で表す場合と絶対湿度で表す場合がある。

壁体全体の、湿気貫流抵抗は、各層の湿気抵抗の和となる。壁体表面の空気伝達層における湿気抵抗（湿気伝達率の逆数）は、きわめて小さい値であるため、省略してもよい。

$$w = U'(p_i - p_o) \quad \cdots\cdots\cdots\cdots（式 4\cdot38）$$

$$w_1 = \alpha_i'(p_i - p_1) \quad \cdots\cdots\cdots（式 4\cdot38\text{-}1）$$

$$w_2 = \frac{\lambda_1'}{d_1}(p_1 - p_2) \quad \cdots\cdots\cdots（式 4\cdot38\text{-}2）$$

$$w_3 = \frac{1}{R_{air}'}(p_2 - p_3) \quad \cdots\cdots\cdots（式 4\cdot38\text{-}3）$$

$$w_4 = \frac{\lambda_2'}{d_2}(p_3 - p_4) \quad \cdots\cdots\cdots（式 4\cdot38\text{-}4）$$

$$w_5 = \frac{\lambda_3'}{d_3}(p_4 - p_5) \quad \cdots\cdots\cdots（式 4\cdot38\text{-}5）$$

$$w_6 = \frac{\lambda_4'}{d_4}(p_5 - p_6) \quad \cdots\cdots\cdots（式 4\cdot38\text{-}6）$$

$$w_7 = \alpha_o'(p_6 - p_o) \quad \cdots\cdots\cdots（式 4\cdot38\text{-}7）$$

$$R' = \frac{1}{\alpha_i'} + \frac{d_1}{\lambda_1'} + R_{air}' + \frac{d_2}{\lambda_2'} + \frac{d_3}{\lambda_3'} + \frac{d_4}{\lambda_4'} + \frac{1}{\alpha_o'}$$
$$\cdots\cdots\cdots\cdots（式 4\cdot39）$$

$$U' = \frac{1}{\dfrac{1}{\alpha_i'} + \dfrac{d_1}{\lambda_1'} + R_{air}' + \dfrac{d_2}{\lambda_2'} + \dfrac{d_3}{\lambda_3'} + \dfrac{d_4}{\lambda_4'} + \dfrac{1}{\alpha_o'}}$$
$$\cdots\cdots\cdots\cdots（式 4\cdot40）$$

w_i：i 層の水分流量 ［kg/m²s］

p_i：室空気の水蒸気圧 ［Pa］

p_o：外気の水蒸気圧 ［Pa］

λ_i'：i 層の材料の湿気伝導率 ［kg/m s Pa］

α_i', α_o'：室内外の湿気伝達率 ［kg/m² s Pa］

R'_{air}：空気層の湿気抵抗 ［m s Pa/kg］

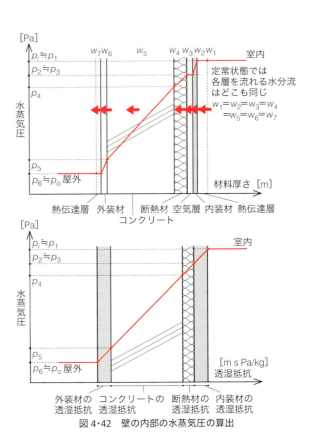

図 4·42　壁の内部の水蒸気圧の算出

（6）内断熱と外断熱

　図4・43に示すように、断熱材のように熱伝導率の小さい（熱抵抗の大きい）材料を室内側に用いる場合を内断熱、室外側に用いる場合を外断熱という。内断熱と外断熱では、壁体を構成する部材の位置が異なるが、部材は同じであり、熱貫流率（U値）は変わらない。ただし、壁体内の温度分布が異なり、内断熱では、断熱材とコンクリートの間の温度が外気温度に近くなる。そのため、冬季には内部結露が起こる危険性が高い。また、コンクリートのように熱容量のある材料の場合は、外断熱の場合にその熱容量を有効に利用できる可能性がある。とくに、日射熱を利用したパッシブヒーティングに適している。

2　建物内の熱と湿気の環境

（1）熱取得と熱損失

　室内の温度は、屋外と室内の温度差、日射、家電機器や人体からの発熱などの影響を受けて変化している。このとき、室内の温度上昇に寄与する、内外の気温差による換気や壁体を通した熱貫流、日射熱、機器や人体からの発熱を熱取得という。また、室内の温度低下に寄与する要因を熱損失という。このときも、室温が時間によって変化しない状態を定常状態▶p.94といい、

時間により変化する状態を非定常状態という。

　室内の熱取得と熱損失は、図4・44のようになる。熱取得として、窓を透過する日射熱、内部発熱による発熱があり、熱損失として、外壁・屋根・床を通した貫流熱、換気・漏気が挙げられる。また暖房による加熱や冷房による熱の除去がある。定常状態では、熱損失と熱取得が等しくなる。

（2）日射熱取得

　ガラスを通過する日射は、一部は透過前に反射され、一部がガラスに吸収され、一部が室内に透過する▶p.49。透過した日射は熱取得となる。日射熱取得q_{win}［W］は、式4・41のように表せる。また、図4・45に日射熱取得率ηの一例を示す。

$$q_{win} = \eta \times A \times J \quad\cdots\cdots\cdots\cdots\cdots\cdots（式4・41）$$

q_{win}：日射熱取得［W］
η　：窓の日射熱取得率［－］
A　：窓面積［m²］
J　：窓面の法線面の全天日射量［W/m²］ ▶p.48

　ブラインドやカーテンなど日射遮蔽効果のある材が用いられる場合の室内への日射熱取得の割合は図4・45のとおりである。ブラインドなどの日射遮蔽物が室内側にある場合は、日射熱の一部を吸収したブラインド

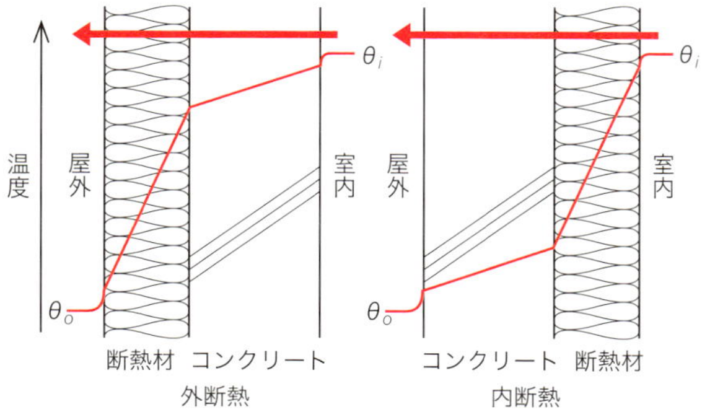

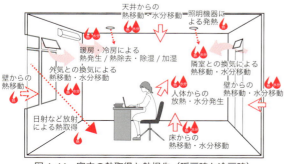

図4・43　内断熱と外断熱

図4・44　室内の熱取得と熱損失（暖房時と冷房時）

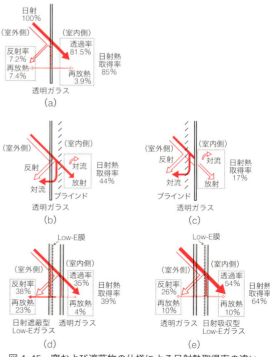

図4・45　窓および遮蔽物の仕様による日射熱取得率の違い

の温度上昇にともなう熱が室内側に影響するため、ブラインドを室外側に設置した場合よりも日射熱遮蔽効果が低い。

1) ガラスの日射透過特性

ガラスは一般的に波長ごとに透過特性が異なる。図4・46にガラスの波長による透過率、反射率を示す。このとき、透過率と反射率と放射率（吸収率）の和は1となる。ガラスは一般に、日射のうち可視光線と近赤外線を透過し、遠赤外線領域の放射熱を吸収する。Low-E（低放射）ガラス（図4・45、図4・46）は、ガラスの一面に銀などの特殊金属を膜状に張ったもので、赤外領域の日射熱を反射する効果を高めたものである。この低放射膜を複層ガラスの内側に用いることで、中空層の熱抵抗の効果に加えて、中空層内の放射による熱移動を低減させ、全体の熱抵抗を上げる効果もある。

Low-E ガラスには、複層となるガラスの室外側のガラス面に低放射膜を加工したものと、室内側のガラス面に加工したものがある（図4・45）。室外側のガラス面に低放射膜がある場合（図4・45・d）、夏の日射の遮熱に効果があり、逆に室内側のガラス面にある場合（図4・45・e）は、冬の暖房時の室内からの熱の流出を防ぐ効果がある。

2) 日射遮蔽係数

ガラスの日射熱取得率 η ［－］を、厚さ3mmのフロート板ガラスの日射熱取得率 η_{3mm} で除した値を、日射遮蔽係数 SC ［－］という。SC に3mm厚ガラスの標準日射熱取得量［W/m²］を乗ずることで、そのガラスの日射熱取得量が得られる。

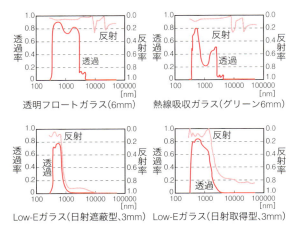

図4・46　ガラスの種類ごとの分光透過特性（出典：日本板硝子「4. 板ガラスと光と熱」『ガラス建材総合カタログ［技術資料編］』2015）

表4・7　水分発生量と放熱量（成人）（出典：空気調和・衛生工学会『快適な温熱環境のメカニズム―豊かな生活空間をめざして』2006）

状態	水分発生	放熱
快適環境・安静時	40g/h	27W
気温29℃・室内生活	125g/h	84W
気温37.8℃・静座	300g/h	200W
高熱工場・作業	1400g/h	945W

表4・6　ガラスの種類ごとの熱貫流率と日射熱取得率（出典：日本板硝子「7. 板ガラスの関連法規・規格」『ガラス建材総合カタログ［技術資料編］』2015）

ガラスの種類		板厚 [mm]	熱貫流率[W/m²K] ガラスのみ	日射熱取得率［－］ ガラスのみ
単層	透明	3	5.95	0.876
	透明	6	5.85	0.873
	熱線吸収	6	5.85	0.59
	熱線反射	6	5.85	0.698
	高性能熱線反射 可視光反射率8%	6	4.66	0.195
複層（空気層6mm）	透明＋透明	6+A+6	3.27	0.727
	熱線吸収＋透明	6+A+6	3.27	0.480
	熱線反射＋透明	6+A+6	3.27	0.612
	高性能熱線反射 可視光反射率8%＋透明	6+A+6	2.91	0.150
	Low-E（高日射遮蔽型）＋透明	6+A+6	2.46	0.313
	Low-E（高日射取得型）＋透明	6+A+6	2.62	0.636
	透明＋Low-E（高日射取得型）	6+A+6	2.62	0.684
複層（アルゴン層6mm）	Low-E（高日射遮蔽型）＋透明	6+Ar+6	2.02	0.307
	Low-E（高日射取得型）＋透明	6+Ar+6	2.23	0.635
複層（真空層0.2mm）	Low-E＋透明	3+V+3	1.4	0.660
トリプルガラス（アルゴンガス9mm＋真空0.2mm）	Low-E＋透明＋Low-E	3+Ar+V+3	0.91	0.58

(3)機器および人体からの発熱

電気エネルギー、ガスなどの化石燃料のエネルギーを使用した場合、最終的には投入したエネルギーが室内の発熱となる。また、人体からの代謝による発熱は、いす座作業時で100W程度、軽作業時で120W程度である▶ p.101。

(4)貫流熱損失

壁や床、天井、屋根など、室内を取り巻く部材からの熱損失を**貫流熱損失**という。壁体などの熱貫流率 U [W/m²K] に面積 A [m²] と室内外の温度差 $\Delta\theta$ [℃] をかけて求められる。

$$q_w = U \times A \times \Delta\theta \quad \cdots\cdots\cdots\cdots \text{(式4・42)}$$

q_w ：貫流熱損失 [W]
U ：壁体などの熱貫流率 [W/m²K]
A ：壁体などの面積 [m²]

(5)換気熱損失

換気設備、隙間風などの漏気によって、室内の空気が外気の空気と入れ替わることによる熱損失を**換気熱損失**という。換気熱損失は、換気量 V [m³/s]、室内外の温度差 $\Delta\theta$ [℃] とすると、式4・43で表される。

$$q_v = c_{air}\rho_{air}V_{vent} \times \Delta\theta \quad \cdots\cdots\cdots\cdots \text{(式4・43)}$$

q_v ：換気熱損失 [W]
c_{air} ：空気の比熱 [J/kgK]
ρ_{air} ：空気の密度 [kg/m³]
V_{vent} ：換気量 [m³/s]

(6)総合熱損失

貫流熱損失と換気熱損失をまとめて**総合熱損失**という。このとき、$\left(\sum UA + c_{air}\rho_{air}V\right)$ を**総合熱貫流率**といい、室内外の温度差が1℃であるときの熱損失量となる。

$$\bar{q} = q_w + q_v = \left(\sum UA + c_{air}\rho_{air}V_{vent}\right) \times \Delta\theta \quad \cdots \text{(式4・44)}$$

$\bar{q}$ ：総合熱損失量(貫流熱損失と換気熱損失との和) [W]
$\sum UA$ ：各部材の熱貫流率と面積の積の和 [W/K]

総合熱損失 $\bar{q}$ [W] を建物の床面積 A_f [m²] で除して温度差1℃あたりとしたものを、**熱損失係数**(*Q* 値) [W/m²K] という。*Q* 値は、平成11年の省エネルギー基準において、建物の断熱性と気密性を評価する指標として用いられていたが、現在は**外皮平均熱貫流率** UA 値が用いられるため、使用されていない。

Q 値が大きな建物では熱が逃げやすく(熱が流入しやすく)、*Q* 値が小さいほど暖房負荷(冷房負荷)が小さくなる。

$$Q = \frac{\bar{q}}{A_f} \quad \cdots\cdots\cdots\cdots\cdots\cdots\cdots \text{(式4・45)}$$

A_f ：床面積 [m²]

(7)外部環境の取り扱い

室内の温度や湿度は、室外の気温、湿度、日射量や風速など環境の影響を受ける。外壁など日射を受ける面では、壁の外側表面の温度が上昇する。このとき、壁表面では日射熱を受けるとともに、壁表面と外気温や対面する面の温度との差に応じて、対流や長波長放射による熱移動もある。このような外部の状況を加味して、壁体の貫流熱損失を算出する場合がある。

壁表面での熱の授受を図4・47に示す。壁表面への流入熱流 q [W/m²] は、日射熱(図4・47①)と、外気と壁との温度差に応じた対流による熱伝達量(図4・47②)、対面と壁との温度差に応じた長波長放射による熱伝達量(図4・47③)を合計したもので、式4・46と表せる。

$$\begin{aligned}
q &= \alpha_c(\theta_o - \theta_s) + \alpha_r(MRT_o - \theta_s) + a_s J \\
&= \alpha_o(OT_o - \theta_s) + a_s J \\
&= \alpha_o(\theta_{SAT} - \theta_s)
\end{aligned} \quad \cdots \text{(式4・46)}$$

ここで、

$$OT_o = \frac{\alpha_c\theta_o + \alpha_r MRT_o}{\alpha_c + \alpha_r} \quad \cdots\cdots\cdots\cdots \text{(式4・47)}$$

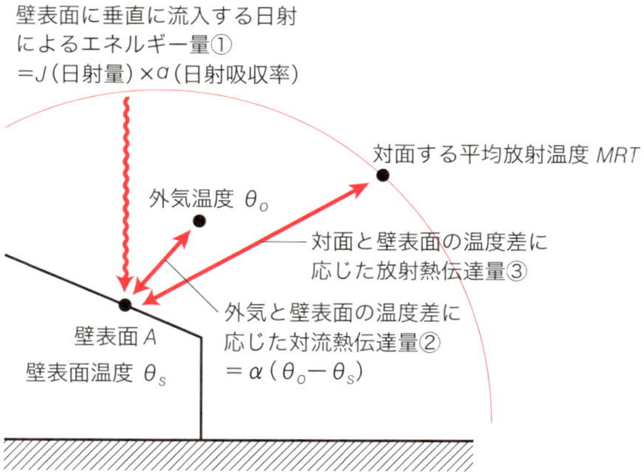

壁表面に垂直に流入する日射によるエネルギー量①
=*J*(日射量)×α(日射吸収率)

対面する平均放射温度 *MRT*

外気温度 θ_o

対面と壁表面の温度差に応じた放射熱伝達量③

壁表面 *A*
壁表面温度 θ_s

外気と壁表面の温度差に応じた対流熱伝達量②
=α($\theta_o - \theta_s$)

図4・47　相当外気温度のイメージ

$$\theta_{SAT} = \mathrm{OT}_o + \frac{a_s}{\alpha_o}J \quad\cdots\cdots\cdots\cdots\cdots\cdots\text{(式 4・48)}$$

$$\alpha_o = \alpha_c + \alpha_r \quad\cdots\cdots\cdots\cdots\cdots\cdots\cdots\text{(式 4・49)}$$

$$J = J_d + J_{sh} \quad\cdots\cdots\cdots\cdots\cdots\cdots\cdots\cdots\text{(式 4・50)}$$

α_c：外表面の対流熱伝達率 [W/m²K]

α_r：外表面の放射熱伝達率 [W/m²K]

α_o：屋外側の総合熱伝達率 [W/m²K]

θ_o：外気温度 [℃]

MTR_o：外表面に対する平均放射温度 [℃]

θ_s：外表面温度 [℃]

a_s：外表面の日射吸収率 [－]

OT_o：屋外の作用温度 [℃]

θ_{SAT}：相当外気温度 [℃]

J：日射量 [W/m²]

J_a：直達日射量 [W/m²]

J_{sh}：天空日射量 [W/m²]

ここで、平均放射温度が気温と等しい場合は、$\theta_o = MRT_o = \mathrm{OT}_o$ となるので、式 4・51 と表せる。

$$\theta_{SAT} = \theta_o + \frac{a_s}{\alpha_o}J \quad\cdots\cdots\cdots\cdots\cdots\text{(式 4・51)}$$

このときの θ_{SAT} は外気温がさらに、$a_s J / \alpha_o$ だけ高い場合と同じ量の熱が壁に伝わることを意味する。この日射熱を加味した仮想的な外気温度を**相当外気温度**（sol-air temperature）という。

冬季などの夜間に天空が澄んでいると、天空に面した屋根や壁面では、**夜間放射** ▶ p.49 によって地表面から天空へ長波長放射により熱が奪われ、温度が下がる。このような、長波長放射による熱移動も同様の考え方で考慮できる。

(8)室内の温度変化

熱が出入りした際の物質の温度変化は、式 4・52 で表される。式 4・52 の右辺は、正味の外部からの流出入であり、その量がプラスならば温度は上昇し、マイナスならば低下する。建物内において室空気の温度変化に寄与する熱は、式 4・53 のように表せる。主なものに、外壁・天井・屋根・窓など外皮からの熱貫流、窓からの日射熱取得、換気によるもの、機器や人体からの発熱、そして冷暖房による加熱冷却がある。

$$c_{air}\,\rho_{air}\,V\frac{d\theta}{dt} = \Delta Q \quad\cdots\cdots\cdots\cdots\cdots\text{(式 4・52)}$$

V：室容積 [m³]

θ：室の空気温度 [℃]

t：時間 [s]

ΔQ：外部からの熱流量 [W]

$$\Delta Q = Q_w + Q_{win} + Q_v + Q_{eq} + Q_{hu} \pm Q_{ac}\cdots \quad\cdots\text{(式 4・53)}$$

Q_w：外皮からの貫流熱 [W]

Q_{win}：窓からの日射熱 [W]

Q_v：換気による熱流量 [W]

Q_{eq}：機器発熱 [W]

Q_{hu}：人体発熱 [W]

Q_{ac}：暖房冷房による熱除去・熱取得 [W]

室温が時間的に変化しない定常状態では、式 4・52 の右辺の熱の流出入は 0 となる。時間的に温度変化を少なくするためには、負荷に合わせて式 4・53 の Q_{ac} の量を調整すればよい。

1)総合熱貫流率 ▶ p.113

建物の熱性能は、式 4・52 の外壁や床、屋根・天井などからの貫流熱損失と換気や漏気による換気熱損失がそれぞれ小さいほうが、一般的には良い。また、夏期の冷房時においては、開口部を通した日射熱取得が小さいほうが良い。

断熱性と気密性が高い建物、また、日射調整性能が優れた建物は、外部の温度変動の影響を受けにくく、室温は一定に保たれ、また、暖房や冷房の際にも一定の室温を維持しやすく、一般的には必要なエネルギー量も小さくなる。

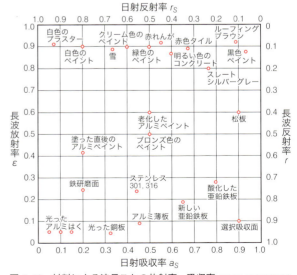

図 4・48　材料による波長ごとの放射率・吸収率（出典：日本建築学会『建築環境工学用教材　環境編』2011）

2)断熱性と気密性

　貫流熱損失を抑えるためには、壁体などの熱抵抗（式 4·34 の U_i 値）を大きくする、つまり断熱性を高めればよい。また、換気熱損失を抑えるためには、隙間風を抑え、計画的な換気計画によって換気量を抑えればよい。ただし、必要換気量を確保することが重要である。

3)熱容量と温度変化

　熱容量が大きいものを**蓄熱性**があるという。一般的に、コンクリート造の建物は木造に比べて熱容量が大きい。建物の熱容量の大きい場合、室内に日射を受けた際や、室内で冷暖房を開始した際の温度変化が小さく、時間を遅れて温度が変化する。また、停止した後も室温を維持しやすい。逆に、熱容量の小さい建物は、それなりに断熱性があれば冷暖房時に目標温度に素早く達することができる。

　容積あたりの蓄熱量は水が最も大きい。コンクリート造の場合は、15cm 以上の厚みがあるとその熱容量を有効に利用できる。

　蓄熱の方式には、単純に温度の変化（顕熱）を利用したもののほかに、氷蓄熱のように個体・液体の相変化時の熱（潜熱）を利用したものもあり、これらは**潜熱蓄熱材**（**PCM**、**Phase Change Material**）と呼ばれる。氷蓄熱は夜間の比較的安価な電力を利用して水を氷にし、日中にその冷熱を空調などに利用する方法である。水のほかに、無機水和塩やパラフィンなどの有機化合物が代表的である。

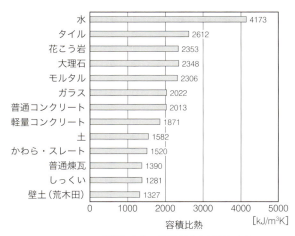

容積あたりの蓄熱量は水が最も大きい。
RCは厚さを15cm以上とるとよい。

図 4·49　蓄熱材 1m³ あたりの蓄熱量（出典：日本建築学会『建築環境工学用教材　環境編』2011）

(9)室内の湿度変化

1)水分の発生源

　入浴、炊事、洗濯など、室内にはさまざまな水分の発生源がある（表 4·8）。人体からは、通常の作業時で 100g/h、睡眠時でも 55g/h の水分発生がある。調理では、煮炊きに伴う食材からの水分発生のほかに、ガスの燃焼に伴う水分の発生がある。暖房用の灯油や木材からも同様に水分発生がある。

2)室内の湿度変化

　熱の出入りに伴う温度変化と同様に、水分の出入りに伴う室内の時間的な湿度（絶対湿度）の変化は式 4·54、式 4·55 のように表せる。これは温度変化を示す式 4·52、式 4·53 と同じ考え方である。相対湿度は、絶対湿度と温度などから換算できる。

$$\rho_{air} V \frac{dx}{dt} = \Delta W \cdots\cdots\cdots\cdots\text{（式 4·54）}$$

　x　：室の空気の絶対湿度 [kg/kg(DA)]

　ΔW：外部からの水分流量 [kg/s]

$$\Delta W = W_w + W_v + W_{eq} + W_{hu} \pm W_{ac}\cdots \text{（式 4·55）}$$

　W_w：壁などの吸放湿による水分量 [kg/s]

　W_v：換気による水分量 [kg/s]

　W_{eq}：機器・調理などからの水分発生量 [kg/s]

　W_{hu}：人体からの水分発生量 [kg/s]

　W_{ac}：空調機による除湿や加湿 [kg/s]

　定常状態では、右辺の水分発生・除去量が 0 となり、室内の絶対湿度は時間的に変化しない。室内の水蒸気が原因となる表面結露などの判定では、定常状態、かつ、壁などの吸放湿による湿度の変化を省略し、室内

表 4·8　建物内での水分の発生源と発生量（出典：空気調和・衛生工学会「快適な温熱環境のメカニズム—豊かな生活空間をめざして」空気調和・衛生工学会、2006、岡西宏樹・岩前篤「生活に伴う水蒸気発生量の評価」『日本建築学会学術講演梗概集 D-2 環境工学 2』、2006、渡辺要編『建築設計原論 III』、1965、日本建築学会編『建築設計資料集成』丸善、1978 をもとに作成）

水分発生源	水分発生量
人体	34g/h（20℃安静時） 222g/h（27℃中作業） 55〜81g/h（20〜27℃　就寝時）
ガス・都市ガス	0.039g/KJ
調理	125g ／ 39g　朝食（ガス／IH） 1214g ／ 660g　夕食（ガス／IH）
洗濯	2.8kg（洗濯物 6kg）
洗濯〜乾燥	470g/kg
入浴	230g/回
家事	2300g/回

での水分発生量を W、外部との換気量を V_{vent} として、室内の絶対湿度を検討する場合がある。その場合、式4・55 は式4・56 とかける。

$$0 = W + W_v \quad\cdots\cdots\cdots\cdots\cdots\cdots\text{(式4・56)}$$

W：室内での水分発生量［kg/h］

W_v：室内と室外間の換気に伴う水分量［kg/h］

$$W_v = \rho_{air} V_{vent} \times |x_o - x| \quad\cdots\cdots\cdots\text{(式4・57)}$$

x_o：室外の絶対湿度［kg/kg(DA)］

x_i：室内の絶対湿度［kg/kg(DA)］

$$x_i = x_o + \frac{W}{\rho_{air} V_{vent}} \quad\cdots\cdots\cdots\cdots\text{(式4・58)}$$

ここから、室内の絶対湿度は、次のように表せる。冬季など外皮に面した室内壁の表面の飽和絶対湿度がこの値を下回っている場合、その表面に結露が生じるが、室内よりも絶対湿度が小さい（乾燥した）外気との換気量を増やすことで、表面結露を抑えることができる。

きる。

（10）結露防止

1）結露の種類

　水分を含んだ空気が、その空気の露点温度よりも低い温度の面に接触すると、含まれていた水分が凝結し液水として表面に現れる。これを結露という。

　結露の種類は、結露の生じる場所や結露の起こる時期によって分けられる。

①表面結露と内部結露

　結露はその生じる場所によって、表面結露（外部結露）と内部結露に分類される。表面結露は、水分を含んだ空気がその空気の露点温度以下の壁や窓の表面で起こる結露である。これに対し、内部結露は壁の内部や床下などが露点温度よりも低温であるときに、内部で起こる結露である。

②夏型結露と冬型結露

　結露はその生じる時期によって、冬型結露と夏型結

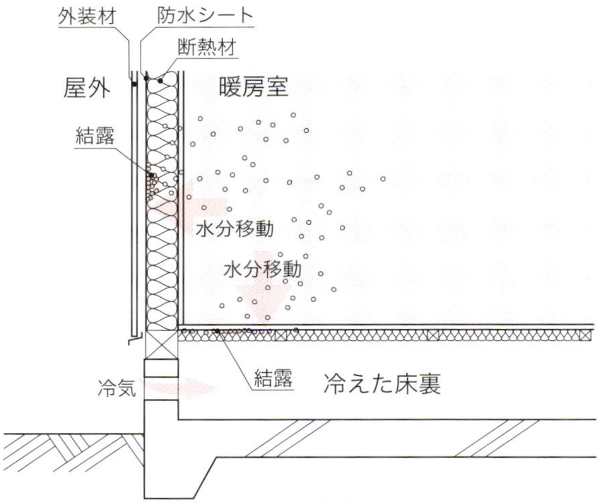

図4・50　内部結露の例

図4・52　地下室、隅角部での結露被害 （提供：小林大輔）

図4・51　断熱と防湿の例 （提供：山本亜耕建築設計事務所）

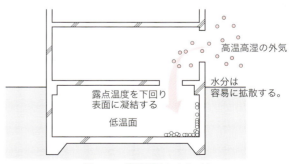

図4・53　夏型結露のイメージ

露に分類できる。

冬型結露は、室内に比べ外気の温度が低い場合に、断熱性の低い窓や壁などの表面温度が露点温度を下回り、部材表面に結露をする現象である。冬季は外気の水分量（絶対湿度）が低く、対して室内は暖房や加湿により水分量が多くなる。

夏型結露は、梅雨時期や夏季に外気の水分量が高い場合に、床下や地下室など外気温度よりも低温の箇所で起こる結露である。熱容量の大きな建物は、外気温の変化に対して温度が変わりにくく、夏季などは外気温に比べ低いことがあるため、注意が必要である。

③熱橋

鉄骨構造などでは、外壁の一部に熱の通りやすい部材が利用されているが、この部分は断熱された外壁面に比べて熱抵抗が小さい（熱貫流率が大きい）（図4・54）。そのため冬季など外気温が室温より低いと熱が逃げや

すく、温度が下がりやすい。このような場所を**熱橋**（ヒートブリッジ）といい、表面や内部で結露が生じやすくなる。

また、建物隅角部のように熱が流入する面積よりも流出する面積が大きい部分も熱橋となる（図4・55）。

2）壁体の表面および内部で起こる結露の防止

具体的な例として、20cmの無断熱のコンクリートの外壁を想定し、外気温湿度0℃90％、室内温湿度20℃70％（露点温度14.4℃）の状況を想定する（表4・9、図4・56）。外壁は無断熱であるため、熱貫流率（U値）が大きく、表面温度は12.1℃で室内空気の露点温度より低くなるため、壁の室内側表面で結露の危険性が生じる。

外壁の室内側に断熱を付加する（図4・56・中）ことで、室内側の壁表面温度は18.8℃となって露点温度よりも高くなり、壁の表面での結露を防ぐことができる。

しかし、断熱層が水蒸気を通す（透湿する）材料の場合、水分は透湿抵抗の小さい断熱材を通り抜け、コンクリートの間まで移動する。このとき、断熱層の中もしくは境界面で、その場所の温度から求められる露点温度を下回る状況が生じ、内部結露の危険性が生じる。

室内側には透湿抵抗の大きなクロスが使用されていたり、断熱層の室内側を透湿抵抗の大きな材料でおおうことで内部結露を抑えることができる（図4・56・右）。

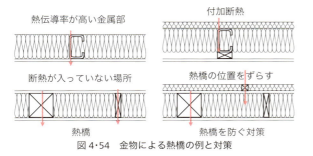

図4・54　金物による熱橋の例と対策

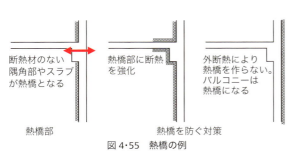

図4・55　熱橋の例

表4・9　計算条件

部材（厚さ［m］）	熱抵抗［m²K/W］	湿気抵抗［m² s Pa/ng］
コンクリート（0.18）	0.11	0.0014
断熱材＊（0.03）	0.75	0.00012
防湿層（0.001）	—	5.9
室内側表面空気伝達層	0.11	—
室外側表面空気伝達層	0.043	—

＊通常は湿気抵抗の大きいものが使われる。

●該当する場所の温度における飽和水蒸気圧

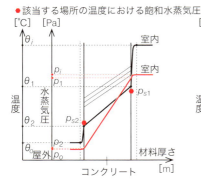

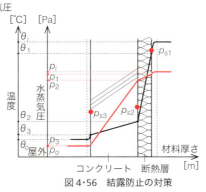

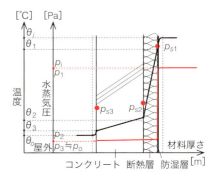

図4・56　結露防止の対策

3　パッシブデザイン

外界の気候風土に応じて、断熱や蓄熱、防湿、遮熱などの技術をうまく組みあわせ、室内の熱と水分を調整し、機械設備に頼らずに省エネルギー・省資源かつ快適な環境をつくる建築設計手法を**パッシブデザイン** ▶ p.54 という。

パッシブデザインでは、外界の環境をいかに制御して室内環境の調整に活用するかが問われる。とくに、太陽熱の取得と日射遮蔽、躯体などへの蓄熱・蓄冷、建物の断熱と気密、通風の調整がカギとなる。

また、熱的に内と外の中間的な環境である縁側などの中間領域（緩衝空間と呼ばれることもある）を利用することや、季節に応じて断熱気密性能を変化させる建具替えなどの生活行為が、パッシブデザインの効果を引き出すくらし方として挙げられる（図4・57）。

パッシブデザインに対して、機械的な技術により室内環境を調整する仕組みを**アクティブデザイン**という。

(1) パッシブヒーティング

冬季に建築的工夫により、自然エネルギーを利用して暖房負荷を減らしたり、快適な環境を作る方法を**パッシブヒーティング**という。あらゆるエネルギーの源である太陽のエネルギーをうまく室内に取り込み、室内を温める方法を**パッシブソーラー**という。ビニールハウスもその一つである。

太陽光を直接室内に取り込む方法を**ダイレクトゲイン**という。日射を室内に取り入れた場合、そのエネルギー取得量は大きく、室の熱容量によっては室の空気温度が高くなりすぎる、いわゆるオーバーヒートとなる可能性がある。また、オーバーヒートにならなくとも、日中に取得した熱を外気温度の下がる時間帯に利用する際には、建物躯体に熱容量を持たせることで効果が得られる。パッシブソーラーの種類を図4・60に示す。**間接集熱型**は、トロンブウォールやルーフポンドといった、熱容量の大きな壁やそのほかの材料に太陽熱を集熱し蓄熱して利用する方法である。附加温室やサーモフィンなどは、**分離集熱型**といわれ、古くから利用されていた方法である。

太陽は季節や時間によって方位と角度が変化することから、太陽の方位・角度を勘案して、入射する太陽エネルギーを調整することが重要である。

図4・57　パッシブデザインの考え方

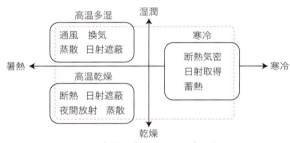

図4・58　気候に応じたパッシブデザイン

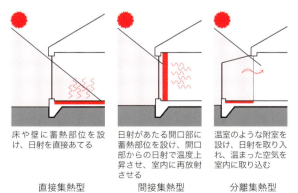

直接集熱型　　　　間接集熱型　　　　分離集熱型

図4・59　建具を変える　　　　　図4・60　パッシブソーラーによる暖房の種類

（2）パッシブクーリング

夏季に建築的工夫により、自然エネルギーを利用して冷房負荷を減らしたり、快適な環境を作る方法を**パッシブクーリング**という。夏季にはとくに、外部からの熱を遮断することが重要である。パッシブクーリングの手法には、日射遮蔽や地盤の熱容量の利用がある。

①日射の制御

高温な地域では、極力日射熱を室内に取り込むことを避けることがパッシブクーリングの原則である。窓や開口部から入る日射を遮蔽するための建築的な方法ではひさしやルーバーの工夫があるが、太陽の方位や角度により効果の程度が異なるので注意が必要である。たとえば水平ルーバーは、朝夕の東西からの日射を遮蔽することは難しい（図4・62）。そのため夏の東西面の日射遮蔽には、水平ルーバーよりも縦ルーバーが有効な場合がある（図4・62）。

②緑化

外皮の緑化によって、外部からの熱流入を抑えることも可能である。緑化すると、植物の葉や保水した地盤からの蒸発冷却により、表面温度が下がるため、周囲の温度低下を促すことができる。

緑化の種類には**壁面緑化**、**屋上緑化**などがある。屋上緑化は、土の熱抵抗を増やすことはできるが、同じ厚さの断熱材と比べるとその程度は1/30ほどであり、単純に断熱材の代わりにはならない。緑化によるアメニティーの向上などの効果を踏まえ、検討すべきである。

日よけを取り付ける場合は、日射の入射角度を考えて、その窓面にあったものを選ぶようにするとよい。

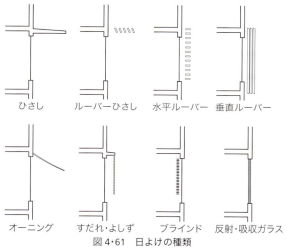

図4・61　日よけの種類

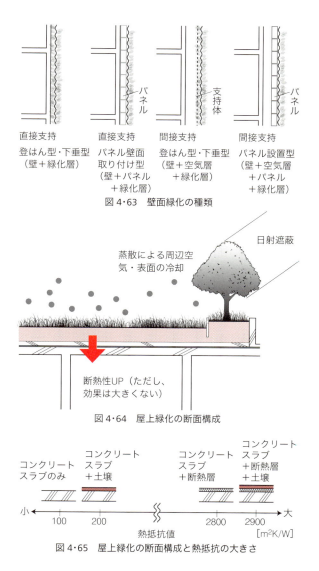

図4・63　壁面緑化の種類

図4・64　屋上緑化の断面構成

図4・65　屋上緑化の断面構成と熱抵抗の大きさ

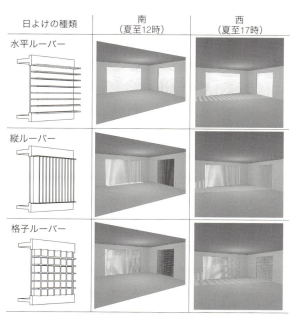

図4・62　日よけの種類と室内への影響

図4・66　クールチューブの例

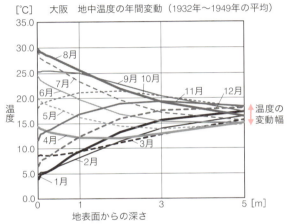

[°C]　大阪　地中温度の年間変動（1932年〜1949年の平均）

図4・67　地中温度の年変化（出典：東京大学大学院農学生命科学研究科　溝口研究室「日本の地温データ」(http://www.iai.ga.a.u-tokyo.ac.jp/mizo/research/soildb/ground_T_db.html) のデータ（大阪）より作成）

高温の外気は熱容量の大きな躯体で冷やされ室内に取り込まれる

日平均気温程度まで冷やされた気流気流感を得て、体感温度を下げる

中庭にある水辺で蒸発冷却により冷やされる

図4・68　イランでのイワーンの利用、蒸発冷却

③クールチューブとヒートチューブ

　地盤は、地表面から深くなるほど、年間を通して温度変化が小さくなる。地表面から15mよりも深く掘り下げると、ほぼ年平均気温程度となる（図4・67）。外気温が高い夏季には、地盤や地下ピットを通して空気を取り入れることにより、流入する空気の温度を下げることができる。逆に、冬に外気温が低い場合には、外気を地盤を通して取り入れることで予熱することができる。これを**クールチューブ・ヒートチューブ**という。

④蒸発冷却

　植物の蒸散と同様に、乾燥した空気が池などの水面と触れると、水が蒸発し近傍の空気が冷却される。温度の低下は、水分の蒸発量、つまり空気の気温と相対湿度、水面の温度によるが、最も低い温度は湿球温度になる。図4・68は、暑熱乾燥地域の例であるが、採風塔から取り込んだ高温の乾燥した外気を、建物内の水

辺を通して室内に取り込むことで温度を下げている。

⑤夜間換気

　夜間換気は夜間に室温よりも低い外気を室内に取り入れることで、室内を冷却する方法である。**ナイトパージ**ともいう。オフィスビルなどでは、人がいない夜間もOA機器などからの発熱のために室内温度が上がる。夜間に積極的に外気と換気することで、発熱分を排熱し、温度を低く保つことができる。

　ただ、外気が高湿度となる環境では、外気の中の水分を室内に取り込むこととなるため、潜熱負荷が増える場合がある。顕熱負荷と潜熱負荷とのバランスが重要である。

⑥高断熱高気密

　外気と室内の温度差で生じる貫流熱損失と換気熱損失を抑えるため、建物の**高断熱高気密化**が有効である。とくに、外気と室内との温度差が大きな寒冷地では必

須である。高温環境では、日射を受ける屋根などの面の断熱化は、遮熱とともに重要であるが、日射の影響の少ない箇所の断熱化の効果は大きくない。冷房を行う室では気密化の効果が高い。

4・4　保存環境と熱湿気

　ものの保存においても、熱湿気の調整は重要となる。とくに、湿度が高い（水分が多い）状態が続くと、カビや腐食が発生し、ものの価値を損う恐れがある。また、高温環境では、ものを構成する材料の化学変化による変質が促進される。

　化学反応によっておこるものの劣化の速度は、温度に依存する。温度が高いほど、化学反応速度が大きくなり劣化が進むため、ものの保存のためには温度は低いほうが良い。ただし、水分が存在する場合は低温により凍結し、アイスレンズができることでものを破壊させる場合がある。また、急激な温度の変化によって熱膨張が引き起こされる場合もある。

　一般的には、ものの保存においては、低温環境かつ変化の少ない環境がよいが、材質や取り扱う場所の状況に応じて判断する必要がある。

　ものの劣化では、水分が存在すると進行が速くなるものが多い。また、紙などは極度に乾燥していると破れやすくなったりするように、ある程度の水分はあるほうが良い。一般的には、紙資料の保存では、相対湿度が55%〜65%が良いとされる。

　温度が極端な環境でない常温域では、高湿度環境では、カビや微生物の発生が起こりやすい。表4・4に推奨される温湿度を示す。人間の取り扱いを考慮した温度であり、ものの構成材料やそれまでに置かれていた環境、地域の気候条件によってはこの限りではない。

参考文献
空気調和衛生工学会編『徹底マスター 空気線図の読み方・使い方』オーム社、1998
空気調和衛生工学会編『空気調和設備計画設計の実務の知識』（改訂第4版）オーム社、2017
空気調和・衛生工学会編『快適な温熱環境のメカニズム―豊かな生活空間をめざして』空気調和・衛生工学会、2006
建築環境・省エネルギー機構『特定建築物（住宅）の省エネ措置の届け出ガイド』「第3章 省エネ基準の解説と計算の手引」
建築研究所「平成28年省エネルギー基準に準拠したエネルギー消費性能の評価に関する技術情報（住宅）」
小泉和子「『日本の住宅』という実験」農山漁村文化協会、2008
小出昭一郎他『物理概論上巻』裳華房、1983
新建築学大系編集委員会『新建築学体系（10）』彰国社、1984
竹中工務店設計部編『「聴竹居」実測図集』彰国社、2001
鉾井修一・新田勝通・池田哲朗『エース建築環境工学〈2　熱・湿気・換気』朝倉書店、2002
日本板硝子『ガラス建材総合カタログ4　板ガラスと光と熱』、p.20
日本建築学会編『建築設計資料集成』丸善、1978
日本建築学会編『建築設計資料集成 環境』丸善、2007
日本建築学会『建築環境工学用教材 環境編』日本建築学会、2011
防露設計研究会・池田哲朗監修『住宅の結露防止―防露手法の基礎から防露設計法まで』学芸出版社、2004
三浦定俊・木川りか・佐野千絵『文化財保存環境学』朝倉書店、2004
村上周三『ヴァナキュラー建築の居住環境性能―CASBEE評価によりサステナブル建築の原点を探る』慶應義塾大学出版会、2008
ASHRAE, *ASHRAE Standard-55*, 2003
ASHRAE, *ASHRAE Standard-55*, 2010

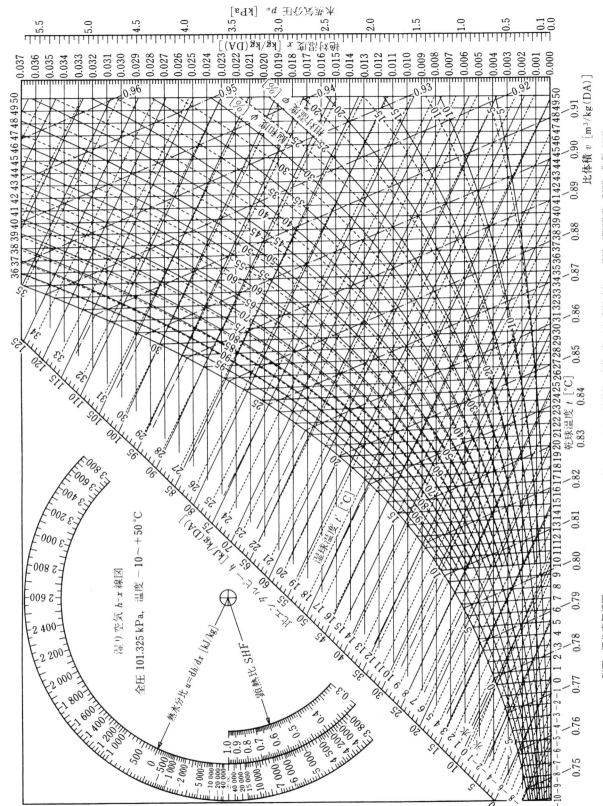

附図 湿り空気線図 (出典：空気調和・衛生工学会編『空気調和・衛生工学便覧第13版第1巻』より「湿り空気h-x線図」(藤田稔彦・手塚俊一作成) 2002)

問1 図は冬季の定常状態にある外壁ＡとＢの内部における温度分布を示している。次の項目から適当なものを選びなさい。ただし、図中のＡ、Ｂを構成する部材、ア〜エの各材料と厚みは、それぞれ同じとする。

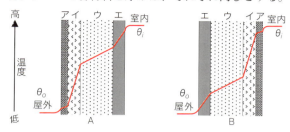

1. ＡとＢの熱貫流率は［等しい、Ａの方が大きい、Ｂの方が大きい］。
2. ウはイに比べて熱伝導率が［大きい・小さい］
3. Ａは［外断熱・内断熱］構造である
4. 材料ウの熱容量が大きい場合、ＢはＡに比べて暖房を開始してからその効果が表れるまでに、時間を［要する・要しない］。

問2 室内の温熱環境に関する記述のうち、もっとも不適当なものはどれか。

1. 着衣による断熱性能は一般にクロ［clo］値が用いられる。1cloは、成人男子のＴシャツ長ズボンでの着衣の熱抵抗に相当する。
2. SET*は25℃の場合に、温冷感は「許容できる、快適」の範囲とされる。
3. 作用温度は空気温度および相対湿度から求められる。
4. 温熱環境6要素とは、空気温度、相対湿度、放射温度、気流速、代謝量、着衣量を指す。

問3 図のグラフは、2つの部屋の一日の室温の変化を示している。いずれの室も断熱性能、気密性能は等しく、熱容量のみが異なる。熱容量の小さい室の温度変化は、Ａ、Ｂのいずれか。

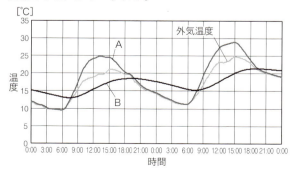

問4 室の空気の温度が20℃、外気温度が0℃、外気の絶対湿度が 1.5g/kg（DA）、室内の水分発生量が 0.20 kg/h、換気量が24m³/h の条件のもと、表面温度が10℃の窓の表面で結露が発生するかどうかを検討し、その理由を述べなさい。空気の密度は 1.2kg/m³ とする。

問5 熱湿気環境に関連する物理要素について、次の表をうめなさい。

物理要素	単位		物理要素	単位
摂氏温度			熱伝達率	
絶対温度			熱伝導率	
相対湿度			熱貫流	
絶対湿度			熱抵抗	
水蒸気圧			熱容量	
着衣量			透湿率	
代謝量			湿気伝達率	
平均放射温度			湿気抵抗	
熱量			湿気容量	
熱流				

問6 次の［　　　］に適切な語句を入れなさい。

1. ［　　　　　　　］（［＊　　　］）は、P.Oファンガーが提唱した温熱感覚指標で、温熱環境6要素全てを用いて算出され、数値［　　　（非常に暑い）］〜［　　　（非常に寒い）］で表現される。
＊にはアルファベット3文字が入る。
2. 温度が時間的に変化しない状態を［　　　　　］状態という。
3. 壁などにある密閉された垂直な中空層の熱抵抗は、中空層の幅が3〜5cm程度の時にもっとも［大きい・小さい］。
4. 物質の温度を1℃(1K)上昇させるのに必要な熱量を［　　　　　］（単位［　　　　　］）という。
5. 乾き空気1kgあたりに含まれる水蒸気の質量で表されるものを［Ⓐ　　　　　］（単位［　　　　］）という。
6. 飽和［Ⓐ］は温度が高いほど（大きい・小さい）。
7. 空調などの負荷のうち、水蒸気の増減に伴う負荷を［顕熱・潜熱］負荷という。
8. 建物の隅角部や鉄骨部分など熱が伝わりやすい部分を［　　　　　］という。
9. 夏場や梅雨時期など、屋外が高温高湿の時期に、地下室など比較的低温な場所では、［　　　　　］結露が起こりやすい。

問1　1.［等しい］、2.［大きい］、3.［外断熱］、
　　　4.［要しない］

　定常状態の場合は、材料の構成が同じであれば、順序によらず熱貫流率は等しい。熱伝導率が小さい（熱抵抗が大きい）材料は、熱が伝わりやすい。材料の単位厚さの温度勾配は小さくなる。熱伝導率の小さい材料（断熱性能の高い材料）を、コンクリートのような熱容量の大きな材料の室外側に貼付した構成を、外断熱という。材料の構成が同じであれば、熱貫流率は変わらないが、室内側に熱容量の大きな材料があることで、外乱や冷暖房時に室内の温度が変化しにくくなる。

問2　〈正解3〉

　作用温度は空気温度および平均放射温度（MRT）から求められる。

問3　〈正解A〉

　2つの室の断熱性能、気密性能が等しいため、室温が同じであれば熱損失量・熱取得量は同じである。室の熱容量が大きい場合（B）、日中の日射熱取得や夜間の熱損失によって室温の変動が抑えられる。

問4

　空気線図より、気温が20℃の室空気の飽和絶対湿度は14.7g/kg(DA)である。また、換気量、水分発生量と内外の絶対湿度の関係は式4・59で表される。

$$x_o \rho Q + W = x_i \rho Q \quad \text{(式4・59)}$$

　x_o, x_i：外気および室内の絶対湿度［kg/kg(DA)］
　　Q：換気量［m³/h］
　　ρ：密度［kg/m³］

ここで、x_o = 1.5g/kg(DA)、W=0.20kg/h(=200g/h)、Q = 24m³/h の条件および ρ = 1.2kg/m³ を入力すると、x_i = 8.44g/kg(DA)となる。この値は、室空気の飽和絶対湿度よりも小さいため結露は起こらない。

問5

物理要素	単位
摂氏温度	℃
絶対温度	K
相対湿度	%
絶対湿度	kg/kg(DA)
水蒸気圧	Pa
着衣量	clo
代謝量	Met
平均放射温度	℃
熱量	J
熱流	W

物理要素	単位
熱伝達率	W/m²K
熱伝導率	W/mK
熱貫流	W/m²K
熱抵抗	m²K/W
熱容量	J/K
透湿率	kg/mskPa
湿気伝達率	kg/m²skPa
湿気抵抗	m²skPa/kg
湿気容量	kg/m³

問6

1.　［予測平均温冷感申告］［PMV］［+3］〜［−3］
2.　［定常］
3.　［大きい］
4.　［熱容量］［J/K］
5.　［絶対湿度］［g/kg(DA)もしくはkg/kg(DA)など］
6.　［大きい］
7.　［潜熱］
8.　［熱橋］
9.　［夏型］

05

空気

イラストと写真で学ぶ 空気のデザイン

►自然換気方式 （p.139）

大規模オフィスにおける重力（温度差）換気と風力換気のデザイン

グランフロント大阪（2013、日建設計・三菱地所設計・NTTファシリティーズ他）では、ほぼ同一形状の2棟において、北館（写真右）で**重力（温度差）換気**を、南館（写真左）で**風力換気**を導入している。北館ではコーナーボイドと呼ぶシャフトを建物四隅に配置し、建物外壁全面から給気し、シャフトで排気することで自然換気を行い、南館では自然換気を表現したデザインのエアインテークと呼ぶ給排気装置による風力換気を行う。これらを中間期に活用することで、室内温熱環境・空気質を担保しながら省エネルギーを図る環境建築となっている。これらの自然換気装置をまちのシンボルとするべく視覚化し、夜間のライトアップも行っている。

図5・1　全景（左）　気流をイメージした流線型の南館エアインテーク（右下）　重力換気を見える化した北館コーナーボイド（右上）

自然換気建物の3形態

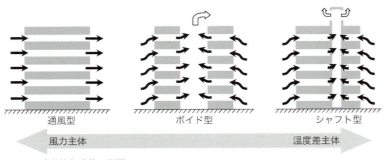

図5・2　自然換気建物の形態 （出典：市川憲良・柿沼整三・倉渕隆『建築環境設備ハンドブック』オーム社、2009）

自然換気建物は、重力（温度差）と風力及びその両方を駆動力とする。これらを利用するための建物形態として以下3つが挙げられる。

1) **通風型**：建物外壁では、外部風により一般に風上側で室内向きに押す力（プラス圧）、風下側で室外向きに押す力（マイナス圧）が作用する。この圧力差を駆動力として水平換気を行う。

2) **ボイド型**：通風型は外部風向によっては換気経路が確保できない場合がある。建物中央に中庭上のボイドを設置し、風向によらず安定して得られる建物屋上面のマイナス圧を駆動力として用いる。ボイド断面積が大きくボイド内温度が外気温度と同一の場合は風力換気のみとなるが、断面積が小さく排熱や日射による温度上昇がある場合は重力換気も期待できる。

3) **シャフト型**：縦シャフトや階段室を利用して、温度差による室内外圧力差を駆動力とする。日射熱を利用するソーラーチムニー等により更に大きな換気量を得ることもできる。外部条件による変動が比較的小さく、安定した換気量が得られる。

学校建築における自然換気シャフトのデザイン

図 5·3　自然換気シャフト

神戸薬科大学（2008、竹中工務店）では、低層階に位置する大講義室の自然換気のために鉛直方向のシャフトが導入されている。高人員密度である講義室からの発熱による重力（温度差）換気を主にしながらも、シャフト頂部の形状を工夫することで風力による誘引効果を期待している。各種の頂部形状の換気性能を風洞実験により比較し、**ウィンドチムニー**と呼ぶシャフトが設計、導入された。

低層オフィスにおけるソーラーチムニーのデザイン

図 5·4　ソーラーチムニー

イギリス・BRE（Building Research Establishment）の Environmental building（1997）では、太陽熱を利用したいわゆる**ソーラーチムニー**が導入されている。本建物は研究所の低層オフィスとして実験的に種々の省エネ・自然エネルギー利用技術を採用した著名な建築である。その一つに、床のボイドスラブを経路として南面に設置されたガラスブロックで太陽熱を集熱する5本のチムニーに繋がる経路を作った自然換気システムがある。給気と排気のために湾曲しているボイドスラブの天井側ではスラブ・窓・照明器具との取り合い部も美しく、またルーバー形状などの外皮の意匠性も高い。

学校建築における階段室を利用した自然換気経路のデザイン

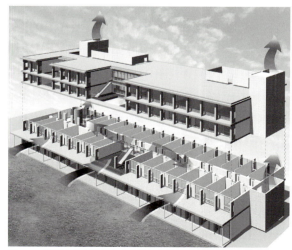

図 5·5　階段室を利用した自然換気経路

高松大学2号館（2008、竹中工務店）は典型的な中廊下型の学校建築で、設計者は採光や通風を考慮して随所にテラスを貫入させるなど中廊下の閉塞性を打破することを意図している。その上で、建物両サイドに立ち上げた**階段室**をチムニーとして利用して自然換気経路を確保している。外気は手動開閉する各室の窓から流れ込み、中廊下との間の欄間を通り、廊下を経由して階段室に流れ込み、最終的には安定してマイナス圧が得られる屋上のチムニートップから排気される。風洞実験に基づく換気計算を行い、チムニーを設置せずに階段室に同面積の開口を設置したケースとの比較を行った結果、チムニーを用いることで全ての外部風向に対しても安定した排気側の換気量が得られることが示され実現に至った。竣工後の実測においても安定した換気量が得られていることを確認している。

5・1 空気の物理理論

1 流体にかかわる物理量

(1)圧力

　空気は圧力の高いところから低いところへ流れる。すなわち、空気移動の原動力は圧力差である。圧力は単位面積あたりに作用する力の大きさであり、単位はPa（＝ N/m²）である。圧力は直接感じにくい物理量であるが、天気予報での高気圧・低気圧等で聞かれる身近な物理量である。気圧では、hPa（ヘクトパスカル）が用いられ、その他に血圧表示で用いられる水銀柱を意味するmmHg（面積1cm²あたり何mmの水銀の柱に相当する圧力か）や、水柱を意味するmmAqなども用いられる。

(2)大気基準圧

　海面上の大気圧を標準大気圧と呼び、1013.25hPa（＝ 10 万 1325Pa ≒ 101kPa）である。通常はこれを1気圧（1atm）と呼び、これは真空をゼロとした絶対圧表記である。低気圧の代表である台風は、一般に900hPa 台の圧力となる。この圧力差 101hPa（＝ 1 万100Pa）は、約 10 万 Pa の気圧が 1 万 Pa（約 0.1 気圧）低下したことを示している。対して、建物の換気で扱う圧力差は、自然換気では通常数 10Pa、機械換気でも数 100Pa、大きくも 1000Pa 程度であり、1 気圧程度の絶対圧に比べて非常に小さい。よって、式 5・1 に示す通り、絶対圧 P_h［Pa］から同一高さの大気圧 D_h［Pa］を差し引いた大気基準圧 p_h［Pa］で表記するのが一般的である。

$$p_h = P_h - D_h \quad \cdots\cdots\cdots\text{(式5・1)}$$

　周辺の大気圧との差で表記する圧力は、図 5・6 に示す通り一般にはゲージ圧と呼ばれ、身近では自動車タイヤの空気圧がゲージ圧表記である。空気圧 220kPaとは、絶対圧では 220kPa プラス 1 気圧 101kPa の321kPa（＝約 3 気圧）を意味する。1 気圧（10 万 1325Pa ＝ N/m²）とは、1m² に 10 万 1325N の力がかかっていることを意味し、地球の重力加速度では、10 万 1325/9.8 ＝ 1 万 339kg（≒ 10 トン）の質量の物体で押されていることになる。あらゆる物体はこの圧力で押されているが、普段は意識することはなく、我々が圧力変動を認識するのは大気圧からの差であるゲージ圧である。

　建築換気の分野では、換気量計算において圧力を用いるため、高さ方向の圧力差分布が重要となる。よって、図 5・7 に示す通り、ある基準高さ（一般に建物最下面）の大気の絶対圧を D_0［Pa］として、高さ h［m］の箇所では密度 ρ_0［kg/m³］× 重力加速度 g［m/s²］× 高さ h［m］だけ圧力が低下することから、式 5・1 を式 5・2 として用いる。

$$p_h = P_h - (D_0 - \rho_0 g h) \quad \cdots\cdots\text{(式5・2)}$$

(3)風速

　空気移動を表現する物理量として、風速（流速ともいう）が用いられる。流体における単位時間あたりの移動距離である速度のことを風速といい、単位は m/s を用いる。自動車や列車の速度は、km/h の時速で表記される。例えば、台風は約 17m/s 以上のものであるが、これは 17m/s × 3600s/h × 0.001km/m ＝ 61.2km/h のことであり、一般道路での自動車の速度と同様であ

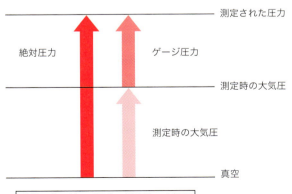

絶対圧力＝ゲージ圧力＋測定時の大気圧

図 5・6　ゲージ圧（出典：http://www.cradle.co.jp/tec/column06/013.html）

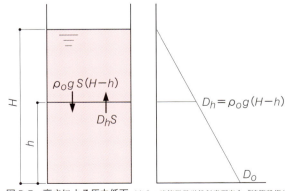

図 5・7　高さによる圧力低下（出典：建築設備学教科書研究会『建築設備学教科書』彰国社、図 3-1）

ることとして身近に感じられる。

(4)流量(体積流量、質量流量)

単位時間あたりの空気の移動量を流量といい、**体積流量** m³/s と**質量流量** kg/s がある。

2 空気環境・換気力学にかかわる物理量

(1)濃度(体積濃度、質量濃度)

建築空気環境では室内の空気汚染物質を扱い、その汚染物質量の定義が必要となる。濃度の定義には種々あるが、狭義では混合物質中のある物質を対象にしてその量を混合物の全量で除した割合を示すものである。建築空気環境では、主にガス状汚染物質を対象として対象物質の体積を空気の全体積で除した**体積濃度**（単位は m³/m³）と、粒子状汚染物質を対象として、対象物質の質量を全体積で除した**質量濃度**（単位は kg/m³）が用いられる。空気汚染物質の場合、対象物質の量は全体積に比べて非常に小さいものであるため、体積濃度においては百分率（%）や百万分率（ppm）、より微量の化学物質では十億分率（ppb）で示されることが多いが、いずれにしても無次元の値である**体積比**のことである。質量濃度においても、微量を扱うことが多いため、mg/m³ や μg/m³ が用いられる。なお、質量比である**質量分率**（kg/kg）を用いることは少ない。

(2)風量、換気量と換気回数

液体や気体の全ての流体で用いられる「**流量**」の中で、空気を対象とした場合は**風量**と呼ぶ。この中でも室や建物の換気にかかわる風量のことを一般に**換気量**という。流量も「量」と表現されるが、同様に一般用語としての総量を示す「量」ではなく、単位時間あたりの「率」のことを「量」と呼んでいる。換気の問題で扱う 10 〜 20℃ の温度差では体積変化は数%であるため**体積流量**（m³/s）を用いるのが一般的である。建築分野では、1 時間あたりの単位を用いて m³/h とすることが一般的であり、**m³/h** は CMH（Cubic Meter per Hour）とも表記される。機械分野でのファンの送風量は **m³/min**（CMM：Cubic Meter per Minute）との表記も多く、機械換気の換気量ではこの単位が混在することとなる。また、火災現象などの温度差が非常に大きい場合は物理的に保存される**質量流量**（kg/s）を正確に用いる必要がある。

換気回数とは、換気量（m³/h）を対象室の体積（m³）で除したものであり、単位は 1/h である。回/h とすることもある。「回数」との表現から、1 時間に換気をした回数との一般的な用語での誤解を招くこともあるが、その体積の室の空気を 1 時間あたりに何回分交換できるだけの換気量であるかを示した、あくまで換気量を別表現したものである。例えば 24 時間の常時換気量の目安である換気回数 0.5 回 /h とは、対象室の空気がおおよそ 2 時間で交換できるだけの換気量であることを示し、直感的に分かりやすい値である。本来は自然換気による換気量によるものを対象としたものであったが、機械換気量や空調循環風量などにも用いられる。

3 換気にかかわる流体力学の基礎

(1)粘性力

流体には、圧力以外にも種々の力が働き、流体特有の代表的な力として、運動している流体内部の部分同士が相互に及ぼし合う力である**粘性力**または**内部摩擦**がある。一般に固体は弾性であり、流体の粘性とともに、変形のしやすさ（しにくさ）を示す。なお、ゴムなどの高分子物質では、固体であっても弾性と粘性の両方の性質を持ち、**粘弾性体**と呼ばれる。

図 5・8 は、片側の面を固定し、もう片側の面を速度 U で移動した際にできる速度勾配 du/dy [1/s] を示す。この時、流体の内部では、式 5・3 で表される通り、この速度勾配に比例し、比例定数を μ [Pa・s] とした粘性力 τ [Pa = N/m²] が働き、これを**ニュートンの粘**

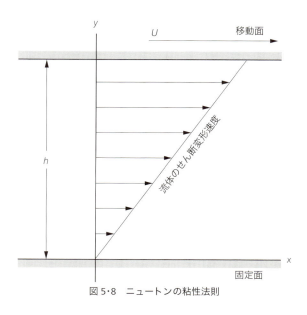

図 5・8 ニュートンの粘性法則

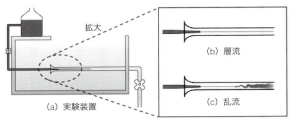

図 5・9　層流と乱流 （出典：http://www.cradle.co.jp/tec/column06/019.html）

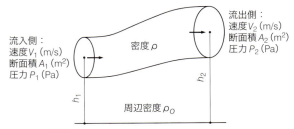

図 5・10　流管 （出典：建築設備学教科書研究会『建築設備学教科書』彰国社、図 3-1）

性法則と呼ぶ。

$$\tau = \mu(du/dy)$$ ……………………………………（式 5・3）

μ（ミュー）を**粘性係数**または**粘度**と呼ぶが、流体運動では μ よりも、μ を流体密度 ρ [kg/m^3] で除した ν = μ/ρ [m^2/s] で決定され、この ν（ニュー）を動粘性係数または動粘度と呼ぶ。

(2)慣性力、浮力

慣性力、浮力ともに、**質量×加速度**で表現される力であり、**慣性力**は流体自身の加速度（速度の時間変化）により、**浮力**は重力加速度によるものをいう。換気分野では、浮力の原動力は主に温度差であり、温度が高いと密度が小さく周辺空気との密度差が生じることとなる。

(3)層流と乱流

流体の運動は、流体が規則正しく層状に流れる**層流**と、流体分子が時間空間的に不規則に混合した流れの**乱流**に分けられる。図 5・9 はレイノルズによる有名な実験であり、管内の流れについて種々の流体の種類や流速で実験し、層流と乱流の違いを示す無次元数を提案した。

(4)レイノルズ数

レイノルズ数（Re 数）は、粘性力に対する慣性力の比を示す無次元数であり、式 5・4 で定義される。

$$Re = UL/\nu$$ …………………………………………（式 5・4）

　U ：代表流速 [m/s]
　L ：代表長さ [m]
　ν ：動粘性係数 [m^2/s]

レイノルズの実験により提案された Re 数は、その値が小さい時は流れは層流で、大きい時は乱流である。一般に $Re < 2000$ を層流、$Re > 4000$ を乱流とし、層流から乱流に遷移するときの Re 数を**臨界 Re 数**と呼び、

実用的には 3000 が目安とされている。自然の中や、通常スケールの室内の流れのほとんどは乱流である。

(5)アルキメデス数

アルキメデス数（Ar 数）は、慣性力に対する浮力の比を示す無次元数であり、式 5・5 で定義される。

$$Ar = g\beta\Delta T L/U^2$$ ……………………………………（式 5・5）

　g ：重力加速度 [m/s^2]
　β ：体積膨張率 [1/K]
　ΔT：代表温度差 [K]
　L ：代表長さ [m]
　U ：代表流速 [m/s]

Ar 数は、空調吹き出し気流の特性を表す指標として用いられることが多く、高風速吹出しでは慣性力が卓越するのに対して、高温度差吹出しでは浮力が卓越し、この違いによって室内の気流・温度分布が異なる。

4　換気にかかわる流れの基礎式

(1)連続の式

図 5・10 に示す通り、流体中に閉じた流れの管を考える。この管を**流管**と呼び、流管の管壁における摩擦力と管を横切る流れはない。流入側を断面 1、流出側を断面 2 として、定常状態（時間的に変化しない状態）で、両断面を単位時間に通過する質量は等しいため、式 5・6 が成り立つ。

$$\rho V_1 A_1 = \rho V_2 A_2$$ …………………………………（式 5・6）

これを**連続の式**と呼ぶ。

流管は、室内換気において空気の通り道を表現する通風輪道として考えると身近に感じられる。図 5・11 に室内の通風気流の可視化写真を示す。この写真では、上流側から発生した煙の流脈線が撮影されており、これは定常状態では流線と等しい。流線で囲まれた領域が流管であり、例えば開口面を流入面とした流管が通風輪道として規定される。

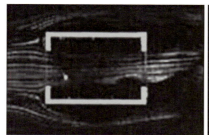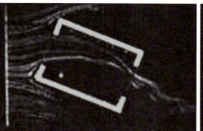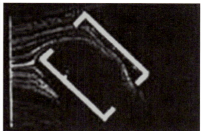

図5·11 室内通風気流の可視化

連続の式で保存されるρVA［kg/s］は、換気分野では質量流量のことであり、流管での**質量流量保存則**を示していることになる。また、空気密度ρが一定の場合、連続の式はVA［m³/s］の保存、すなわち**体積流量保存則**を示していることになる。

(2)ベルヌーイの定理

図5·10の流管を再度考える。断面1から単位時間に流入する質量は$\rho V_1 A_1$、その速度はV_1であることから、断面1を通過する単位時間あたりの運動エネルギーは$1/2 \times \rho V_1 A_1 \times V_1^2$で、位置エネルギーは$\rho V_1 A_1 \times g \times h_1$である。また、断面1で圧力$P_1$［Pa］がなす単位時間あたりの仕事は、$P_1 A_1$［N］の力に単位時間あたりの移動距離$V_1$［m/s］を乗じて、$P_1 A_1 V_1$［N/s］である。同様に断面2においても同様に考え、エネルギー保存は式5·7となる。

$$P_1 V_1 A_1 + 1/2\,(\rho V_1 A_1)V_1^2 + \rho V_1 A_1 g h_1$$
$$= P_2 V_2 A_2 + 1/2\,(\rho V_2 A_2)V_2^2 + \rho V_2 A_2 g h_2$$
$$\cdots\cdots\cdots\cdots(式5·7)$$

ここで、式5·6を用いると、式5·8となる。

$$p_1 + 1/2\,(\rho V_1^2) + \rho g h_1$$
$$= P_2 + 1/2\,(\rho V_2^2) + \rho g h_2 = 一定 \quad\cdots\cdots\cdots(式5·8)$$

これが、理想流体において流管内の2断面でエネルギーが保存されるという**ベルヌーイの定理**であり、式5·8は、エネルギーを圧力［Pa］の次元で記して、その保存を示すものである。

式5·8の圧力Pは絶対圧であり、式5·2を用いて大気基準圧に変換すると式5·9となる。

$$p_1 + 1/2\,(\rho V_1^2) + (\rho - \rho_o)g h_1$$
$$= p_2 + 1/2\,(\rho V_2^2) + (\rho - \rho_o)g h_2 = 一定 \;\cdots(式5·9)$$

(3)静圧、動圧(速度圧)、全圧

式5·8と式5·9それぞれの両辺において、第1項を**静圧**、第2項を**動圧**(速度圧)、第3項を**位置圧**とい

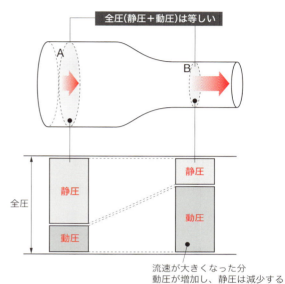

図5·12 ベルヌーイの定理における全圧一定（出典：http://www.cradle.co.jp/tec/column01/007.html）

い、静圧と動圧の和を**全圧**と呼ぶ。高さが変わらない水平な流管中に物体を置き、その物体の正面中央1点で流れがせき止められて速度がゼロとなる点（よどみ点）を考える。この時、式5·9は式5·10となる。

$$p_1 + 1/2\,(\rho V_1^2) = p_2 \quad\cdots\cdots\cdots\cdots\cdots\cdots(式5·10)$$

すなわち、よどみ点の圧力p_2は、流入面の圧力p_1から$1/2\,(\rho V_1^2)$だけ上昇しており、この$1/2\,(\rho V_1^2)$は流れがせき止められた場合に圧力に変換した分である。流体の持つエネルギーとしては、この運動エネルギーである動圧を含めるため、動圧と静圧の和を全圧と呼ぶことになる。全圧は一定であり、流管の拡大や縮小による風速の大小により動圧と静圧は相互に変換することとなる。位置圧は断面の高さによって決まっており、動圧・静圧とは変換されない。

(4)ベルヌーイの定理の応用

図5·12の、断面Aよりも断面Bのほうが面積が小さいダクト流れにおいて、式5·6の連続の式でρは一

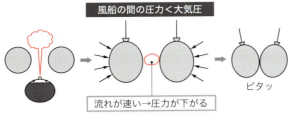

図5·13 ベルヌーイの定理における静圧低下 (出典：http://www.cradle.co.jp/tec/column01/007.html)

風洞実験による壁面近傍風速の可視化

CFD 解析による壁面風圧分布

図5·14 壁面近傍気流と壁面風圧 (出典：日本建築学会編『実務者のための自然換気設計ハンドブック』技報堂、2013)

定とすると、体積流量 $Q = V_A A_A = V_B A_B$ [m³/s] が保存される。ここで面積は $A_A > A_B$ であるから、$V_A < V_B$ となり、断面Bでは動圧 $1/2(\rho V_B^2)$ が増加する。その分、静圧 p_B が減少する。すなわち圧力が低下したことになる。この原理は非常に簡単に実感でき、図5·13 の実験では2つの風船の間の風速が上がることで圧力が低下し、周辺の大気圧から押されることで2つの風船はくっつくことになる。この原理は各所で用いられており、管の径を絞ることで圧力を低下させることでタンクの液体を吸い出す仕組みなどは、エンジンのキャブレタとして用いられている。

5 圧力損失から換気量計算式へ

(1)圧力損失を考慮したベルヌーイの式

ベルヌーイの定理 (式5·9) は、粘性のない理想流体を対象としていたが、実際には固体と流体との摩擦や、流体同士の粘性、流管の形状変化による熱や音へのエネルギー変換などにより、エネルギー損失（実際はエネルギーは保存されており、形態が異なっているのみである）が発生する。これを圧力で表現したものを**圧力損失** Δp として、式5·11 の通り表現される。

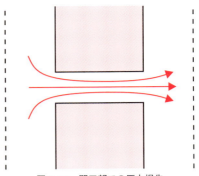

図 5·15 開口部での圧力損失

$$p_1 + 1/2(\rho V_1^2) + (\rho - \rho_o)g h_1$$
$$= p_2 + 1/2(\rho V_2^2) + (\rho - \rho_o)g h_2 + \Delta p \quad \cdots (式5·11)$$

(2)摩擦抵抗による圧力損失

管径 D [m]、管長 L [m] の管に、密度 ρ [kg/m³] の流体が流速 V [m/s] で流れた時に摩擦と粘性により発生する圧力損失は、その比例定数を**摩擦抵抗係数** λ [-] として、式5·12で示す**ダルシー・ワイズバッハの式**により求められることが知られている。

$$\Delta p_1 = \lambda(L/D)1/2(\rho V^2) \quad \cdots\cdots\cdots (式5·12)$$

(3)形状抵抗による圧力損失

流管の形状変化による圧力損失は、式 (5·12) と同様に、動圧 $1/2(\rho V^2)$ に比例するとして、その比例定数を**圧力損失係数** ζ (ゼータ) [-] として式5·13 で表す。

$$\Delta p_2 = \zeta \cdot 1/2(\rho V^2) \quad \cdots\cdots\cdots\cdots (式5·13)$$

(4)開口部における圧力損失

式5·12、式5·13の圧力損失が、換気経路上に複数存在し、これらの圧力損失の総和が式5·11 の Δp となる。ここで、図5·15 に示す通り、換気のための開口部のみを考える。入口の形状抵抗、開口部内壁での摩擦抵抗、出口の形状抵抗による圧力損失の和となり、入口と出口の圧力損失係数を ζ_1、ζ_2 とすると、式5·14 となる。

$$\Delta p = (\zeta_1 + \lambda(L/D) + \zeta_2) \cdot 1/2(\rho V^2) \quad \cdots (式5·14)$$

ここで、圧力損失係数を、開口部の圧力損失係数 ξ (グザイ) としてまとめて、式5·16 とする。

$$\zeta = \zeta_1 + \lambda(L/D) + \zeta_2 \quad \cdots\cdots\cdots\cdots (式5·15)$$
$$\Delta p = \xi \cdot 1/2(\rho V^2) \quad \cdots\cdots\cdots\cdots\cdots\cdots (式5·16)$$

(5) 換気量計算式

式 5·16 を風速 V[m/s] について変形すると、式 5·17 となる。これは開口部に圧力差 Δp が存在すると、それを原動力として風速 V の空気の流れが存在すると理解することができ、すなわち圧力差による空気流動である換気現象を示していることになる。

$$V = \frac{1}{\sqrt{\xi}} \sqrt{\frac{2}{\rho} \Delta p} \quad \cdots\cdots\cdots\cdots\cdots\cdots (式 5·17)$$

換気量 Q [m³/s]、開口面積 A [m²] とし、新たに $\alpha = \frac{1}{\sqrt{\xi}}$ [－] とすると、換気量は式 5·18 で求められる。

$$Q = VA = \alpha A \sqrt{\frac{2}{\rho} \Delta p} \quad \cdots\cdots\cdots\cdots (式 5·18)$$

ここで α は**流量係数**と呼ばれ、抵抗係数として空気の通しにくさを示すとは逆に、空気の通しやすさを示し、開口形状によって異なる値を示す。通常の開口では、0.65 ～ 0.7 程度の値であり、非常に滑らかな形状を持つ吸込み口で 0.97 ～ 0.99 程度になる。これは、開口面積 A [m²] のうちどれだけの面積が有効であるかを示していることでもあり、その意味から αA [m²] を**有効開口面積**や**相当開口面積**と呼ぶ。

式 5·18 が換気量計算の基礎式であり、換気量は圧力差 Δp、開口面積 A、開口の特性値 α の 3 者によって決まることが分かる。

5·2　人間とのかかわり

1　空気環境が人体に及ぼす影響と基準

一日に摂取する空気の量は知っているだろうか。1 回あたりの呼吸量を 500 [mℓ/ 回]、呼吸回数を 16 [回/ 分] とすると、1 日で 1 万 1520 [ℓ/ 日] となり、ワゴン車の車内容積程度を体内に通していることになる。室内空気には、屋外からの流入、室内の生物（自身を含む）からの発生、建築材料からの発生、生活行動に伴う発生などによって多くの種類の化学物質が含まれる。薬の過剰摂取が人体に害を及ぼすように、一定量以上の化学物質が室内空気に含まれることは、在室者にとって不快なだけでなく健康を害する場合さえある。建物・空間を創るときには、空気が人体に及ぼす影響についても適切にデザインする必要がある。

一方で、例えば、室内の空気環境を良好に保つため

に室の風通しをよくすると、外気を多く室内に取り込むことになり、室内の温熱環境面や省エネルギーの観点からはマイナスであるとも言え、広い視野を持った総合的な判断が必要とも言える。

1970 年代に起きたオイルショックでは、燃料費の高騰から、省エネルギーかつ温熱環境を充足させる手法として建物の気密化が進んだ。一方で、室内には接着剤などを含む建築材料や什器が多くあり、室内での化学物質発生量が多い状態だったことから、在室者がめまいや頭痛、喉の痛みなどの症状を訴える**シックビルディングシンドローム**（シックビル症候群、Sick Building Syndrome）が問題となった。これは、後に日本国内でも、住宅の新築時に換気量よりも建築材料などからの化学物質発生量が多い状況下で同様の症状が多く訴えられたことで、**シックハウス**として取り上げられ、建築材料の使用や換気に関して建築基準法の改正が行われるに至った。

2002 年に公布された改正内容では、シロアリ対策に用いられてきた**クロルピリホス**（防蟻剤）を含む建築材料の使用禁止と、**ホルムアルデヒド**に関して下記 3 点の規制が設けられた。

①居室の内装仕上げにおけるホルムアルデヒド発散材料の使用面積を制限する。

②建築材料からの発生がない場合でも、持ち込み家具等からのホルムアルデヒド発生があるので、居室のある建築物に機械換気設備設置を義務付ける。

③天井裏等の下地材もホルムアルデヒド発生の少ない材料とし、天井裏も換気できる構造にする。

これらを遵守することはもちろんであるが、その他の対策として、住宅内の室温を数日間上昇させて、建築材料や家具等からの化学物質発生を促進させてから十分に換気を行うことで、以降の発生量を低減する**ベイクアウト**という手法もある。

このように、法令や規準が空気環境悪化の歯止めとして設定され、機能してきた背景がある。

WHO（世界保健機構）は、1987 年にまずは欧州向けに、続いて 1999 年には全世界向けに、**室内空気質**（Indoor air quality, IAQ）のガイドラインを発表した。このような規準などを参考に、各所で重要と考えられる化学物質に対して随時基準値が定められて、在室者の健康と快適が守られてきた経緯がある。国内では、建築基準法で換気設備の技術的基準として二酸化炭素

表 5·1　建築基準法と建築物衛生法における室内の基準値・管理濃度

項目	基準
浮遊粉塵	0.15 [mg/m^3] 以下
一酸化炭素	6 [ppm] 以下
二酸化炭素	1000 [ppm] 以下
温度	18 〜 28 [℃] 外気より低温にする場合は著しい差にしない
相対湿度	40 〜 70 [%]
気流	0.5 [m/s] 以下
ホルムアルデヒド	0.1 [mg/m^3] 以下（建築物衛生法） （建築基準法はこの基準値以内なら対策不要）

や一酸化炭素などの室内濃度基準値が定められている（表5·1）ほか、建築物における衛生的環境の確保に関する法律（建築物衛生法、以前はビル管［理］法と呼ばれていた）では、管理基準値として、二酸化炭素や一酸化炭素などのほか、浮遊粉塵やホルムアルデヒドについても基準値が定められている。

2　空気汚染物質と基準

室内空気質悪化の原因には、多くの要素がある。ここでは、それらを分類しながら個別に解説する。

室内空気汚染物質は、大きく分けて、気体の状態で空気中に存在するガス状汚染物質と、粒子（固体）の状態で存在する粒子状汚染物質とに分けられる。前者は、肺から血管に入ることで人体に影響を及ぼしやすく、後者は気管や肺などへの滞留や、それに伴うアレルギー反応などによる人体影響のおそれがある。

(1) ガス状汚染物質

1) 二酸化炭素（CO$_2$）

建築基準法や建築物衛生法で 1000 [ppm] 以下とする基準値が定められている二酸化炭素だが、人体への有害性は非常に低い。二酸化炭素は、生物の呼気や完全燃焼時の生成物として室内に発生することが古くから知られている。二酸化炭素と健康影響の関係には歴史があって、当初は二酸化炭素が人体に有害であるという、化学で著名な業績を持つラボアジエによる説が長く信じられてきたが、ペッテンコーフェルによって、二酸化炭素自体の有害性は低い一方で、密室などで体調や気分を害するのは人体が有毒物質を発するからだという説（人体毒説）が挙げられた。現在は、毒とは言わないまでも、体臭など人体が空気汚染物質の発生源であるという認識が一般的になり、呼気に含まれる

二酸化炭素は人体由来の空気汚染物質群と比例する代替指標とみなされるようになった。室の設計・運用の各段階で基準値が定められている点、物質自身の有害性は低いにもかかわらず、基準値の指標に取り上げられている点から、室内空気環境を考える上での重要な一物質であるといえる。

2) 一酸化炭素（CO）

建築基準法や建築物衛生法で 6 [ppm] 以下とする基準値が定められている一酸化炭素は、二酸化炭素の基準値の 1/100 であることからもわかるように、人体への有害性が高い。無色無臭で存在に気付きにくい一方で低濃度でも死に至ることから、サイレントキラーとも呼ばれる。一酸化炭素は、不完全燃焼によって発生するため、室内で直火で暖房するにも関わらず換気が不十分な場合や、火災時のように建物内の酸素量に対して非常に大きな燃焼が起こる場合などに注意する必要がある。

3) ホルムアルデヒド（HCHO）

厚生労働省の室内濃度指針と建築物衛生法で 100 [μg/m^3]（25 [℃] 換算で 0.08 [ppm]）が示されているホルムアルデヒドは、理科の生物標本の防腐剤（ホルマリン）でも馴染みある物質である。塗料や接着剤などの建築材料のほか、衣類や皮革製品にも含まれる。シックハウスの一因と考えられたため、2003 年の建築基準法改正で使用制限が定められるに至った。国際がん研究機関（IARC）では、発がん性のリスクも示されており、室内での長期の曝露は避けるよう十分に留意すべきであろう。

4) 揮発性有機化合物（VOC）

VOC（Volatile Organic Compounds）は、トルエン、キシレンなどの有機化合物の総称で、シックハウス対策として、厚生労働省ではそのうちの 12 物質の室内濃度指針値と、総揮発性有機化合物（TVOC：Total Volatile Organic Compounds）の指針値が表 5·2 のように示されている。指針値が定められた 12 物質以外であっても人体への有害性が懸念されることから、揮発性有機化合物の総量を指針値とした背景がある。また、ホルムアルデヒドも WHO の VOC の定義に含まれ、ホルムアルデヒドを含めて 13 物質の厚労省指針値と呼ばれる場合もあるが、建築基準法をはじめ、ホルムアルデヒドのみの規制や対応が多いために、ホルムアルデヒドは VOC と分けて扱われることが多い。

項目	室内濃度指針値	
	[μg/m^3]	25℃換算値 [ppm]
ホルムアルデヒド	100	0.08
アセトアルデヒド	48	0.03
トルエン	260	0.07
キシレン	200	0.05
エチルベンゼン	3800	0.88
スチレン	220	0.05
パラジクロロベンゼン	240	0.04
テトラデカン	330	0.04
クロルピリホス	1	0.07×10^{-3}
フェノブカルブ	33	3.8×10^{-3}
ダイアジノン	0.29	0.02×10^{-3}
フタル酸ジ-n-ブチル	200	1.5×10^{-3}
フタル酸ジ-2-エチルヘキシル	100	6.3×10^{-3}

5）オゾン（O$_3$）

オゾンは屋外の公害である光化学スモッグを構成する物質の一つで、酸化作用が強いため、吸入すると呼吸器に悪影響を及ぼす。コピー機やレーザープリンタからの発生のほか、オゾンの酸化作用を利用した脱臭設備から意図的に発生させる場合もあり、人体影響との関連性には注意して用いる必要がある。オゾンの酸化作用によって、VOCから光化学オキシダントや浮遊粒子状物質が生成されるともされており、注意が必要である。

6）臭気

臭気は、室内では法律による規制が現在はないが、日本建築学会では室内の臭気に関する対策・維持管理規準が提案されている。臭気の正体は、数十万種あるとされる有臭の化学物質で、発生源は木材や壁紙の接着剤、畳などの建築材料、カーペットや棚などの什器、人体やペット、靴箱や排水口などでの微生物の活動、在室者の調理や排泄などの行動、屋外からの流入など多岐に渡る。臭気の人体への生理的な悪影響の度合いは比較的低いが、臭気に満たされた室内に長時間在室することが精神衛生上良好な状態とは言えないことから、空気質の悪い状態であると考える。

（2）粒子状汚染物質

1）浮遊粒子状物質（SPM）

建築物衛生法の環境基準では、浮遊粉塵として 0.15 [mg/m^3] 以下とされている。粉塵とは、本来は砕かれて生成した塵埃のことであるが、室内に浮遊する粒子状汚染物質としては、実際には黄砂や火山灰、自動車のタイヤ、プリンタトナーなどの他にも、衣類や書類、人体からの発生や、清掃、喫煙など破砕以外によって生じたものも含まれる。そのため、浮遊粒子状物質（Suspended Particulate Matter）という呼称が一般的になっている。

2）微生物

微生物には真菌、細菌やウイルスがある。全てが人体に有害ではないが、病原性の細菌やウイルス、アレルギーの原因となる真菌なども存在する。真菌は外気に多く、細菌やウイルスは人体が主な発生源である。室内での真菌の増加は室内でのカビの発生が原因の可能性があり、ひいてはダニの発生などアレルギーの原因物質であるアレルゲンの増加につながることから、注意する必要がある。

3）アスベスト

ケイ酸塩鉱物の総称で、クリソタイルが一般的である。アスベストは、耐熱性、耐久性の高さと、安価に製造できることから、断熱材や絶縁材などの工業用原料として古くからよく使われてきた。一方で、空気中に飛散したアスベスト繊維を吸入すると、肺から出にくく分解もされないために長い期間をおいて中皮種を発するなど発がん性を高めることがわかり、大気汚染防止法で製造・使用の全面規制が行われている。既に建物に使用されている場合には、飛散防止の工夫が必要である。

4）ラドン

ラドンはガス状の放射性物質だが、α線放出後にラドン娘核種と呼ばれる粒子状物質になる。吸入して肺内に沈着してα線を放出し続けることで、肺がんのリスクを高める。土壌等からの発生がわかっており、地下室等では、換気に注意する。

（3）たばこ煙

以前は室内での喫煙が一般的に行われていたため、室内空気汚染源として非常に大きな割合を占めていた喫煙による発生物であるが、近年は分煙等が一般的になって汚染源としての重要性は低下してきた。たばこの燃焼による発生物にはガス状汚染物質の一酸化炭素と二酸化炭素をはじめ、4000種以上の化学物質が含まれ、人体への有害物質も多種含まれるほか、粒子状汚

染物質も存在し、これまでに紹介した空気汚染物質の多くを含むことが知られている。

たばこ煙には、吸い口側から肺に吸入する**主流煙**と、燃焼部から発生する**副流煙**があり、それぞれに含まれる化学物質は異なるが、副流煙の方が人体への有害物質が多いとされる。非喫煙者が副流煙を中心とした煙を吸入することを**受動喫煙**といい、健康影響が指摘されている。近年は、電子たばこの普及が著しいが、たばこに比べて発生する有害物質が少量であるなどの情報はあるものの、従来のたばこでは発生しなかった生成物の有無など、詳しくは把握できていない。

3　必要換気量と空気質

換気の目的には、**空気の浄化、熱の排除、酸素の供給**の3つがある。空気の浄化は、これまでに述べてきた空気質を悪化させる物質等の濃度を一定以下に保つために必要となる。建築基準法および建築物衛生法では、これまでに紹介した項目も含め、表5・1のように目標を定めている。熱の排除は、室内に発熱源がある場合に行われることがある。酸素の供給は、室内に直火がある場合に不完全燃焼を防ぐために必要となる。火を使用する室に設けなければならない換気設備等として、建築基準法に基準がある。

建物を考える際には、これらの条件のほか、例えば学校等であれば学校環境衛生基準など、建物・室用途に応じた法・基準を満たす換気量を確保する必要がある。

ここでは、室内空気汚染物質の浄化を目的とした換気量の算出方法について述べる。図5・16のように、

汚染物質が定常的に発生している室内を一定量で換気することを考える。室内の汚染濃度が空間的に常に一様だと仮定する（**瞬時一様拡散状態**という）と、汚染物質が発生し始めてからt時間後の室内の汚染物濃度は、式5・19で表現できる。

$$C_i = C_o + (C_{i0} - C_o)e^{-\frac{Q}{V}t} + \frac{M}{Q}\left(1 - e^{-\frac{Q}{V}t}\right) \cdots(式5・19)$$

C_i：室内濃度 [kg/m³]
C_{i0}：汚染発生前の室内濃度 [kg/m³]
C_o：外気濃度 [kg/m³]
M：汚染物質の発生量 [kg/h]
Q：換気量 [m³/h]
V：室容積 [m³]
t：汚染物質発生からの時間 [h]

次に、汚染物質発生前の室内濃度C_{i0}が外気濃度C_oと等しいとして$t=\infty$の状態を考えると、式5・19は式5・20のように表せる。

$$C_i = C_o + \frac{M}{Q} \quad\cdots\cdots\cdots\cdots\cdots\cdots\cdots\cdots\cdots（式5・20）$$

これは、室内への汚染物質の流入量と室内での汚染物質の発生量の和が、室外への汚染物質の排出量と等しい状態で、室内濃度が一定状態（定常状態という）になることを示す。定常状態で室内濃度が法律等の室内許容濃度C_{ia}以下とするためには、式5・20を式5・21のように書き換えて、換気量Q_rを一定以上に保つ必要があることがわかる。この換気量Q_rを**必要換気量**という。

$$Q_r = \frac{M}{C_{ia} - C_o} \quad\cdots\cdots\cdots\cdots\cdots\cdots\cdots\cdots\cdots（式5・21）$$

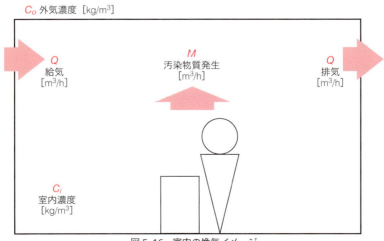

C_o 外気濃度 [kg/m³]

Q
給気
[m³/h]

M
汚染物質発生
[m³/h]

Q
排気
[m³/h]

C_i
室内濃度
[kg/m³]

図5・16　室内の換気イメージ

n：換気回数 [回/h]

Q_r：必要換気量 $[\mathrm{kg/m^3}]$

C_{ia}：室内許容濃度 $[\mathrm{kg/m^3}]$

建築基準法では、必要換気量は必要換気回数 [回/h] として示されている。換気回数と換気量の関係は式 5・22 の通りで、1 時間あたり室容積何回分の換気を行うかを表している。換気量が多い室でも、その室容積も大きい場合には、換気が十分にできているとは言えないが、換気回数の指標を用いれば、室容積に依らず、その室がどの程度の換気の度合いであるかを表せる。

$$n = \frac{Q}{V} \quad \cdots\cdots\cdots\cdots\cdots\cdots\cdots\cdots\cdots\cdots\cdots\cdots\text{(式 5・22)}$$

n：換気回数 [回/h]

4　におい・かおり

視覚や聴覚と比べて、嗅覚の生理学的仕組みが明らかになってきたのは近年で、しかも、光の三原色や音の周波数など、人への物理的な刺激を科学的に整理しやすい視覚や聴覚と比較して、嗅覚ではその定義が難しい。さらに、測光量や音のデシベル表示などの心理物理量にあたる指標類も嗅覚分野については認知度が低い。一方で、これまでの知見がまだ多くないからこそ、今後のにおい対策や香りの生活環境への活用の可能性は残されているとも考えられる。

「かおり」が芳香のことを指す場合が多いのに対して、「におい」は漢字によって芳香・悪臭の意味に使い分ける場合がある。ここでは、平仮名の「におい」は全般を指すことにする。においは、揮発しやすい有機化学物質のうち、におい感覚を人間が持つ物質のことで、数十万種程度あるとされている。化学物質としての人体への悪影響は、VOC などで既に述べた部分が当てはまるが、その他では、感覚的なにおいの人体への悪影響としての不快感がある。

建築環境工学分野では、古くから視覚と聴覚については感覚器官の仕組みについて教科書等で説明され、建築士等の資格試験でも仕組みが出題されてきた。嗅覚分野では、2004 年の L.Buck と R.Axel のノーベル賞受賞でようやく嗅覚の仕組み論争が一段落した状況なので、現在進行中で嗅覚の性質の整理や解明が進んでいる。

嗅覚は、鼻から吸い込んだ空気に含まれる化学物質が、眉間の奥辺りにある嗅上皮に届くことで感覚が生じる。嗅覚は、味覚と同じく化学的な感覚であり、全体的には微量の化学物質の摂取と考えればよい。一方で、視覚や聴覚は物理的な感覚と考えられる。嗅覚の難しさの一つは、嗅覚と刺激が混同される点にある。味覚を考えるとわかりやすいが、温度やかおり、歯・肌触りが味感覚の一部であるように、におい感覚も温度や刺激と切り分けにくい感覚と考えられる。においは気流に乗って嗅上皮に届くことから、環境中の気流の影響も考えられ、温熱感覚や気流感とのつながりも密であると想像される。さらに、嗅覚単体でそのにおい源を的確に認識することが難しい感覚でもあり、その分、視聴覚情報や思い込みによって影響を受ける部分が大きい。つまり、他の感覚との関連性を含めて考えねばならない感覚である点が、嗅覚やにおい対策への理解を難しくしているともいえる。

室内で気になるにおいに関するアンケート[*1]によれば、現在も様々なにおいが住宅で認識されていることがわかる。人体に悪影響を持つガスや浮遊粒子状物質を室内から取り去っても、空気環境に対する不快感も取り去れるとは限らない。良い空気環境を創るためには、悪臭を除去したり、感知できなくしたり対策を行うことも重要である。

室内の臭気対策としては、日本建築学会環境基準[*2]が参考になる。臭気発生源への対処、換気、そして消脱臭・芳香に関する機器や製品の活用の 3 手法が複合的に用いられることが望ましい。

(1)臭気発生源への対処

半閉鎖空間である室内では、新たな臭気発生が室内の悪臭濃度を高めることを防ぎたい。そのため、例えば外部からの流入を防ぐことや、臭気発生源を室内に持ち込まないこと、微生物の活動による臭気発生の場合は温湿度管理や殺菌などによって発生量を減らす対策が有効である。いずれも、発生メカニズムを理解することが対処のための必要条件である。

(2)換気

換気は、においの希釈に相当する。嗅覚では、嗅ぎ分けが可能な最低濃度（嗅覚閾値）からの倍数の対数値に概ね比例してにおいの強さを感じることがわかっている（ウェーバー・フェヒナーの法則）。においの濃度が嗅覚閾値濃度以下になるまで希釈すれば、人はにおいを感じない。その意味で、換気は簡便かつ有効的

な臭気対策の一手法である。ただし、温熱環境保持の点からみれば、換気は熱負荷の大きな要因であるので、必要十分な換気量を知ることが不可欠だろう。

(3)消脱臭・芳香に関する機器や製品の活用

空気清浄機やエアコンに消臭機能が搭載される場合が多く見られるようになった。活性炭フィルタなどは**脱臭**と呼ばれる対策法で、物理的ににおい物質を活性炭の孔に捕らえて空気中から除去する。孔が物質でいっぱいになれば、交換や脱着による吸着部の再生が必要になる。電気的、化学的または生物的ににおい物質を別のにおわない物質に分解する手法は、**消臭**と呼ばれる。

近年は、多様な芳香剤やアロマオイルを店頭で見ることが増えた。トイレや室内用の芳香剤は、芳香の存在によって悪臭を感知しにくくなる**マスキング効果**を狙った製品である。マスキングを利用した臭気対策では、元の悪臭物質はそのまま存在するため、根本的な対策とは言えないが、微弱なにおいの発生源が室内から除けない場合など、状況によっては有効活用できる。

様々な取組みによって、室内の空気環境は徐々に向上してきた。そこで、今後は人の生活にプラスとなるような香りの活用についても考えていくべきだろう。オフィスの室内に香りを発散させることで作業効率を上げようとした「香り空調」や、香りの清涼感や暖かさ感を利用して空調機の設定温度を緩和し、省エネルギーを図る提案などをはじめとして、室内での香りの活用は試行錯誤をしながら現在も進められている。総じて作業や感情への劇的な影響が報じられているわけではないが、化学物質曝露である点に留意しながら適切な利用を提案できれば、より豊かな室内空気環境が創造できるだろう。

5・3 建物とのかかわり

---

1 室内の空気環境設計と換気

室内の化学物質は適切な濃度に制御されなければならない。そのためには、建築者側から制御できる室内での化学物質の発生量の低減や室外からの流入防止に気をつけることと、換気を適切に行うことが有効であ

る。室内の化学物質の発生については、法令の遵守で近年はある程度は抑えられるようになってきた。室外からの流入については、流入経路は換気の給気口または窓開けによることが多いので、建物の立地を考えて、より清浄な外気を取り込める位置からの給気口の設定や、適切なフィルタの採用、窓位置の検討が建物の計画段階から求められる。換気についても、建物の計画時点から、各室の用途や求められる空気の清浄度、汚染物の発生状況などを基に、どのような方式でどの程度の量の換気を行わねばならないかをよく考える必要がある。そこで、建設以前に環境を予測できる換気量計算が必要になる。

2 換気量の計算

1つの開口を通過する空気の流量は、式5・18を基に、式5・23のように表される。

$$Q = \alpha A \sqrt{\frac{2}{\rho} \Delta p} \quad \cdots\cdots\cdots\cdots\cdots\cdots\cdots (式5・23)$$

Q：開口を通過する空気の流量 [m³/s]
α：流量係数 [−]
A：開口部面積 [m²]
ρ：空気の密度 [kg/m³]
Δp：開口部前後の圧力差 [Pa]

この空気流量 Q [m³/h] が**換気量**である。α は開口への空気の入りやすさを表す係数で、開口面積 A [m²] と合わせて αA で**相当開口面積**と呼ばれ、開口部の形状によって決まる数値である。換気量は、この相当開口面積の大きさと、開口前後の**圧力差** Δp [Pa] によって決まる。すなわち、開口部形状の工夫と圧力差をどのように確保するのかが換気を計画する上で重要である。

ただし、実際の換気を考えると、式5・23で考えたように1つの開口で換気が行われることは多くなく、室内への給気側と室内からの排気側の2開口以上が関係することが多い。そこで、式5・23を各開口ごとに連立させて換気量を求めることになるが、それでは複雑になりがちなので、あらかじめ相当開口面積を合成して、複数の開口部を合成した**総合開口面積**を持つ1開口とみなして算出する手法がとられる。

図5・17のような並列開口の場合には、2つの開口を通過する空気の流量は単純和で求められるので、総合開口面積は式5・24のように各相当開口面積の和で求

められる。

$$\alpha A = \alpha_1 A_1 + \alpha_2 A_2 \cdots\cdots\cdots\cdots\cdots\cdots (式5\cdot24)$$

図5・18のような直列開口の場合には、2つの開口を通過する空気流量は等しいと考えられるので、それぞれの開口部について式5・24を作成して等式を整理することで、総合開口面積は式5・25のように求められる。

$$\alpha A = \cfrac{1}{\sqrt{\left(\cfrac{1}{\alpha_1 A_1}\right)^2 + \left(\cfrac{1}{\alpha_2 A_2}\right)^2}} \cdots\cdots\cdots\cdots (式5\cdot25)$$

3 自然換気方式

換気には多数の手法があり、それぞれに長所・短所が存在するため、良好な空気環境設計のためにはそれぞれを知っておく必要がある。

換気方式の様々な分類方法のうち、換気に必要な圧力差を生む駆動力での分類としては、**自然換気**と**機械換気**がある。自然換気は、気圧差や温度差、風圧差を駆動力とする手法で、省エネルギーの観点では有効だ

が、安定供給の観点からは不十分な側面を持つ。

(1)重力換気(温度差換気)

図5・19のように室内外の気温差がある場合、空気の密度が温度によって異なるために、室内外に空気の密度差が存在する。室内の方が外気より温度が高い場合には、密度の高い外気が室下部の開口から室内に流入し、密度の低い室空気が室上部の開口から室外に流出することで換気できる。

同様に、空気の密度は気圧によっても異なり、高さが高いほど気圧が低いことから、空気の密度も低いことになる。そこで、極端な例では、2つの開口部に煙突の上下のように大きな高さの差があれば、密度の高い空気が下部開口部から入り、上部開口部から密度の低い空気が出る空気の流れが起き、換気できる。これらをまとめて、空気の流れを起こす駆動力から、**重力換気**（**温度差換気**）と呼ぶ。

換気の駆動力が空気の密度差として式5・26のよう

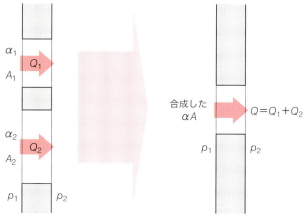

図5・17　開口の並列合成の考え方

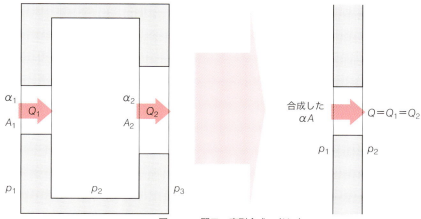

図5・18　開口の直列合成の考え方

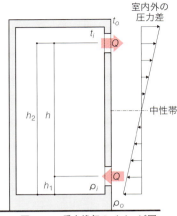

図 5・19　重力換気のイメージ図

に表せるので、重力換気量は式 5・27 で表すことができる。換気量を左右する要因は、相当開口面積のほか、駆動力である室内外の温度差と 2 つの開口部の高さの差である。例えば、神戸関電ビルディングのように開口部の高低差を非常に大きく取れれば、多くの換気量を見込むことができる。

$$\Delta p = (\rho_o - \rho_i)gh \cdots\cdots (式 5・26)$$

$$Q = \alpha A \sqrt{\frac{2}{\rho_o}\Delta p} = \alpha A \sqrt{\frac{2}{\rho_o}(\rho_o - \rho_i)gh}$$

$$= \alpha A \sqrt{2gh\frac{\rho_o - \rho_i}{\rho_o}} = \alpha A \sqrt{2gh\frac{t_i - t_o}{t_i + 273}}$$

$$\cdots\cdots (式 5・27)$$

(2)風力換気

　建物に風が吹くと建物の外壁には風圧が生じる。図 5・20 のように、風圧には、壁を室内向きに押す力（図中の＋）と、室外向きに押す力（図中の－）とがあり、建物形状や風向きによって向きと大きさが異なる。風を駆動力とするこの自然換気手法は、**風力換気**と呼ぶ。

　換気の駆動力は、式 5・28 のように表すことができ、風力換気量は式 5・29 で表すことができる。換気量には、開口の面積と開口への空気の流入のしやすさのほか、外部風速と 2 つの開口部の風圧係数の差が影響する。風圧係数は、風が建物に近付こうとする面で高く、風が建物から離れようとする面で低くなる傾向にあり、建物のどの位置に開口を取るかを計画することが重要になる。また、その土地での卓越風向を知ることで、計画的に風力換気を活用できる可能性はあるが、常時一定風向・風速とはならない点に難しさがある。

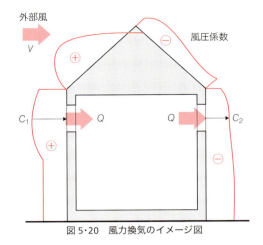

図 5・20　風力換気のイメージ図

$$\Delta p = (C_1 - C_2)\frac{1}{2}\rho V^2 \cdots\cdots (式 5・28)$$

$$Q = \alpha A \sqrt{\frac{2}{\rho_o}\Delta p} = \alpha A \sqrt{\frac{2}{\rho_o}(C_1 - C_2)\frac{1}{2}\rho V^2}$$

$$= \alpha A V \sqrt{C_1 - C_2}$$

$$\cdots\cdots (式 5・29)$$

4　機械換気方式

　機械換気方式は、室に空気を送り込む給気側と室の空気を室外に送り出す排気側のいずれか、または両方に**送風機**（ファン）を設置して、エネルギーを要して換気する方式である。駆動力が送風機の生む圧力差であるため、換気量が安定的である点が大きな特徴である。給排気口への送風機の設置パターンで、室内の空気の状態が異なることから、全 3 通りの組合せが使い分けられている。

(1)第 1 種換気方式

　第 1 種換気方式は、給気側と排気側の両方に送風機を設置する方式で、安定した換気量が得られるほか、給排気の流量を適切に設計することで、室内外の気圧差をコントロールできる。給気側の流量を排気側より大きくすることで、室内は室外より高圧となる（この状態を**正圧**と呼ぶ）。すると、室の隙間などからの室外から室内への空気の流入を防ぐことができる。これは、室外から室内への汚染物の流入を嫌う用途、例えば手術室やクリーンルームなどに適している。反対に、給気側の流量より排気側を大きくすることで、室内は室外より低圧となる（この状態を**負圧**と呼ぶ）。これは、室内で発生する汚染物を室外に漏出させたくない用途、

例えば便所や浴室、厨房などに適している。設計の考え方に応じて室の用途に柔軟に対応できる特徴を持つが、一方で送風機を給気と排気の2系統用意する必要があり、設置時のコストと運用時のエネルギー消費やコストは、以下の手法より一般的に多く掛かる。

(2)第2種換気方式

　第2種換気方式は、給気側のみに送風機を設置する方式で、排気側はガラリ等を設置して自然流出させる。室内は正圧となるので、室内への汚染物流入を嫌う用途、例えば手術室やクリーンルームなどに適した方法である。

(3)第3種換気方式

　第3種換気方式は、排気側のみに送風機を設置する方式で、給気側はガラリ等を設置して自然流入させる。室内は負圧となるので、室内汚染物の流出を嫌う用途、例えば便所や浴室、厨房などに適した方法である。

5　その他の換気方式の分類と換気効率

(1)全般換気と局所換気

　他の換気方式の分類として、室からの排気の捕集手法で分類した全般換気と局所換気がある。**全般換気**は、汚染物が発生した室内空気を撹拌し、その一部を排気して室外に捨てる手法で、一般的に用いられる。室への給気口と排気口が近い位置にあると、室に給気した新鮮な外気がすぐに排気口から排気されてしまう**ショートサーキット**を起こすので、空間的な配置に注意が必要である。**局所換気**は、汚染物の発生場所近傍に排気口を設置して、室内に汚染物が拡散する前に排気口に集めて室外に捨てることを意図した方式である。局所換気は、厨房や工場など、汚染物の発生場所が定まっている場合に有効である。

　全般換気を計算等で予測するには、発生した汚染物が時間を追うにつれてどのように拡散していくかについても本来は考えねばならない。しかし、それは非常に複雑な予測になってしまう。予測が簡便に行えることに越したことはないので、汚染物の拡散が**瞬時一様拡散**（**完全混合**ともいう）すると仮定して予測する場合が多い。瞬時一様拡散とは、発生したガスや粒子が、瞬時に部屋の隅々にまで拡散するという仮定だが、実際の環境とは厳密には合わない場合もあり、仮定する

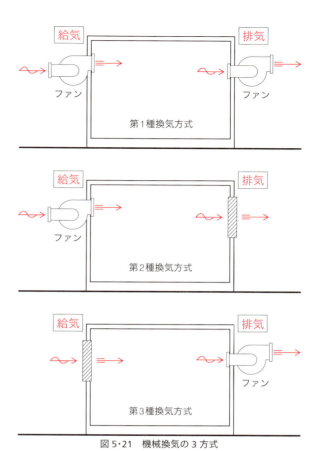

図5・21　機械換気の3方式

際には注意が必要であろう。

(2)置換換気

　冷暖房を行っている室で換気を行う場合には、換気は熱負荷となって温熱環境としてはロスを生むので、少ない外気導入量で最大限の汚染物を室外に排出すると効率がよい。室温より体温が高いため、熱源となる人が常に存在する居室では、人の周囲の空気が体温によって暖められることで、人体周りに**プルーム**と呼ぶ上昇気流が存在する。

　このような室の床面付近に、室温より低い温度の外気を低風速で導入すると、空気は室内の上昇気流に沿ってゆっくりと上昇する。天井部に排気口を設けておくと、室内で発生した汚染物は上昇する外気とともに成層を形成して効率よく排出できる。この方法を、**置換換気**と呼び、低風速での吹出しであるために換気の吹出口の風切り音が静かであるほか、汚染物を人が呼吸する高さ（居住域高さ）より上方に集めやすいことで、居住域の空気の清浄度を高く保てるメリットがある。

　一方で、温度差による空気の成層（温度成層）を乱

すとこの方法が成立しにくいため、人の動きや下向き気流の発生（冷えた窓面で発生するコールドドラフトなど）には注意する必要がある。また、足元の温度がやや低くなることから、上下温度勾配にも注意する必要がある。

(3) 換気効率

換気効率とは、汚染物を含む室内空気を時間や濃度に関していかに効率的に排気できるかに関わる指標である。局所換気は全般換気と比較して**換気効率**が高い。

換気効率の指標の1つに、**空気齢**がある。給気口から室内に導入された外気が、室内のある点に到達するまでにかかる平均時間のことで、空気齢が小さいことは、その地点に供給される空気が室内の汚染物発生によりあまり汚染されていない可能性が高いことを示す。

また、ある地点の空気が排気口に移動するまでの平均時間を**空気余命**と呼び、空気余命が小さいと、ある点の空気と汚染物を早く室外に排気できることを示す。

空気齢と空気余命との和を**空気寿命**と呼ぶ。この指標は、実測等で測定することは困難である一方、CFDなどのシミュレーションによる算出では使いやすいため、設計段階での気流計算の検討から活用するとよい。

注
＊1 社団法人 におい・かおり環境協会編集委員会「アンケート『身近なにおいやかおりについての調査』調査報告」『におい・かおり環境学会誌』 Vol.40 No.6、pp.425-437、2009
＊2 日本建築学会「室内の臭気に関する対策・維持管理規準・同解説」日本建築学会環境 基準 AIJES-A003-2005、2005

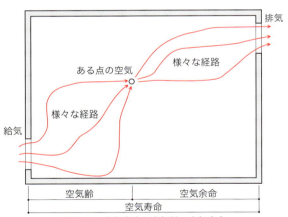

図 5・22　空気寿命と空気齢・空気余命

問1 図の条件のような室がある場合に下記の問に答えよ。

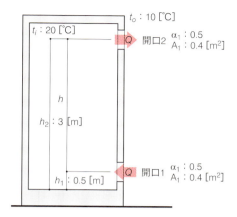

1. 換気量を求めよ。
2. 中性帯高さを室内床面からの高さで示せ。
3. 図の条件のうち、2開口の中心間の距離のみ2倍になった場合、換気量は元の何倍になるか。

問2 図の条件のような室がある場合に下記の問に答えよ。

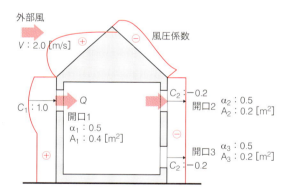

1. 換気量を求めよ。
2. 図の条件のうち、風速のみ2倍になった場合、換気量は元の何倍になるか。

問3 室内に1名の在室者がある場合に、CO_2濃度に基づいた必要換気量を求めよ。

条件　1名あたりのCO_2発生量　　20［ℓ/h］
　　　外気のCO_2濃度　　　　　400［ppm］
　　　室内濃度基準　　　　　　 1000［ppm］

問1

1. 総合開口面積は、直列の場合の2開口合成により
   求める。

   $$\alpha A = \frac{1}{\sqrt{\left(\frac{1}{\alpha_1 A_1}\right)^2 + \left(\frac{1}{\alpha_2 A_2}\right)^2}} = \frac{\sqrt{2}}{10}$$

   与条件から、下記の通り求められる

   $$Q = \alpha A \sqrt{2gh \frac{t_i - t_o}{t_i + 273}}$$
   $$= \frac{\sqrt{2}}{10} \sqrt{\frac{2 \times 9.8 \times 2.5 \times (20 - 10)}{20 + 273}}$$
   $$\fallingdotseq 0.18 \ [\mathrm{m^3/s}] \ \fallingdotseq 660 \ [\mathrm{m^3/h}]$$

2. 中性帯高さは上下の相当開口面積が同じ場合は開
   口中心高さ間の中点にある。
   $$h_2 + h/2 = 0.5 + 1.25 = 1.75 \ [\mathrm{m}]$$

3. 下式のように2開口の中心間の距離が2倍の場合,
   元の換気量の$\sqrt{2}$倍となる。

   $$Q_2 = \alpha A \sqrt{\frac{2g(2h)(t_i - t_o)}{t_i + 273}} = \sqrt{2} \times Q$$

問2

1. 総合開口面積は、まず開口2と3を並列の場合の
   2開口合成して、次に開口1と合成した開口2と3
   を直列の場合の2開口合成により求める。

   $$Q = \frac{0.02}{(0.001 - 0.0004)} \fallingdotseq 33 \ [\mathrm{m^3/h}]$$

   与条件から、下記の通り求められる。

   $$Q = \alpha A V \sqrt{C_1 - C_2}$$
   $$= \frac{1}{\sqrt{2}} \times 2.0 \times \sqrt{0.1 - (-0.2)}$$
   $$\fallingdotseq 0.31 \ [\mathrm{m^3/s}] \ \fallingdotseq 1120 \ [\mathrm{m^3/h}]$$

2. 下式のように外部風速が2倍の場合, 元の換気量
   の2倍となる。
   $$Q_2 = \alpha A (2V) \sqrt{C_1 - C_2} = 2.0 \times Q$$

問3

1名あたりのCO_2排出量は、

$$20 \ [\mathrm{\lambda/m}] = 0.02 \ [\mathrm{m^3/h}]$$

外気のCO_2濃度とCO_2の室内濃度基準は、

$$400 \ [\mathrm{ppm}] = 0.0004$$
$$1000 \ [\mathrm{ppm}] = 0.001$$

CO_2を基準にした1名あたりの必要換気量は下記の通
り求められる。

$$Q = \frac{0.02}{(0.001 - 0.0004)} \fallingdotseq 33 \ [\mathrm{m^3/h}]$$

06

音

イラストと写真で学ぶ 音のデザイン

建築音響とは、建築を音の面から設計する学問分野である。さて、建築と音はどうかかわるのか？

音にかかわる建築の機能① うるさい音から居住者を守ること

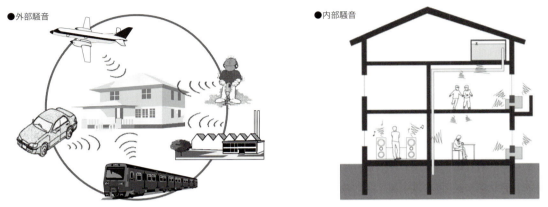

図6·1 暮らしを取りまくさまざまな騒音

音にかかわる建築の重要な機能の一つは、不快・不要な音から居住者を守ること。これを**騒音防止計画**という。うるさい音をがまんせず快適に過ごせる居住空間づくりは、すべての建築設計で考慮する必要がある。 **▶騒音防止計画**（p.161）

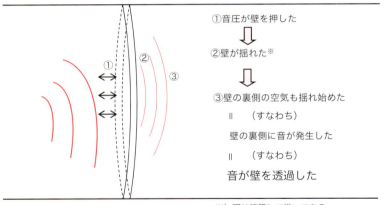

①音圧が壁を押した

⬇

②壁が揺れた※

⬇

③壁の裏側の空気も揺れ始めた

‖ （すなわち）

壁の裏側に音が発生した

‖ （すなわち）

音が壁を透過した

※）図は誇張して描いてある

図6·2 音の透過のメカニズム

どうすれば音を遮断できるか？―音の透過現象を知る―

うるさい音を遮断するのは建築の重要な機能である。音を学ぶ前のみなさんは、音は壁の隙間を抜けて透過してくると思っていないか？ 左図のように音は隙間がなくても壁を透過する。それは音が圧力の変動を伴う波動だからである。音の物理的性質を理解し、それを踏まえてどうそれを防ぐのかを学ぶ。

▶音の透過のメカニズム（p.161）

二重の壁は一重の壁よりも音が透過しやすいことがある

ガラス窓は音の遮断にとっては弱点である。空港周辺などの騒音対策として二重サッシの窓が使われるが、近年、省エネのために多用されるガラスが2枚入った複層ガラスサッシは逆に音が透過しやすい。不思議な現象ではなく、建築音響の世界では常識である。

▶二重壁の共鳴透過（p.163）

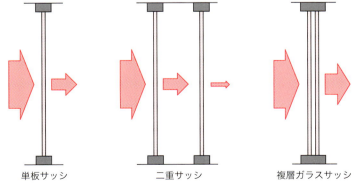

単板サッシ　　　二重サッシ　　　複層ガラスサッシ

図6·3 複層ガラスサッシは音が透過しやすい

音にかかわる建築の機能② 響きを調整してよい音で聴くこと

コンサートホール（残響 2.0 秒）
クラシック音楽演奏のために、豊かな響きを全体に均一に届ける縦長形状「シューボックス型」

演劇ホール（残響 1.3 秒）
セリフ回しの明瞭性のために残響を抑え、ステージとの距離を短く設計

図 6・4　目的に応じた響きの調整（熊本県立劇場）

クラシック音楽のコンサートホール音響

騒音から守られた建築空間で、音楽や講演、テレビや会話など、人の生活は聴きたい音とともにある。クラシックのコンサートではマイクもスピーカーも使わず1000人を越える人に音を聴かせる。そのほとんどが空間で反射した音のエネルギーであり、建築空間が音を適度に響かせている。残響の理論をはじめ、響きに関する研究はクラシック音楽の演奏空間とともに発展した。

► 音響設計に関する評価指標（p.157）
► 残響予測式（p.160）

岩綿吸音ボード
天井仕上げに適した吸音材

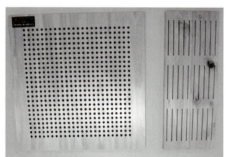

有孔板、スリット板
正しく施工すると音を吸収する

図 6・5　吸音のための建材

吸音のための建材

建築学を学びつつある読者諸君は、空間の響きを長くしたり短くしたりできることを知っているだろうか？　キーワードは吸音、すなわち空間表面での音の吸収である。教室の天井、音楽室の天井や壁など、身近に施工されているものの中に、実は音を吸収するための仕上げがある。

► 吸音（p.166）

空間の響きの調整

駅・空港

保育園での実験風景（天井に仮設吸音材）

カフェ・学生食堂

図 6・6　吸音の様々なシーン

もし音響を知らないまま建築を設計してしまうとほぼ必ず響きすぎる空間になる。トンネルの中がやたらと響くのは、響きの調整がまったく考慮されないからである。

建築空間の響きの調整は設計の重要な項目である。クラシック演奏を美しく響かせることは建築の重要な役割であるが、一方で、長い響きは言葉の聞き取りを損ねることがある。アナウンスが聞き取りにくい駅や空港があったら、それは響きが長すぎるからである。また、小さい子供は言葉や聴力の発達の段階にあるので、響きを抑えて明瞭度を高めた空間をとりわけ必要としている。

► 音響設計計画（p.165）

6·1 音に関する基本事項

1 音の物理現象と建築音響のかかわり

まずは建築学に音がどのようにかかわるか、全体を眺めてみよう。

音波とは空気の圧力振動の伝搬現象である。音楽や声も音波として空気中を伝わっていく。音波の発生にはいくつかの形態がある。一例として楽器を考えると、太鼓をたたくと膜が振動し、それによって膜の近傍の空気が振動を始めることで音波が生じる。シンバルや木琴など、振動するものが金属か木かの違いはあるが、打楽器は同様に音波を発する。バイオリンやフルートはどのようにして音波を生じさせるのだろうか？各自で調べてみてほしい。

楽器のように音波を出すことを目的としているものだけでなく、機器や人間活動の様々な動作は副産物として振動を生み、音波を発生する。建築環境ではたとえば冷暖房や給湯など、建築に必須の設備機器の動作振動が音波を発生させて生活を妨害するというように、ある目的に付随して生じてしまう振動が騒音問題を引き起こす。車や鉄道も同様である。さらに、振動そのものも耳ではなく触覚により知覚されて不快感を生じることがある。

音波の媒質としての空気の性質は、空気の分子（空気粒子とよぶ）という質量と、空気バネという弾性からなるものととらえることができる。そのイメージは図6·7のように、空気粒子が3次元的に隣の空気粒子とバネで結合しているような構造である。音波の圧力振動は「縦波」、すなわち波の進行方向と振動方向が等しい波である（図6·8）。ある空気粒子に力が加わると、圧縮されたバネのように縮んだ空気がそれに続く空気を押す、という形で振動は伝わっていく。

図6·9は粒子を縦棒で表したものであるが、圧縮された部分は空気粒子の密度が上がり（密になり）、それが次の空気を押すことで伸びていき、伸びきったところの空気粒子の密度は下がる(疎になる)。このことから「縦波」は「疎密波」とも呼ばれる。

縦波による空気粒子の振動は往復運動であり、ある周期性をもつことが多い。周期の単位はヘルツ（Hz）であるが、これは1秒間に何回振動するかを示し、周波数と呼ばれる。一般に空気振動の周波数が20～2万Hzのとき、人間の耳はそれを音と感じる。逆に、人間が音と感じるような空気の振動が音波であるともいえる。聞こえることを明示するために「可聴音」と呼ばれることがある。振動数が2万Hzを越えると一般に人間には聞こえず、それは「超音波」と呼ばれる。また20Hzより遅い振動も人間には聞こえず「超低周波」と呼ばれる。

空気など気体以外の物質、すなわち液体や固体であっても、弾性のある媒質は振動を伝える。ジャングルジムのどこかを石で叩いて、離れた別の場所で耳を当てるとカンカンと音が聞こえるのは、構造材を伝搬してきた振動が耳の近くの空気を振動させて音波を発生させるからである。建築空間でも誰かが床で飛び跳ねると、床構造に生じた振動が、真下だけでなく周囲の構造躯体に伝搬していき、広い範囲で足音が聞こえてしまう。こうした固体中を伝搬する振動は固体伝搬音と呼ばれ、結果的に空気を振動させて音波を生じる。

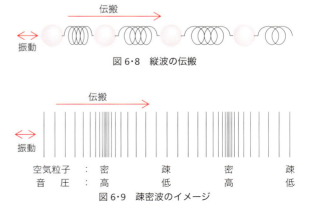

図6·8 縦波の伝搬

空気粒子	：	密	疎	密	疎
音圧	：	高	低	高	低

図6·9 疎密波のイメージ

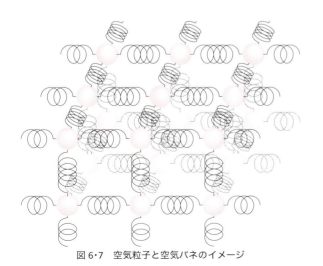

図6·7 空気粒子と空気バネのイメージ

建築の音を扱うためには、空気と固体を伝わる音波の両方を考慮する必要がある。

建築音響学は、大きく騒音防止計画と音響設計計画の2つの柱から構成される。前者は不快・不要な音から居住者を守ることである。居住者の生活上の不満の上位にいつも「騒音」があり、それを最適な空間配置や遮音設計により低減することは、建築設計における重要な課題の一つである。後者は聴きたい音をよい音で聴ける空間をつくることである。楽器演奏の美しい音に美しい響きを与えることも建築の役割である。反対に講義室などで響きを抑えて言葉の聞き取りやすい空間をつくることも重要である。建築音響学は、これまで述べた様々な音波の挙動を理解し、良好な音環境を建築空間に実現することを目指す。

2 音波の特性

(1)音速、波長

音波の進行速度を音速という。音速 c [m/s] は一般には約340m/s といわれるが、より正確には下式で表される。

$$c = 331.5 + 0.6t \quad \cdots\cdots\cdots\cdots\cdots（式6・1）$$

c ：音速 [m/s]

これによれば15℃の時に約340m/s、30℃の時に約350m/s となる。

音波の波一つ分の長さを波長という。音速を340m/s として、たとえば1000Hzの音波は1秒間進む間に波が1000個あるわけだから、一つ分の長さは340÷1000 = 0.34m = 34cm ということになる。

これを一般化して、波長 λ [m] は下式で表される。

$$\lambda = \frac{c}{f} \quad \cdots\cdots\cdots\cdots\cdots（式6・2）$$

f ：周波数 [Hz]

(2)音波の進み方　自由伝搬・反射・回折・屈折

ここでは波動現象である音波が空気中を伝わるときの性質について説明する。

1)自由伝搬

障害物がないとき、音波は音源から放射状に自由伝搬していくのが基本である。図6・7の空気粒子のある1点に振動を加えると、空気バネでつながっている他の粒子に次々に振動が伝わっていく。すなわち、媒質である空気中を3次元的に振動が伝搬していく。

2)反射、散乱

音波は壁面に入射すると、光が鏡面に入射する時と同様に、入射角と同じ角度で鏡面反射（正反射）するのが基本的な挙動である。しかし、入射する対象の凹凸の寸法が音波の波長と同等の時は、反射音の方向が定まらない散乱反射が起こる（図6・10）。可聴音の波長は数cmから数mの範囲なので、建築空間では散乱反射を考慮する必要がある。

3)屈折

気温の高低など、不均一な媒質中を音波が伝搬するとき音波の進路は曲がる。これを屈折といい、屋外空間で伝搬が長距離の場合は、その影響により到達音の音圧レベルが増減する。屈折のメカニズムはホイヘンスの原理と呼ばれ、媒質中の伝搬速度が遅い側に曲がる。

その簡単な理解のためには、二人三脚で走る姿をイメージするとよい。すなわち二人の速度が違うとき、走る方向は遅い方に引っ張られて遅い側に曲がっていく。屈折も同様である。

実際の例では、図6・11のように夜間に音が遠くまで伝搬しやすいのは屈折が理由である。すなわち、一般に地面付近の空気が放射により冷やされる夜間は、

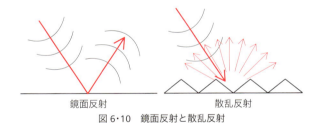

図6・10　鏡面反射と散乱反射

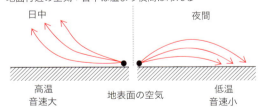

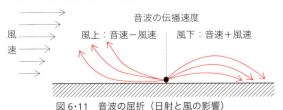

図6・11　音波の屈折（日射と風の影響）

音源から上空方向に出た音が地面側に屈折するので遠方まで音が到達しやすく、逆に地面が温められる日中は遠方には音が届かない。また、風も屈折の原因であり、風は地面に近いほど建物等による抵抗で風速が低下するため、風下方向では地面側に曲がる屈折が生じ、遠方まで音が到達しやすい。

4)回折

音波の波動的な性質により、塀などの障害物を回り込んで進む現象が生ずる。これを回折という（図6・12）。塀は目隠しにはよいが、騒音に対しては回折のため十分に低減させるのは難しく、回折波は塀の先端を音源とする形で反対側に伝わっていく。塀による低減量は6・3の1項(2)で説明する。

(3)定在波

音波の波長と室の寸法の比が一致したときに、室に共鳴現象が発生するなど、音波の反射に伴う定在波について、建築音響設計においても理解しておく必要がある。

建築で起こる定在波に関する事象の一つは、室の寸法と音波の波長との一致性によって定在波が発生する、室の固有モードと呼ばれる共鳴現象である。これは6・3の5項(4)で詳しく説明する。もう一つは、壁に入射した音波と反射した音波の重ね合わせにより、壁付近で生じる定在波的な音波の挙動である。これは主に吸音の一種の多孔質型吸音材の特性と関係するもので、6・3の5項(2)で説明する。

(4)反射、吸収、透過

音波が壁に入射すると、多くの場合、大半が反射し、一部は壁体に吸収され、一部は壁体を透過する。

それぞれのエネルギーを図6・13のように表すと、

$$E_i = E_r + E_a + E_t \cdots\cdots\cdots\cdots\cdots\cdots\cdots（式6\cdot3）$$

である。ここで、反射率 r、吸音率 α、透過率 τ は以下

のように定義される。

$$r = \frac{E_r}{E_i}, \quad \alpha = \frac{E_a + E_t}{E_i} = \frac{1 - E_r}{E_i}, \quad \tau = \frac{E_t}{E_i} \cdots（式6\cdot4）$$

3つのうち吸音率だけは、吸収されるエネルギーの割合ではなく、室内から出ていくエネルギーの割合であることに注意されたい。ただし、6・3の5項(2)で学ぶ吸音材は基本的に E_a が大きい材質である。

3 音に関する物理量と単位

音波の物理的特徴を数値で表すとき、人間の音の知覚の三要素とよばれる「大きさ・高さ・音色」に対応づけた物理量が必要である。なお、音響学の用語では「音の大きさ」と「音の強さ」を使い分けており、前者は人が知覚するときの大きさ、後者は物理的な大きさを指す。下記で「音の強さ」と表記しているのは物理量に関することだからである。

(1)音の高さ
1)周波数

一秒あたりの音波の振動の回数を周波数と呼び、単位はヘルツ（Hz）である。一般にヒトの聴覚では20Hz〜2万Hzの音波を音として知覚可能であり、周波数が大きいほど高い音に聞こえる。

2)オクターブ

オクターブとは周波数の比に関する用語で、周波数が2倍になることを「1オクターブ上がる」と呼ぶ。これは音楽の用語と同じで、楽器でも1オクターブ高い音の周波数は2倍になっている。

(2)音の強さ
1)音圧

音波は空気中を伝わる圧力波であることから、その圧力の変動の大きさ（大気圧からの変動分）は音波の振動の強さを表す。これを音圧といい、単位はパスカ

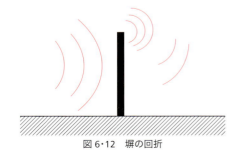

図6・12　塀の回折

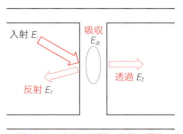

図6・13　音波の反射、吸収、透過

ル（Pa）である。

2）音波のエネルギー的表現

音波の強さは、熱や光の強さと同様に、単位時間あたりのエネルギーの単位であるワット（W）に結びつけて表すこともできる。距離による音の減衰など音の伝搬を予測するときには、音圧での表現よりもエネルギー的表現の方が扱いやすいこともあり、多用される（6・3の1項(2)など）。エネルギー的表現における単位は以下の3種類がある。

①音響パワー

音波の出力の強さを音響パワーと呼び、単位はワット（W）である。騒音を発する機器やスピーカーなど、主に「音源の強さ」を表すときに用いられる。

②音響インテンシティ（音の強さ）

ある音響パワーを持つ音源から発した音波による、受音点(音波を受ける点)における音の強さを音響インテンシティと呼ぶ。これは受音点を単位面積あたりに通過する音響パワーと定義され、単位はW/m^2である。「音響インテンシティ」とその和訳である「音の強さ」の両方が音響用語として使われているが、紛らわしいため本書では主に「音響インテンシティ」と表記する。

③音響エネルギー密度

建築音響の一つの目的は最適な残響の設計である。残響とは、ある時点で室内空間に存在する音のエネルギーが周壁に吸収されて減衰するプロセスであり、それを表現するのに適した物理量が音響エネルギー密度である。これは単位体積当たりの音のエネルギーを示し、単位はJ/m^3である。

（3）dB単位　音の強さの対数尺度

建築音響の実用的な場では、音の物理量はPaやWではなく、dB（デシベル）という単位で表されることが多い。dB単位とは元の物理量を対数変換した単位である。変換された物理量は「音圧」は「音圧レベル」、「音響パワー」は「音響パワーレベル」というように「レベル」を付けて呼ばれる。dB単位を使う理由は、聴覚が物理量の対数に比例すること（→6・2の1項(2)ウェーバー・フェヒナーの法則）、人間が聴取可能な音の強さの範囲がきわめて広い、すなわち聴取可能な最も小さい音を1とするとその10^{12}倍（1兆倍）の音も聞き取れることによる。音の物理量を以下に定義する対数変換により圧縮すると、0〜120程度の使い

やすい数値で表すことができる。dB単位への対数変換は次式で定義される。

$$L = 10 \log_{10} \frac{A}{A_0} \quad \cdots\cdots\cdots\cdots\cdots\text{(式6・5)}$$

Aは物理量、A_0はその基準値であり、基準値に対する比を対数変換したものといえる。たとえばAとA_0の比が2:1のとき、上式に代入するとおよそ＋3dBということになる。dBのB（ベル）は電話の発明者として知られるグラハム・ベルの人名のため大文字、d（デシ）はデシリットルと同じく10分の1を表す接頭辞のため小文字で表記する。式の右辺に10があるのは「デシ」だからである。

A_0に物理量ごとに定められている基準値を用いると、以下に説明する音響のdB単位となる。基準値は、人の聴覚で知覚可能な最小の音が0dBになるように定められており、非常に小さい値である。

1）音響パワーレベル L_W

音響パワーがW［W］のとき、音響パワーレベルは次式で表される。

$$L_W = 10 \log_{10} \frac{W}{W_0} \quad \cdots\cdots\cdots\cdots\cdots\text{(式6・6)}$$

ここでW_0は10^{-12}［W］と定められている。

2）音響インテンシティレベル L_I

音響インテンシティがI［W/m^2］のとき、$I_0 = 10^{-12}$［W/m^2］を基準値として次式で表される。

$$L_I = 10 \log_{10} \frac{I}{I_0} \quad \cdots\cdots\cdots\cdots\cdots\text{(式6・7)}$$

3）音響エネルギー密度レベル L_E

音響エネルギー密度がE［J/m^3］のとき、$E_0 = I_0/c$ $\fallingdotseq 2.94 \times 10^{-15}$［$J/m^3$］を基準値として次式で表される。

$$L_E = 10 \log_{10} \frac{E}{E_0} \quad \cdots\cdots\cdots\cdots\cdots\text{(式6・8)}$$

4）音圧レベル L_P

音圧がP［Pa］のとき、$P_0 = 2 \times 10^{-5}$［Pa］を基準値として次式で表される。

$$L_P = 10 \log_{10} \frac{P^2}{P_0^2} \quad \cdots\cdots\cdots\cdots\cdots\text{(式6・9)}$$

音圧レベルが音圧の二乗値に基づくのは、理論的に音圧の二乗がエネルギー表現の物理量と比例するからである。すなわち自由音場では$I = p^2/\rho c$、拡散音場では$E = p^2/\rho c^2$の関係にある（ρ：空気の密度[kg/m^3]、c：音速[m/s]）。

(4) dB値の計算　合成、平均、分解

1)合成

たとえば音響パワーレベル100dBを発する機械が2台同時に動作したとき、音源出力は何dBとなるだろうか？　200dBというのは間違いである。音響パワーレベルが100dBのとき、定義（式6·6）より音響パワーは0.01Wである。0.01Wの機械が2台動作しているのであり、合計0.02Wの音響パワーを発しているのが実際の現象である。0.02WをdBに変換すると約103dBであり、これが2つのdB値を合成する計算の例である。このようにdB値の計算は、元の単位に基づいて計算した結果をdB値に変換することで行う。一つのdB値をL_1、もう一つをL_2で表せば、dBの合成値L_3は次式で表される。

$$L_3 = 10 \log_{10}\left(10^{\frac{L_1}{10}} + 10^{\frac{L_2}{10}}\right) \quad\cdots\cdots\cdots\cdots\cdots\text{(式6·10)}$$

2)平均

変動する騒音など、複数の測定値の平均値を求めたい時は、合成と同様の考え方で次式に従って計算する。たとえばn個の測定値があり、それぞれ$L_1, L_2, \cdots L_n$ [dB] とすると、平均値$\bar{L}$は以下のとおりである。

$$\bar{L} = 10 \log_{10}\frac{1}{n}\left(10^{\frac{L_1}{10}} + 10^{\frac{L_2}{10}} + \cdots + 10^{\frac{L_n}{10}}\right) \cdots\text{(式6·11)}$$

のちに6·2の1項(4)で説明する等価騒音レベルはこの考え方による時間平均値である。

3)分解

たとえば屋外で機械の騒音を測定するとき、マイクは道路交通音など目的外の音（暗騒音と呼ばれる）も一緒に拾ってしまう。この全体の測定値がL_3（dB）、機械を止めたときの測定値（暗騒音レベル）がL_2（dB）であったとき、機械そのものによる発生音L_1は次式で算出できる。

$$L_1 = 10 \log_{10}\left(10^{\frac{L_3}{10}} - 10^{\frac{L_2}{10}}\right) \quad\cdots\cdots\cdots\cdots\cdots\text{(式6·12)}$$

このような演算は合成に対して分解といえるものである。ただし、$L_1 < L_2$の時は測定誤差が大きくなるので、分解によりL_1を算出するのは適当ではない。

(5)音色に関する物理表現

音色とは、たとえば様々な楽器の音や各個人の声が、それぞれ異なって聞こえる要因となる音の属性である。物理的には周波数成分や音圧変動の波形が音色に関係

する（図6·14）。ここでは建築音響に関わりの深い、純音、複合音（調波複合音）、雑音（ランダムノイズ）について説明する。

1)純音

単一の周波数成分のみから成る音波を純音（pure tone）と呼ぶ。最も単純な音ということができ、数式的には以下のように表される。

$$p(t) = A \sin(2\pi f t) \quad\cdots\cdots\cdots\cdots\cdots\cdots\cdots\cdots\text{(式6·13)}$$

A：振幅［Pa］
f：周波数［Hz］
t：時間［秒］

実生活では純音は珍しいものではなく、「ピー」という時報やリモコンなどのサイン音としてよく耳にする。

2)複合音（調波複合音）

ある基本周波数（基音）の整数倍の周波数をもつ複数の純音（倍音）を成分とする音を調波複合音と呼ぶ。弦楽器や管楽器の音は典型的な調波複合音であり、異なる楽器の様々な音色は、構成する倍音それぞれのパワーの構成の違いによってもたらされる。調波複合音の高さは、人の耳には基音の高さに聞こえる。

3)雑音（ランダムノイズ）

音響学において雑音とは、振動の周期に規則性のない音のことを指し、人の耳には楽器の音階のような音の高さは感じられない。雑音は、ある周波数範囲にわたって連続的にパワーを持っている。低音から高音まで均一なパワーをもった雑音を、光において同様に可視光の範囲で均一なパワーを持つ白色光になぞらえて、白色雑音（ホワイトノイズ）と呼び、音響計測の試験

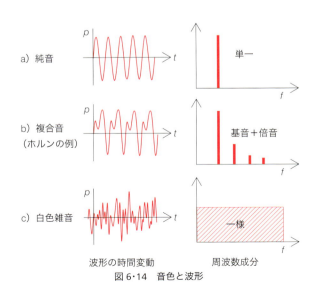

図6·14　音色と波形

音などに用いられる。ラジオで選局していない状態で聞こえるザーという音は白色雑音に近い。

6・2　人間とのかかわり

1　聴覚

(1)耳の構造

　人間は耳を感覚器とする聴覚により音を知覚する。図6・15のように、耳は外耳（耳介～外耳道）、中耳（鼓膜～耳小骨）、内耳（三半規管、蝸牛）から成る。いわば、外耳は集音器、中耳は増幅器、内耳は周波数分解機能を備えた聴覚センサーおよび平衡感覚器官である。聴覚は、大きさ・高さ・音色という音の3要素とともに、耳介による集音の指向性と両耳への到達時間差により音の到来方向も聞き分ける。聴覚が平衡感覚を包含することにより、走ったり傾いたりなど身体が静止していない状態においても、音の到来方向を正しく把握することが可能である。これは、外敵をいちはやく知覚する器官として発達してきた聴覚の重要な機能の表れといえる。

(2)聴覚の対数則（Weber-Fechner の法則）

　人間が知覚する音の大きさや高さは、その物理量の対数に比例して知覚されることが知られ、これを明らかにした研究者の名をとってウェーバー・フェヒナーの法則と呼ばれる。

　対数に比例するとは、いいかえれば、音の物理量が2倍、4倍、8倍、といった等比数列的に増加したときに、大きさ感や高さ感は $\log 2$、$\log 4$、$\log 8$（＝$\log 2$、$\log 2^2$、$\log 2^3 = \log 2$、$2\log 2$、$3\log 2$）と等差数列的に増加することを意味する。dB やオクターブという音の単位は対数則が反映されたものといえる。

(3)音の大きさの周波数特性

　人間が知覚する音の大きさを音響学の用語でラウドネス、和訳では単に「音の大きさ」と呼ぶ（物理的な強度を表す「音の強さ」と区別して覚えること）。人間の聴覚の感度は周波数によって異なり、一般に低音よりも高音の方の感度が高い。すなわち、同じ音の強さならば高音は低音よりもラウドネスが大きい。純音のラウドネスについては古くから実験を通して明らかにされており、等ラウドネス曲線として国際規格化されている（図6・16）。

　等ラウドネス曲線におけるラウドネスの指標はラウドネスレベルであり、単位は phon（フォン）である。phon とは1000Hz の純音の音圧レベル値と同じ大きさに聞こえる、という指標である。たとえば40phon のラウドネス曲線は、1000Hz で音圧レベル40dB の目盛と交差するが、125Hz では60dB と交差する。すなわち、音圧レベル40dB の1000Hz 純音と同60dB の125Hz 純音は40phon という同じラウドネスレベルで知覚される。曲線は全体に左上がりであり、低音域に対する聴覚の感度が低いことが示されている。

(4)マスキング、カクテルパーティ効果

　聴きたい音と同時に他の音があると、聴きたい音が聞き取りにくい、あるいは聞こえないという現象がお

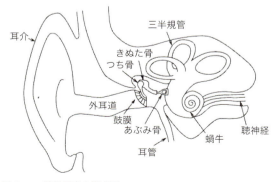

図6・15　聴覚器官の模式図（出典：日本音響学会編・大串健吾著『音響サイエンスシリーズ15　音のピッチ知覚』コロナ社、p.7、2016）

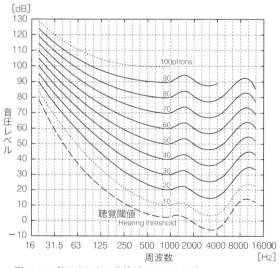

図6・16　等ラウドネス曲線（ISO226:2003）（出典：ISO 規格）

こる。これを**マスキング現象**という。当然ながらマスクする側の音が大きいほどマスキングが起こりやすい。周波数的には、マスクされる音よりも低音側の音は高音側の音よりもマスキングを起こしやすいといわれる。

　一方、パーティ会場のような喧騒な場所で、自分の名前を呼ばれるとそれに気づきやすい、あるいは話し相手との会話はなんとかできてしまう、というように、聞き取りは記憶や認知活動と密接な関係にある。このように、周囲の音にマスクされそうな中で、特定の音声が聞き取れることを**カクテルパーティ効果**と呼ぶ。

2　騒音の評価指標

　騒音は睡眠や会話を妨害し、不快感を人に与えることで、健康な生活のクオリティを低下させる大きな要因である。こうした騒音の影響を数値的に計測・評価することが重要である。ここでは騒音の評価指標について解説する。

(1) 周波数の扱い

1) A 特性重みづけ　騒音レベル(L_A)

　人間の聴覚は周波数によって感度が異なるため、騒音を計測する指標として、等ラウドネス曲線に近似させて感度の悪い低音を低減させる重みづけ特性を定め、その補正を施した音圧レベルが用いられている。この重みづけ周波数特性を**A 特性**と呼び、その補正を施した音圧レベルは「A 特性音圧レベル」あるいは単に「騒音レベル」と呼ばれる（図 6・17）。単位は dB のままであるが、日本の法令ではカタカナの「デシベル」で表記される。

　周波数重みづけには A 特性のほか、**C 特性**、**Z 特性**が国際規格で定義されている。C 特性は実用的な周波数範囲は平坦な重み特性で、低音と高音を低減させる特性である。Z 特性は全周波数範囲で重みづけのない

平坦な特性であり、オクターブバンドによる分析をする際に用いられる。

2) オクターブバンドレベル

　単一数値指標の騒音レベルのほか、低音〜高音を周波数ごとに分割して測定することも多い。**オクターブバンド**とは、このために広く使われている分割法である。これは、125、250、500 といったオクターブ（＝2 倍の周波数）ごとに中心周波数を定めるもので、それぞれの周波数範囲は帯域＝バンド（band）と呼ばれる（図 6・18）。各帯域の境界は隣接する中心周波数の相乗平均であり、たとえば 1000Hz 帯域と 2000Hz 帯域の境界は 1414Hz となる。

　周波数帯域ごとに測定する主な理由は、音源の特性や、遮音や吸音など建築の音響性能が、周波数により異なるからである。オクターブバンドよりも精密な測定をしたいときに、$2^{\frac{1}{3}}$倍ごとに中心周波数を定める 1/3 オクターブバンドレベルもよく使用される。

(2) 環境騒音の評価指標

1) 等価騒音レベル（A 特性平均音圧レベル）(L_{Aeq})

　騒音レベルが時間的にずっと一定ならば、騒音計の値を読むだけで測定値が得られるが、実際には道路交通の騒音のように時間的に変動するため、それらに応じた評価指標が必要である。変動する騒音に対して、

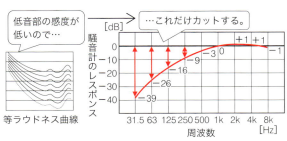

図 6・17　A 特性重みづけ

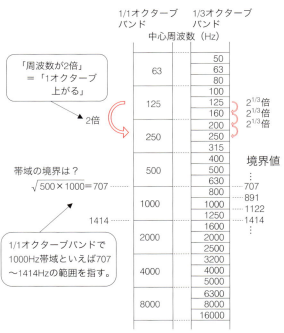

図 6・18　オクターブバンドによる周波数の分割

その平均を代表値として用いるのが自然といえる。実際、日本の環境基準など、平均値をベースとした指標は国際的に広く騒音評価に用いられている。その基本となるのが等価騒音レベル（L_{Aeq}）[dB] であり、次式により定義される。

$$L_{Aeq} = 10 \log_{10} \frac{1}{t_2 - t_1} \int_{t_1}^{t_2} \frac{p_A(t)^2}{p_0^2} dt \quad \cdots\cdots\cdots\cdots (式 6\cdot14)$$

これは要するに、測定時間における音圧の二乗値の全体（＝総エネルギー量）を時間平均した dB 値である。近年の騒音計はこの積分機能を備えた積分騒音計が大半なので、測定そのものは容易である。

2) 昼夜騒音レベル(L_{dn})、昼夕夜騒音レベル(L_{den})

騒音の影響の中で重要なものが夜間の睡眠妨害とされる。そこで、1 日 24 時間の騒音を等価騒音レベルとして平均するのではなく、深夜の騒音に 10dB の重み（ペナルティ）を付けて平均する昼夜騒音レベル（L_{dn}: Day-night Average Sound Level）[dB]、さらに、それに加えて夜のはじめ頃にも 5dB のペナルティを付る昼夕夜騒音レベル（L_{den}: Day-evening-night Average Sound Level）[dB] が使用される。国にもよるが、night は 22:00 〜 7:00 の 9 時間、evening は 19:00 〜 22:00 の 3 時間とすることが多い。それぞれ定義は式 6・15、式 6・16 のとおりである。L_{den} は欧州各国の環境騒音の評価指標として広く用いられるほか、2015 年以降の日本での航空機騒音の評価に用いられている（日本では「エルデン」と呼称される）。

$$L_{dn} = 10 \log_{10} \frac{1}{24} \left(15 \times 10^{\frac{L_{Aeq,7-22h}}{10}} + 9 \times 10^{\frac{L_{Aeq,22-7h+10}}{10}} \right)$$
$$\cdots\cdots\cdots\cdots (式 6\cdot15)$$

$$L_{den} = 10 \log_{10} \frac{1}{24} \left(12 \times 10^{\frac{L_{Aeq,7-19h}}{10}} + 3 \times 10^{\frac{L_{Aeq,19-22h+5}}{10}} \right.$$
$$\left. + 9 \times 10^{\frac{L_{Aeq,22-7h+10}}{10}} \right)$$
$$\cdots\cdots\cdots\cdots (式 6\cdot16)$$

L_{Aeq,T_1-T_2h} は、その時間帯の等価騒音レベルを表す。時間帯ごとの等価騒音レベルを測定し、重みをつけて 24 時間で平均する、という考え方がこの定義式から読み取れる。

3) 時間率騒音レベル(L_X)

時間率騒音レベルとは観測時間中の x パーセントの時間帯で L_x [dB] 以上の値であった、という意味合いを持つ指標である。x には 0 〜 100 の値が入る。L_{50} は時間率騒音レベルの中央値、L_5 は 90% レンジの上端値という言い方がされる。実測では、騒音計の動特性を

FAST として、一定の時間間隔で多数回の瞬時値を読み取り（5 秒間隔 50 回など）、上から順に並べ替えて、上位から 5% にあたる値が L_5、中央値が L_{50} である。1998 年以前の環境基準の指標に L_{50} が採用されていたほか、現在でも建設工事や工場の騒音の評価量として用いられることがある。

4) 騒音レベル最大値(L_{max})

工事騒音など単発的・間欠的な騒音を最大値で評価することがある。最大値は騒音計の動特性が SLOW か FAST かによって値が異なるので、L_{Smax} や L_{Fmax} のように動特性を明示して表す。

5) 単発騒音暴露レベル(L_{AE})

鉄道や航空機など、事象が単発的な騒音源に用いられる指標で、等価騒音レベルと違って時間平均をしない。

$$L_{AE} = 10 \log_{10} \frac{1}{T_0} \int_{t_1}^{t_2} \frac{p_A(t)^2}{p_0^2} dt \ [dB] \quad \cdots\cdots (式 6\cdot17)$$

T_0: 基準化時間で値は 1 [秒]

(3) 騒音計

ここまで説明した騒音の指標値を実際に測る機材が騒音計である。騒音計は図 6・19 のようにマイクロフォンと各種の設定スイッチを備えた本体から構成される。A 特性や等価騒音レベルなどの設定ができ、マイクロフォンは本体から外して、延長ケーブルを使って離れた場所の音を測ることもできる。主な設定項目を以下に説明する。

1) 周波数重みづけ特性

A、C、Z という 3 通りの特性が備えられている。Z 特性は、平坦特性という意味で Flat や F と表記されている機器もある。これらの特性回路は騒音計に内蔵され、スイッチを切り替えて測定すればよい。

図 6・19　騒音計

2)動特性(FASTとSLOW)

変動する騒音を測定する際に、瞬時瞬時の音圧レベルは目まぐるしく変動するため、騒音計には時間平均をしながら測定する機能がある。平均する時間幅が長いほど、測定値は長い時間を平均されてゆっくりと変動する。SLOWはゆっくり変動する動特性、FASTは速い動特性である。(JISなどの規格では動特性を**時定数**という概念で表し、SLOWは時定数1秒、FASTは同0.125秒と規定されている。)

3)瞬時値、等価騒音レベルなど

騒音計は、その時点の音圧レベルを表示させるだけでなく、前項で説明した等価騒音レベル(A特性平均音圧レベル)や単発騒音レベルなど時間積分を伴う指標値も計測できるものが、現在の騒音計測では主流である。この機能を備えた騒音計を**積分騒音計**という。本体の切り替えスイッチで指標を選び、最大レベルや時間率騒音レベルなどの統計的な指標値も測定できる機種が多い。

以上、具体的に騒音を測定する機器である騒音計の機能について説明した。これは各種騒音指標を実際に計測するシーンで基本となる知識である。

(4)環境騒音の暴露に関する基準

環境にあふれる各種騒音の悪影響から人々を保護するのは社会の重要な役割であり、国や自治体の法令によりそれらは社会に実装されるべきものである。わが国において、その基本となるのが**環境基準**と**騒音規制法**である。前者は許容値を掲げるものであり、後者はそれを実現する枠組みということができる(前者には超過した場合の規定はなく、後者には超過した場合の規制に関する規定がある)。ここでは騒音に係る環境基準を表6・1に示す。これらの値は屋外における許容値である。

(5)室内騒音の評価指標

室内の静けさの評価指標としては、単一数値の騒音レベルと、周波数帯域ごとの音圧レベルから求める指標の2種類が主に用いられる。わが国では法令レベルの許容値はほとんど存在せず、日本建築学会による推奨値が現場で使用されている状況である。

1)騒音レベル

騒音計のA特性周波数重みづけにより測定される数

表6・1 騒音に係る環境基準※

地域類型		昼間(6〜22時)	夜間(22〜6時)
	AA	50デシベル以下	40デシベル以下
	A及びB	55デシベル以下	45デシベル以下
	C	60デシベル以下	50デシベル以下

AA:特に静穏を要する地域(療養施設、社会福祉施設等)
A:専ら住居の用に供される地域
B:主として住居の用に供される地域
C:相当数の住居と併せて商業、工業等の用に供される地域
※ この他、道路に面する地域は緩和基準が設けられている。

表6・2 騒音レベルとN値による等級づけ (出典:日本建築学会編『建築物の遮音性能基準と設計指針 第二版』技報堂)

室用途	騒音レベル			騒音等級		
	1級	2級	3級	1級	2級	3級
住宅居室	35	40	45	N-35	N-40	N-45
ホテル客室	35	40	45	N-35	N-40	N-45
オープン事務室	40	45	50	N-40	N-45	N-50
会議・応接室	35	40	45	N-35	N-40	N-45
普通教室	35	40	45	N-35	N-40	N-45
病室(個室)	35	40	45	N-35	N-40	N-45
コンサートホール	25	30	—	N-25	N-30	—
劇場・多目的ホール	30	35	—	N-30	N-35	—
録音スタジオ	20	25	—	N-20	N-25	—

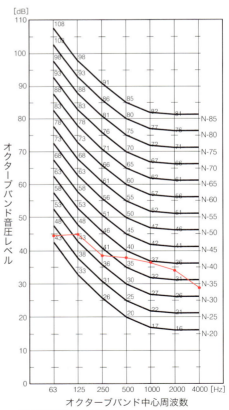

図6・20 室内騒音等級N曲線 (出典:日本建築学会編『建築物の遮音性能基準と設計指針 第二版』技報堂)

値で、測定が容易で音の大きさ感との対応がよいため多用される。

2）周波数特性に関する指標

室内騒音のオクターブバンドレベルを測定し、周波数ごとの値を評価曲線に当てはめる手法である。Beranek が提案した NC 曲線がよく知られるほか、日本建築学会では A 特性をひっくり返した形状の曲線を N 曲線として定義し、この曲線により室内の静けさを評価する N 数を提案している。

ここでは例として N 曲線を取り上げる（図 6·20）。値の求め方として、図のように周波数帯域ごとの実測値を曲線のグラフにプロットし、どの値も曲線を下回る最小の値を N 数とする。ただし騒音計の誤差を考慮して 2dB の超過は許容される。図の例は N-40 である（1000Hz が N-40 曲線を 1dB 超過しているが許容される）。表 6·2 には日本建築学会が提示する等級付けを示す。建築学会は推奨する好ましい水準を 1 級としている。

(6) 音響設計に関する評価指標

音響設計は、クラシック音楽演奏を美しい音で聴くこと、また会議や授業などの音声を明瞭に聞くことを目的として、主に残響の調整を手段として行われる。従って、その評価指標は響きの量や時間特性に関するものが多い。法令レベルの定めはわが国には存在せず、研究者らにより提案された推奨値が現場で利用される。

1）残響時間

①残響時間の定義

広い部屋で手を叩くとしばらく響きが残ることは皆が経験しているであろうが、それが残響である。すなわち、空間で発生した音が壁面で反射を繰り返し、徐々にエネルギーを失っていく過程である。残響が継続する長さは音の聴取に大きく影響するため、それを評価する残響時間という指標が広く用いられている。

残響時間とは、音を継続的に発生させ、室内の音響エネルギー密度が定常状態になったのち音を停止させたとき、その時点から音響エネルギー密度が百万分の 1（＝ 10^{-6}）になるまでの時間と定義される。デシベルで表すと、定常状態の音響エネルギー密度レベルの dB 値から 60dB 減衰（＝ $10\log_{10}10^{-6}$）するまでの時間である。実測では図 6·21 のように、レベル減衰波形に直線をあてて、その傾きから残響時間を求める。

②最適残響時間

残響の調整はコンサートホールだけではなく、教室や会議室をはじめ、声や音のかかわるあらゆる空間において重要な設計項目である。どれくらいの残響時間が望ましいかについて、多くの研究者が研究を積み重ね、目的に応じた最適残響時間を提案してきた。図 6·22 はそれをまとめたものである。音響設計で具体的に残響時間をどう予測するかについては、6·3 の 1 項（4）で解説する。

2）初期・後期残響エネルギーの評価

同じ残響時間でも、初期の短時間に多くのエネルギーが含まれているか、後期残響音エネルギーの比率が高いかによって聞こえ方が異なる。例として、D_{50} は音声の明瞭性と関係する指標、C_{80} は音楽の明瞭性に関係する指標として提案されている。

$$D_{50} = \frac{\int_0^{50\,ms} p^2(t)dt}{\int_0^{\infty} p^2(t)dt} \quad \cdots\cdots\cdots\text{（式 6·18）}$$

$$C_{80} = 10\log_{10}\frac{\int_0^{80\,ms} p^2(t)dt}{\int_{80}^{\infty} p^2(t)dt} \quad \cdots\cdots\text{（式 6·19）}$$

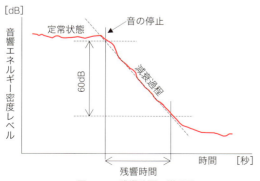

図 6·21　残響時間の説明図

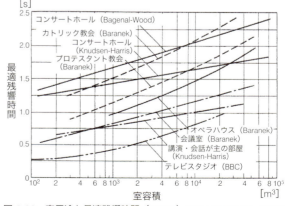

図 6·22　室用途と最適残響時間（500Hz）（出典：日本建築学会『建築学会設計計画パンフレット 4 建築の音環境計画〈新訂版〉』彰国社、1983）

3）音声明瞭度

　言葉がはっきり聞き取れる度合を**音声明瞭度**といい、講演、会議や講義などのための空間において重要な要素である。近年では物理的な測定で明瞭度を予測する手法が提案され、*STI*（Speech Transmission Index）などの指標が規格化されている。この実測にはインパルス応答測定と周波数分析など専門知識が必要である。

6・3　建物・都市とのかかわり

1　音の伝搬

（1）自由音場と拡散音場

　音の伝搬を考えるときに前提とする2種類の理想上の音場がある。**音場**とは「音からみた空間」と考えればよい。磁力からみた空間を磁場というのと同じである。**自由音場**とは、媒質が均一で、反射物が全くなく、音が自由に拡がっていく空間を指す（図6・23）。**拡散音場**とは反射する壁に囲まれており、反射音があらゆる方向に拡散している空間を指し、音に方向性がなく均一なエネルギー分布となる空間である。実際の建築・都市空間はこの両者の間であるので、屋外は自由音場ベース、室内は拡散音場ベースで考えていけば、現実空間によく対応できる。

（2）屋外での伝搬

1）伝搬特性からみた音源の種類

　騒音防止計画のためには、建物をとりまく騒音源からの影響を予測し、有効な低減策を講ずる必要がある。音源はその伝搬特性の違いから、点・線・面という形状的分類を行う。

2）点音源からの距離減衰

　点音源とはある一点から音を放射する音源であり、自由音場では音波は球面状に拡がる。ある程度の面積をもつ音源でも離れれば点音源と見なせる。工事音、設備機械音、航空機音、一台の自動車などは、点音源と見なされる音源の例である。図6・24のように、自由音場において、無指向性、すなわち方向によって出力の偏りのない点音源があり、その音響パワーが W〔W〕であるとき、音源から d〔m〕の距離にある受音点では、半径 d の球面の表面積 $4\pi d^2$〔m²〕に均一に入射するので、受音点における音響インテンシティ I〔W/m²〕は、

$$I = \frac{W}{4\pi d^2} \quad \cdots\cdots\cdots\cdots\text{(式 6・20)}$$

となる。

　反射性の地面のある**半自由音場**では、地面の反射音が加わってインテンシティが2倍、すなわち $I = \dfrac{W}{2\pi d^2}$〔W/m²〕となる。

　これを dB 単位に変換すると、自由音場では、

$$L_1 = 10\log_{10}\frac{I}{I_0} = 10\log_{10}\frac{W}{4\pi d^2 I_0} \quad \cdots\cdots\text{(式 6・21)}$$

ここで $I_0 = W_0 = 10^{-12}$ であることから、

$$L_1 = 10\log_{10}\left(\frac{W}{W_0} \times \frac{1}{4\pi} \times \frac{1}{d^2}\right)$$

$$\fallingdotseq L_W - 11 - 20\log_{10} d \quad \cdots\cdots\cdots\text{(式 6・22)}$$

と表せる。半自由音場では

$$L_1 = 10\log_{10}\left(\frac{W}{W_0} \times \frac{1}{2\pi} \times \frac{1}{d^2}\right)$$

$$\fallingdotseq L_W - 8 - 20\log_{10} d \quad \cdots\cdots\cdots\text{(式 6・23)}$$

となる。点音源からの距離が2倍になると、インテンシティは $1/2^2 = 1/4$ となり、$10\log 10(1/4) \fallingdotseq -6$ なので、騒音は 6dB 減衰することになる。

3）線音源からの距離減衰

　線音源とは、音源が線上の軌道を移動するときに仮定される音源形状である。長編成の列車や交通量の多い道路は線音源と見なせる。また、短い列車や少ない

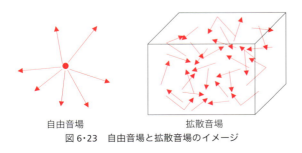

自由音場　　　　　　　拡散音場
図 6・23　自由音場と拡散音場のイメージ

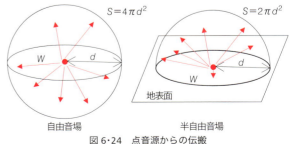

$S = 4\pi d^2$　　　　　　　　$S = 2\pi d^2$

自由音場　　　　　　　半自由音場
図 6・24　点音源からの伝搬

交通流でも測定時間全体の平均値などを考えるときは線音源と見なすことができる。図6・25のように、自由音場において線音源から発した音波は線音源から円筒状に拡がる。音源の強さは単位長さあたりの音響パワー W [W/m] で表され、垂直方向に d [m] 離れた受音点においては、円筒の単位長さ（1m）の表面積 $2\pi d$ [m²] に均一に入射するので、受音点における音響インテンシティ I [W/m²] は

$$I = \frac{W}{2\pi d} \quad \text{……………………………(式6・24)}$$

となる。

これを dB 単位に変換すると、

$$L_1 = 10 \log_{10}\frac{I}{I_0} = 10 \log_{10}\left(\frac{W}{W_0} \times \frac{1}{2\pi} \times \frac{1}{d}\right)$$
$$\fallingdotseq L_W - 8 - 10\log_{10} d$$
$$\text{…………………………(式6・24)}$$

と表せる。

線音源からの距離が2倍になると、インテンシティは 1/2、すなわち騒音は 3dB 減衰することになる。したがって距離減衰は点音源よりも小さく、音源から離れてもなかなか減衰しない。

4）面音源からの距離減衰

大工場の壁面のように面全体が音波を発している音源を**面音源**という。面音源からの音波は距離減衰しない。十分に距離が離れれば見かけの面積は小さくなり、線音源や点音源に近い性状を示すようになる。大都市は都市全体に車や鉄道など音源が分布しており、都市全体が面音源の性状を示す。したがって、たとえば都市の高層マンションでは、30階や40階といった高層階でも騒音レベルは低減しない。

5）塀による回折減衰

幹線道路や鉄道など、騒音源に沿って遮音塀を設けることがある。これにより、塀のない単なる距離減衰のみの条件よりも騒音を低減することができる。ただし、音波は回折するため、光のように遮断することはできない。

回折という波動現象の解析は複雑であるが、実用的に図を用いて減衰量を求める手法が提案され、広く用いられている（図6・26）。図は横軸が**フレネル数 N** と呼ばれる、行路差 δ（直接距離と塀を回り込む距離の差）と波長 λ から求める数値であり、縦軸は距離減衰のみの条件と比較して、塀を設置したときにどれだけ減衰するかを示す dB 値である。図から、塀による減衰量は波長が短い高音ほど、また行路差が大きいほど、低減量が大きいことがわかる。

(3)屋内の音場分布

室内の音場は、一般に自由音場と拡散音場の中間的な性質を持っている。これをとらえるときに、完全拡散音場と仮定したり、より詳細に直接音と拡散音に分けた仮定をしたりする。

1)等価吸音面積と平均吸音率

室のある部位の吸音率が α、面積が s の時、$s\alpha$ をその部位の**等価吸音面積**と呼ぶ（単位は m²）。等価吸音面積とは、各部位や家具等の吸音する力を、吸音率1の面が何 m² あるかという数値に換算して表したものといえる。音響設計において、部位によって反射性の面や吸音性の面があり、また椅子や人もある程度音を吸収する。室の総等価吸音面積は、各部位の吸音率 α_i とその面積 s_i の積と、室内にいる人や家具の等価吸音面積 a_j の総和として、下式で表される。

$$A = \sum s_i \alpha_i + \sum a_j \quad \text{…………………(式6・26)}$$

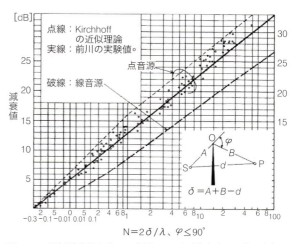

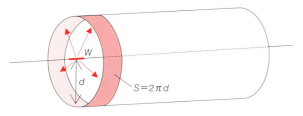

図6・25　線音源からの伝搬

図6・26　回折減衰量を求める前川チャート（自由空間の薄い半無限障壁による減衰値）（出典：前川純一 他著『建築・環境音響学 第3版』共立出版、p.99、2011）

これを室の全表面積 S で除したものが平均吸音率 $\bar{\alpha}$ である。

$$\bar{\alpha} = \frac{A}{S}$$ ……………………………………………………（式 6・27）

2）拡散音場の仮定

室内音場分布に関するもっとも単純な仮定であり、音響パワー W［W］の音源があったときに、毎秒 W のエネルギーが室内に供給され、それが室表面積 S、平均吸音率 $\bar{\alpha}$ の室にランダムな反射を繰り返して吸収されていくというモデルの音場である。室内の音圧分布は音源の位置によらず均一とみなす。形成された拡散音場の音響エネルギー密度を E［J/m^3］とすると、単位面積あたりの壁面にランダム方向から入射する音響エネルギーは毎秒 $cE/4$ であることが知られている（c は音速［m/s］）。すると室内全体では、毎秒 $S\bar{\alpha} \times (cE/4)$ のエネルギーが失われることになる。定常状態では供給されるエネルギーと吸収されるエネルギーが平衡し、次式が成り立つ。

$$W = \frac{cES\bar{\alpha}}{4} \quad \therefore E = \frac{4W}{cS\bar{\alpha}}$$ ………………（式 6・28）

騒音源となる室内の騒音レベルの予測などにおいて完全拡散音場の仮定はよく用いられる。この仮定によれば、$\bar{\alpha}$ を 2 倍にすると、室内の音響エネルギー密度は 1/2、すなわち 3dB 低減することになる。

3）直接音と拡散音に分けたモデル

屋内空間に音源と受音点があるとき、受音点における音波は、音源から一度も壁面に反射しないで到達する成分（直接音）と、一度以上反射して様々な方向から到来する成分（拡散音）に分けてとらえる仮定が用いられる。

音源を音響パワー W［W］の点音源と仮定して、室表面積 S、平均吸音率 $\bar{\alpha}$ の室について直接音と拡散音のエネルギー E_d、E_s を考えてみよう。直接音の伝搬は自由音場と見なし、点音源から球面状に拡がるものとして、距離 d［m］離れた受音点の音の強さをエネルギー密度で表すと下式となる。

$$E_d = \frac{W}{4\pi d^2 c}$$ ……………………………（式 6・29）

拡散音については拡散音場の仮定において、音波が壁に 1 回反射して、吸収されずに残った成分 $(1-\bar{\alpha})W$ が室内に拡散するものととらえる。この結果として拡散音により形成された室内の音響エネルギー密度 E_s

は、定常状態においては、次式が成り立つ。

$$(1-\bar{\alpha})W = \frac{cEsS\bar{\alpha}}{4} \quad \therefore E_s = \frac{4(1-\bar{\alpha})W}{cS\bar{\alpha}}$$ …（式 6・30）

こうして得られた直接音と拡散音により、受音点での音響エネルギー密度 E は下式で表される。

$$E = \frac{W}{c}\left(\frac{1}{4\pi d^2} + \frac{4(1-\bar{\alpha})}{S\bar{\alpha}}\right)$$ ………………（式 6・31）

（4）残響予測式

クラシック音楽のコンサートホールでは、一般に電気的な拡声装置は用いられず、生の楽器の音は空間の響きによって補強され、美しい響きを伴って聴衆に届くように音響設計がなされる。音響設計の基本となるのが残響時間の予測式である。

室内の残響時間を予測する式は 100 年以上前から提案されてきている。Sabine（セービン）が 1890 年代に実測を通して最初に提案した式は Sabine の式として知られ、現在でも用いられることがある。

$$T = \frac{KV}{S\bar{\alpha}}$$ ……………………………………………（式 6・32）

T：残響時間［秒］
V：室容積［m^3］
S：室表面積［m^2］
α：平均吸音率

K は気温で決まる定数であり、常温で 0.16 程度である。Sabine の式よりも精度よい予測式として多用されるのがその約 30 年後に提案された Eyring（アイリング）の式である。

$$T = \frac{KV}{-S\log_e(1-\bar{\alpha})}$$ ……………………（式 6・33）

Sabine の式は平均吸音率 $\bar{\alpha}$ が大きい、すなわち、あまり響かない室では誤差が大きくなる欠点がある。実際、無響室のように $\bar{\alpha}$ が 1 に近い室は残響時間がほぼ 0 秒であるが、Sabine の式は 0 秒にならない（Eyring の式については各自確認すること）。

これら残響の予測式から、残響時間は室容積に比例し、室表面積に反比例することが読み取れる。同じ形状の室の場合、一辺の長さを 2 倍にすると室表面積は $2^2 = 4$ 倍、室容積は $2^3 = 8$ 倍となるように、残響時間は室容積が大きくなると一般に長くなる。体育館など大空間の残響が長いのはこの理由による。

2 騒音防止計画

環境工学に関して居住前の重視事項でよくいわれる項目は「日当たり風通し」、あるいは近年では「省エネ」ではなかろうか？　しかし居住後の苦情の上位にいつも「騒音」がある。騒音から居住者を護るのは建築の重要な役割の一つである。

(1)対策の考え方

騒音防止計画において、音源対策、すなわち騒音の発生源の除去が根本的である。まずは対策を講じるべき騒音源を特定しておく必要がある。設計段階では、道路や鉄道など屋外の騒音源だけではなく、設備機器や給排水、あるいは集合住宅の上階の足音など、建物内部の騒音源も想定しておく。実際の対策として、静音性の設備機器の選択や、給排水管の防振支持により発生源の音量を低減できる。幹線道路や鉄道など除去できない騒音源については、その近傍を避けるなど敷地選定が対策となる。

音源対策とともに重要なのが配置計画である。たとえば住居では、寝室が最も静穏な環境を必要とするので、道路など屋外騒音源に面した配置を避けたい。居間は寝室よりも静穏さの要求は下がるが、道路に面した居間で窓を開けるとテレビ視聴が邪魔されるなど、季節によって居心地の悪い居間となる。トイレと寝室を隣同士にすると家族がトイレを使用したときに音が漏れやすい。こうした音源対策、配置計画を考慮したのちに、壁や塀での遮音を計画することが、騒音防止計画では有効である（図6・27）。

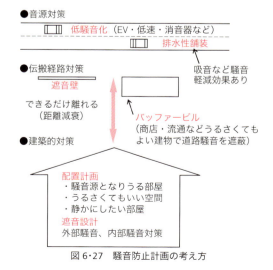

図 6・27　騒音防止計画の考え方

(2)透過損失・総合透過損失

壁などの遮音量について、透過率 τ よりもそれをdB 値に変換した透過損失（R と表記）[dB] が広く用いられ、それは下式で定義される。

$$R = 10 \log_{10} \frac{1}{\tau} \quad \cdots\cdots\cdots\cdots\cdots\cdots\text{(式 6・34)}$$

透過率の逆数をとるのは、透過率は 0 〜 1 の値であることから、逆数をとることで R を正の値にするためである。従って、透過損失の値が大きいほど壁の遮音性が高いことを示す。

外壁は壁や窓、換気口など、遮音性の異なる部位から成るため、その全体としての透過損失を把握する必要がある。これを総合透過損失 $\bar{R}$ [dB] と呼び、各部位の面積を s_i [m^2]、透過率を τ_i として、次式で表される。

$$\bar{R} = 10 \log_{10} \frac{\sum s_i}{\sum \tau_i s_i} \quad \cdots\cdots\cdots\cdots\cdots\text{(式 6・35)}$$

$\tau_i = 10^{-\frac{R_i}{10}}$、$R_i$ は各部位の透過損失

壁に換気口や隙間などの遮音の弱点があると総合透過損失は大きく低下するので注意が必要である。

(3)単層壁の遮音

遮音の基本は壁面（窓・天井・床も含む）による音波の遮断である。その物理的メカニズムを知ることが有効な遮音計画に結びつく。逆に、それがわかっていないと音波の波動的性質によって、思わぬ遮音欠損をわざわざ作ってしまうことがある。

1)音の透過のメカニズム

音波が壁を透過する、という現象はどのようなものか？　隙間から音が抜けるという理解は間違ってはいないが、隙間がなくても音は壁を透過する。そのメカ

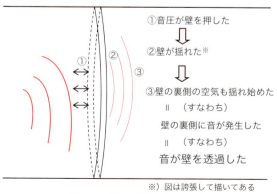

※）図は誇張して描いてある
図 6・28　音の透過のメカニズム

ニズムを図6・28に示す。

本章の冒頭にも示した図であるが、この理解は重要である。まず、壁に入射する音波とは圧力振動であるので、壁を押したり引いたりする。空気が壁を押しても大して揺れはしないが、それでもゼロではない。こうして壁はわずかに振動し、その結果、壁の裏側に接する空気も同様に振動する。その空気の振動はすなわち音波であり、壁の裏側に音波が発生したことになる。これが透過と呼ばれる現象で、音波が波動であることにより生じる。さて、どのような壁は音波をよく遮断する、すなわち揺れにくいのか？

2) 質量則

答えからいえば、揺れにくい壁とは「質量の大きい壁」である。これは簡単に体験できる。身の回りのものを手に持って左右に揺すってみよう。たとえば500mℓと2ℓのペットボトルなどでよい。慣性により重いものを往復運動させるのは大変である。これが壁の遮音にも当てはまり、その理論式は質量則と呼ばれる。

単層壁の音波が垂直に入射したときの透過損失は基本的に下記で表される質量則に従うことが知られている。

$$R_0 = 20 \log_{10}(f \cdot m) - 42.5 \qquad \text{(式6・36)}$$

R_0：垂直入射する音波に対する透過損失［dB］
f：入射音の周波数［Hz］
m：壁の面密度［kg/m²］

面密度とは壁面1m²あたりの質量のことで、同じ厚みの壁ならば密度の大きい材料が、同じ材料ならば厚みが大きい方が面密度は大きい。質量則の式から、面密度が2倍になると透過損失は6dB大きくなることがわかる。実際の音場では入射角が様々であり、以下の

R_F［dB］が実際の透過損失に近いとされている。これを音場入射の質量則と呼ぶ。

$$R_F = R_0 - 5 \qquad \text{(式6・37)}$$

3) 遮音欠損の現象① コインシデンス効果

遮音に関して、質量則よりも遮音性能が劣ることがあり、その度合いが大きいものを遮音欠損と呼ぶ。隙間などの施工精度の欠陥による遮音欠損は論外であるが、隙間がなくても遮音性能が大きく低下する現象として主に2種類が知られている。その一つがコインシデンス効果（coincidence effect）と呼ばれる現象であり、そのメカニズムを図6・29に示す。壁に音波が入射角θで斜めに入射すると、音波の波長に応じて壁面に正と負の圧力がかかる。これにより、壁にわずかではあるが曲げ波が発生する。生じた曲げ波の進行速度をc_B［m/s］とする。また壁に入射する音波の波面は$c/\sin\theta$の速度で壁面上を移動する。ここでもしc_Bと$c/\sin\theta$が一致（coincide）すると、壁面で押されている点は押されたまま移動し、引っ張られている点も引っ張られたまま移動するので、曲げ波の変形は増幅していく。壁の変形の増幅はすなわち「壁が大きく振動する」ことであり、音の透過量が増大することを意味する。音速は周波数によらず一定であるがc_Bは周波数の平方根に比例して増加するため、ある特定の周波数と入射角で両者の一致が起こる。これがコインシデンス効果である。

コインシデンス効果を起こす周波数は材料の物性と厚みで決まり、ガラスやボード材など遮音上の弱点となる部材については中〜高音域で起こりやすい。材料の性質そのものに由来する現象であるので、解消する

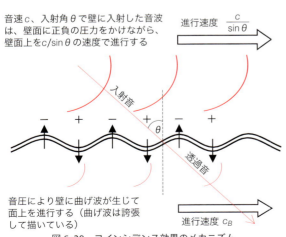

音速c、入射角θで壁に入射した音波は、壁面に正負の圧力をかけながら、壁面上を$c/\sin\theta$の速度で進行する

進行速度 $\dfrac{c}{\sin\theta}$

入射音

θ

透過音

進行速度 c_B

音圧により壁に曲げ波が生じて面上を進行する（曲げ波は誇張して描いている）

図6・29 コインシデンス効果のメカニズム

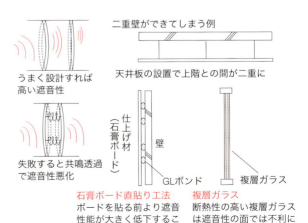

二重壁ができてしまう例

うまく設計すれば高い遮音性

天井板の設置で上階との間が二重に

失敗すると共鳴透過で遮音性悪化

仕上げ材（石膏ボード）

壁

GLボンド

複層ガラス

石膏ボード直貼り工法
ボードを貼る前より遮音性能が大きく低下することで知られる

複層ガラス
断熱性の高い複層ガラスは遮音性の面では不利になることが多い

図6・30 共鳴透過を起こしやすい二重構造

ことはできないが、たとえばガラス板2枚を樹脂を挟んで接着し、曲げ波の低減効果をねらう**合わせガラス**など、遮音に工夫した製品がある。

4）遮音欠損の現象②　二重壁の共鳴透過

もう一つのよく知られた遮音欠損は、**二重壁の共鳴透過**である。これは、二重壁の間の空気層が空気バネとして機能するときに、壁の質量とバネの共振系が構成され、特定の周波数で共振するというメカニズムである。共振という現象は、壁が特定の周波数の音波に対して大きく振動することであり、すなわち音の透過が起こるということである。**共振周波数**は、2枚の壁それぞれの面密度（kg/m²）と間の空気層厚さ（m）で下式のように求められる。

$$f_r = \frac{1}{2\pi}\sqrt{\frac{\rho\,c^2}{d}\left(\frac{m_1+m_2}{m_1 \cdot m_2}\right)} \fallingdotseq 60\sqrt{\frac{m_1+m_2}{d \cdot m_1 \cdot m_2}}$$

$$\cdots\cdots\cdots\cdots（式 6\cdot38）$$

f_r：共振周波数
ρ：空気密度 [kg/m³]
c：音速 [m/s]
d：空気層厚さ [m]
$m_{1,2}$：2枚の壁の面密度 [kg/m²]

二重壁は遮音の手法として重要であるが、共鳴透過により逆効果になる場合がある。また、複層ガラス窓や石膏ボード直貼り工法のように、断熱や見栄えなど他の目的のために二重の構造ができてしまい、遮音欠損を生じることもある（図6・30）。図6・31は複層ガラス窓の例であるが、単板ガラスと比較して、共鳴透過に

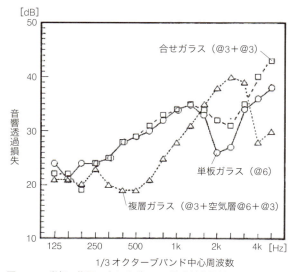

図6・31　単板、複層、合わせガラスの遮音性能比較（出典：中川清 他著『建築と音のトラブル』学芸出版社、p.82）

より250〜1kHzの範囲で最大10dB程度の遮音欠損が生じている。この範囲は道路交通騒音をはじめ、日常の騒音に典型的な周波数なので、遮音上大きな問題といえる。なお、2〜4kHzで生じている遮音性能の落ち込みはコインシデンス効果によるものであり、合わせガラスではこれが軽減されている。

5）二重壁による遮音

二重壁は効果的な遮音のための構法として用いることがある。たとえば図6・32のように透過損失が20dBの単層壁があったとして、厚みを2倍にすると質量則から遮音量は6dB増加して26dBとなる。一方で、同じ壁を2枚の壁として用いると、それぞれの壁で20dB、合計40dBの減衰が期待できる。

ところが二重壁には共鳴透過など特有の性質があるため、遮音計画のためには正しい知識が建築設計者に求められる。

遮音に効果的な二重壁構造をつくるために、まず共鳴透過に対しては、共振周波数を、理想的には可聴音最低限の20Hz以下など、問題となる騒音よりも十分に低くすればよい。これは式6・38を念頭に、空気層を大きく取るか、面密度を上げることで可能であり、ガラス窓の場合、高度な遮音のためには空気層を数cm〜10cm程度設けた二重窓が採用されることがある。

もうひとつの注意点は**サウンドブリッジ**（**音橋**）である。間柱の両側に壁材を施工すると、片方が振動したときに柱を介してもう一方に伝わる。間柱が音の伝わる橋としてはたらくことから、これをサウンドブリッジと呼ぶ。この防止のためには、二枚を別々の柱に施工する**独立間柱**の構法が有効である。主にこれら2点に留意することにより、効果的な二重壁の遮音構造

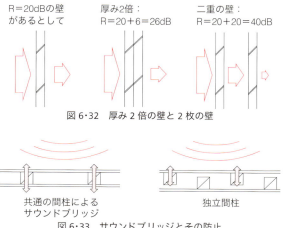

R＝20dBの壁　　厚み2倍：　　　　二重の壁：
があるとして　　R＝20＋6＝26dB　　R＝20＋20＝40dB

図6・32　厚み2倍の壁と2枚の壁

共通の間柱による　　　　　独立間柱
サウンドブリッジ

図6・33　サウンドブリッジとその防止

を設計することが可能となる（図6・33）。

3 固体音の防止計画

建築における騒音に、固体伝搬音、あるいは単に固体音と呼ばれるものがある。これに対して前項で解説したのは空気伝搬音とよばれる。両者の違いは、前項(3)「単層壁の遮音」の項で説明したように、空気の圧力波である音波が壁を振動させることにより音が透過するのに対し、固体音は構造躯体を直接加振したものが、隣接空間に音波となって放射するものとして説明される（図6・34）。

固体音への対策は、振動を躯体に伝えないための方策（いわゆる防振対策）と、とくに重量床衝撃音には衝撃が加わっても揺れにくい床構造とする方策が基本である。建築空間で問題となる主な固体音とそれぞれの対策の要点を以下に示す。

1）軽量床衝撃音

スプーンや積み木など小物の落下、コツコツという靴音など。マットやカーペット、畳など柔らかい床仕上げにより低減できる。木質フローリングなど固い床を採用する場合は乾式二重床（緩衝材を挟んだ二重床）で低減を図ることができるが、その場合、重量床衝撃音には効果が小さく、空気音における二重壁の共鳴透過のように逆に悪化することもある。

2）重量床衝撃音

子どもの跳びはねなど、重量物の落下を伴うもの。低減には、**質量が大きく**、**剛性の高い（曲がりにくい）床構造**が必要であり、設計の時点で十分に考慮することが不可欠である。市販の防振マットは軽量床衝撃音を低減できるが、重量床衝撃音にはほとんど効果がないと考えてよい。

3）給排水音

給排水管内を流れる流体による振動が躯体に伝わる

もの。配管の躯体への取り付けに**防振支持具**を用いることで低減できる。

4）設備機械音

空調やボイラーなどの設備機器、冷蔵庫や洗濯機などの家電機器の振動が躯体に伝わるもの。比較的軽量なものは**防振ゴム**等により振動の躯体への伝搬を低減できるが、重い設備機械などは、十分な質量をもった**浮き床構造**を設けてそこに設置するなど、十分な防振設計が必要である。

4 遮音・床衝撃音の評価

建築の音響的性能として、室間の遮音性能が評価される。評価の規格はJISに規定されており、住宅などの性能表示に用いられる。評価指標は近年、国際基準に合わせた基準曲線による数値指標が広まりつつあるが、ここでは日本建築学会が提示するD値、L値による等級づけを説明する（JIS規格ではD_r値、L_r値と表記する）。

(1)室間音圧レベル差(D値)

隣接する2室間の空気音の遮音性能を評価するもので、1室を音源室として、音源室での音圧レベルと受音室での音圧レベルを実測し、その差をオクターブバンドごとに図6・35の等級曲線にプロットする。差が大きいほど、すなわちグラフの上方ほど性能がよいことを示す。プロットしたグラフについて、オクターブバンドレベルすべてが上回るD曲線のうちもっとも高い値が等級となる。ただし、騒音計の規格上の誤差を考慮して、2dBまでは超過を許容することが定められている。図の例はD-45である（4kHzと8kHz帯域でD-45を下回るが、2dB以内のため許容される）。

(2)床衝撃音遮断性能(L値)

上階の床が加振されたときの下階での騒音の大きさを評価するものである。標準衝撃源を上階で落下させ、下階でオクターブバンドレベルを実測し、図6・36の等級曲線にプロットする。等級値の求め方はD値と同様であるが、下階の音が小さい方ほど、すなわちグラフの下方ほど性能がよいことを示すため、読み取り方がDとは逆になる。図の例はL-65と評価される。

日本建築学会が推奨する等級を表6・3と表6・4に示す。空気音も床衝撃音も設計時に十分な配慮が必要で

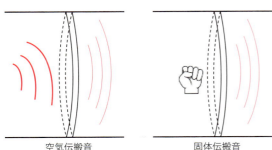

空気伝搬音　　　　　　固体伝搬音
図6・34　空気音と固体音の隣室への伝搬の違い

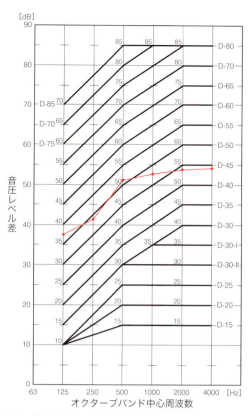

図 6・35　室間音圧レベル差の等級曲線 （出典：日本建築学会編『建築物の遮音性能基準と設計指針 第二版』技報堂）

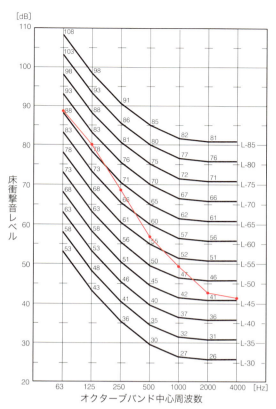

図 6・36　床衝撃音の等級曲線 （出典：日本建築学会編『建築物の遮音性能基準と設計指針 第二版』技報堂）

表 6・3　室間平均音圧レベル差の等級 （出典：日本建築学会編『建築物の遮音性能基準と設計指針 第二版』技報堂）

室用途	部位	適用等級			
		特級	1級	2級	3級
集合住宅居室	隣戸間界壁・界床	D-55	D-50	D-45	D-40
ホテル客室	客室間界壁・界床	D-55	D-50	D-45	D-40
事務所（業務上プライバシーを要求される室）	室間仕切壁テナント間界壁	D-50	D-45	D-40	D-35
普通教室	室間仕切壁	D-45	D-40	D-35	D-30
病室（個室）	室間仕切壁	D-50	D-45	D-40	D-35

表 6・4　床衝撃音レベルの等級 （出典：日本建築学会編『建築物の遮音性能基準と設計指針 第二版』技報堂）

室用途	部位	衝撃源	適用等級			
			特級	1級	2級	3級
集合住宅居室	隣戸間界床	重量	L-45	L-50	L-55	L-60※
		軽量	L-40	L-45	L-55	L-60
ホテル客室	客室間界床	重量	L-45	L-50	L-55	L-60
		軽量	L-40	L-45	L-50	L-55
普通教室	室間仕切壁	重量	L-50	L-55	L-60	L-65
		軽量				

※木造、軽量鉄骨造では L-65

あり、竣工後の改善は難しいと考えておくべきである。

5　音響設計計画

(1) 音響設計の 5 つの目標

　建築音響学で騒音防止計画とならぶもう一つの柱が**音響設計計画**である。じゃまな音を十分に低減させたのち、音楽演奏における美しい響き、あるいは講演が聞き取りやすい明瞭性など、聴きたい音をよい音で聴くことが音響設計計画の目指すところであり、以下の5つの目標にまとめられる。

　① じゃまな音がないこと

　② 音楽演奏にふさわしい響き

　③ 言葉が明瞭に聞こえる

　④ 均一な音圧分布

　⑤ 音響障害がない

　このうち①はこれまで解説した騒音防止計画を指す。②と③は建築音響的には残響の調整にかかわることであり、用途に応じていずれかを重視した目標設定を行う。なお③については拡声など電気音響設備も含まれる。④は主に室の形状によるものであり、⑤は音波の波動的性質や室形状等の空間特性により特異な現象が生じて、音的に支障をきたすことへの配慮である。

(2)吸音

音響設計計画のうち特に残響調整に深くかかわるキーワードが吸音である。具体的には**吸音材**や**吸音構造**と呼ばれる内装を室に施すことにより、部屋の響きを最適なものにすることを目指す。このためにはまず吸音のメカニズムを理解する必要がある。

音が吸収されるとは物理的には音のエネルギーが熱エネルギーに変わる現象である。ここで、吸音率が、吸収と透過の和を表すものであるのに対し、吸音材という材は音をよく吸収するものを指すことには、用語の使い方の点で注意をすること。

吸音には3つのメカニズムがある。それは、多孔質型、共鳴器型、板（膜）振動型である。それぞれ周波数特性に特徴があり、多孔質型は中～高音域をよく吸収し、共鳴器型は共鳴周波数を調節することが可能、また板振動型は主に低音を吸収する（図6·37）。

1)多孔質型吸音材

多孔質型は、綿のような細い繊維の集合体や、スポンジのような連続した細かい気泡をもつ素材による吸音メカニズムであり、吸音材としてもっともよく用いられるタイプである。音波が多孔質に入射すると、音のエネルギーは多孔質の微細な壁面や狭い空隙における摩擦力や粘性抵抗により熱に変化し、音の吸収が起こる。講義室や会議室の天井には、岩綿吸音板という繊維ボードが多孔質吸音材として広く使われている。

壁表面では空気粒子の振動が固定端反射をするため粒子が動かず、そこに多孔質を施工しても効果が小さい。壁に音波が垂直に入射すると、入射波と反射波の重ね合わせによる定在波が生じるが（図6·38）、その定在波の振幅が最大となる点（定在波の腹）は、壁表面から1/4波長離れたところにある。1000Hzの音波の波長の1/4は8cm程度であるので、吸音材を壁から数センチ浮かせることで大きな効果が期待できる。一方で、100Hzの音波の波長の1/4は約85cmであり、ここまで壁から浮かせると部屋が狭くなってしまうので現実的ではない。このように、一般に多孔質吸音材は、低音よりも高音を得意としている。

2)共鳴器型の吸音構造

共鳴器型とは、19世紀の科学者ヘルムホルツが理論化した、壺のように口がすぼまった空洞をもつ器の吸音メカニズムである。建築的には、音楽室などでよく見る、孔がたくさん開いた板を用いた構造がそれであり、多孔質型に次いで広く採用される。

ヘルムホルツの共鳴器は、図6·39のように、壺のネック（首）の部分の空気塊が質量、壺の中の空気がバネの役割をする共振系である。ここに共振周波数の音波が入射すると、その周波数の音波のエネルギーが共振系に取り込まれ、ネックの空気塊が激しく振動し、そこでの摩擦により吸音が生じる。

共鳴器型吸音を利用する具体的な建材として、孔あき板がある。音楽室などでよくみられる数ミリの孔が多数開けられた板である。図のように板の背後に空気層を設けて孔あき板を施工すると、孔一つあたり空洞Vを持ったヘルムホルツ共鳴器が多数並んだ形となり、

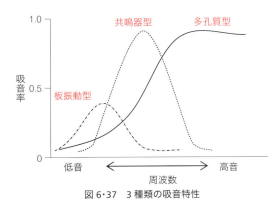

図 6·37　3種類の吸音特性

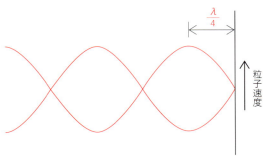

図 6·38　壁付近の定在波

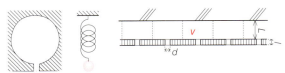

図 6·39　ヘルムホルツ共鳴器と有孔板構造

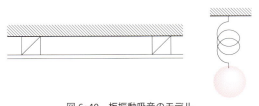

図 6·40　板振動吸音のモデル

共振周波数をピークとする吸音が起こる。孔あき板を用いた吸音構造の共振周波数は次式で表される。

$$f_0 = \frac{c}{2\pi}\sqrt{\frac{P}{L(l+0.8d)}} \quad \cdots\cdots\cdots\cdots\text{(式6·39)}$$

P：開口率 ［－］
f_0：共鳴周波数 ［Hz］
L：空気層 ［m］
l：板厚 ［m］
d：孔径 ［m］
c：音速 ［m/s］

　孔径、孔ピッチ（間隔）、背後空気層を調整することで、多孔質型の苦手とする低～中音域を吸収させることができ、音楽室をはじめ音響面が重視される建築には欠かせない。また、一般に素材が柔らかく脆い多孔質型とは違い、孔あき板は合板などで製作されるため側壁にも使用しやすい。孔あき板の裏側にグラスウールなどの多孔質を施工するのが一般的で、ネックの部分の大きな振動が効率よく熱に変わるため、吸音率が大きく増加し、吸音する周波数の幅も広くなる。逆に、知識不足の設計者により背後空気層なしで孔あき板が施工される例も散見されるが、孔あき板そのものを吸音材と誤解したものと思われ、当然、吸音効果はない。

3）板（膜）振動型の吸音構造

　板や膜（以降、板とのみ表記する）を背後空気層を設けて施工すると、板が質量、背後空気層がバネとして機能する共振系が形成される（図6·40）。ヘルムホルツの共鳴器と比べて質量が大きく、したがってこの共振系は一般に低音部に固有周波数を持ち、その周波数をピークとする吸音が起こる。

　板振動型の吸音を積極的に利用する事例はそれほど多くない。逆に、たとえば木質ボードや石膏ボードを表面材として施工するときは背後に空気層ができて、設計者が意識することなく板振動型の吸音構造が形成されることが多い。一般の室では低音が吸収されることは好ましいが、音楽の演奏空間では、バランスの悪い響きになってしまうことがある。学校の音楽室など一般の建築士が設計する空間では注意が必要である。

（3）建築空間における音響障害

　音の波動的性質や室形状により、音場の不均一や特異な現象が生じて、音響障害、すなわち音の面で使い勝手の悪い空間となることがある。

1）エコー（反響、ロングパスエコー）

　音源からの直接音と分離して聞こえる反射音をエコー（反響）と呼ぶ。山で聞こえる山びこと同じ原理で、直接音と反射音との時間差が50ミリ秒程度以上の時に人には二重に聞こえるといわれる。50ミリ秒で音波は約17m進むため、直接音と反射音の行路差がそれ以上になるような、比較的大きな空間において生じやすい（図6·41）。エコーの原因となる反射面を吸音性とするなどで対応可能である。

2）フラッターエコー（鳴き竜）

　正対する反射面が一組だけ存在する空間で音を発生させると、面を往復して多重反射した音波が干渉し合い、プルプル、ピチピチといった独特な響きが付加する。日光東照宮の薬師堂の名物であり、天井と床の往復反射により生じ、天井に描かれた竜が鳴いているとして鳴き竜と称されている。ロングパスエコーとは異なり、会議室や教室からホールまで、幅広いサイズの空間で発生する。その独特な響きと、会話の明瞭性の低下の点から、音響設計的には避けるべきである。図6·42のように、そもそも反射面で囲まれていればフラッターエコーは聞こえにくく、また壁面に拡散体を設けたり、少し傾けたりすることも有効な対策となる。

3）ささやきの回廊

　円形または円弧形の反射面があるとき、反射音は面の近傍に集中する。こうした壁面を持つ空間では、壁

図6·41　エコーが生じる行路差

d_1　d_2　$d_2-d_1 > 17\text{m}$

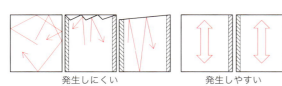

発生しにくい　　発生しやすい

⫽：吸音面

図6·42　フラッターエコーと空間特性

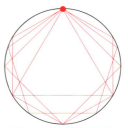

図6·43　円形上の反射

近傍で発した音があまり減衰せずに壁沿いに伝搬する。ロンドンのセントポール大聖堂ドーム上部の円形回廊が「ささやきの回廊」（Whispering Gallery）と呼ばれる音の名所であり、壁沿いでのささやき声が回廊の反対側まではっきり聞こえる現象が聞かれる（ただし観光客が多く、その場合は人体で拡散されてよく聞こえなくなる）。図6・43は円に内接する正三〜六角形を描いたものである。図は円の上部から30度（正六角形）から60度（正三角形）の角度で音が放射された時の軌跡と見なせるが、全体として反射音が周壁近傍に集まっていることがわかる。

4）音の焦点

室内に凹面を設けると、凹面鏡のように音が集中する**音の焦点**が生じる（図6・44）。その位置でだけ音が大きく聞こえる現象である。ささやきの回廊現象や音の焦点のように、ドームやヴォールトのような凹面の天井や、室内側が凹面となる円形や円弧形の壁面を建築空間に用いると、よほど注意して吸音や拡散などの音響設計を行わない限り、不均一な音場による音響障害が生じやすい。ドーム型天井をもつ講堂など、意匠面を重点として設計される例が実際にあるが、音楽やスピーチのための空間においては安易に用いるべき形状ではない。

5）室の固有モードとブーミング

室は天井や壁面により閉じた空間であり、その寸法

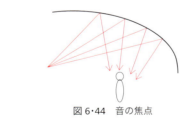

図6・44　音の焦点

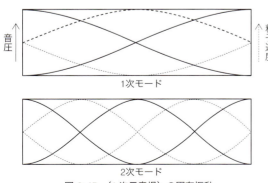

1次モード

2次モード

図6・45　（1次元音場）の固有振動

と音波の波長の一致関係により共鳴が起こる。これを**室の固有モード**と呼ぶ。単純な共鳴モデルとして、図6・45のような管内の共鳴を考える。これは伝搬方向が1方向なので**1次元音場**と呼ばれる。管の両端が閉じている場合、管長が音波の波長の1/2の整数倍に一致するとき定在波が生じる。空気粒子の動きからみると、両端の壁面上では粒子は動けないので固定端となり、1次の定在波（**1次モード**）では、図の実線のように管端が定在波の節、中央が腹となる。音圧に関しては、両端の壁は自由端と見なせるので、図の点線のように管端が腹、中央が節となる。実際の室は3次元空間であるため、定在波は室の縦・横・高さの三軸方向に現れ、さらに、縦横など2次元、および3次元の定在波も生じる。

閉じた直方体の室の3辺の長さをl_x、l_y、l_z [m] とすると、固有モードの周波数f_n [Hz] は以下の式で表される。

$$f_n = \frac{c}{2}\sqrt{\left(\frac{n_x}{l_x}\right)^2 + \left(\frac{n_y}{l_y}\right)^2 + \left(\frac{n_z}{l_z}\right)^2} \quad \cdots\cdots\cdots（式6・40）$$

ただし、n_x、n_y、n_z は0, 1, 2…の整数、c は音速である。たとえば（n_x, n_y, n_z）に（1, 0, 0）を代入したときのf_nは、x方向の1次モードの周波数を表す。

ここで、直方体の室の寸法を1：1：1や1：2：1など単純な比にすると、**ブーミング**という、特定の周波数で「部屋が鳴る」現象が起こりやすい。たとえばl_x、l_y、l_zが1：1：1の場合、f_nがx、y、zの3方向について同じ周波数で固有振動が生じる。これに対してl_x、l_y、l_zを3：5：2といった公倍数をつくりにくい比で構成すると、各軸に対して異なったf_nの固有振動が生じる。f_nがばらつく方が音響的に望ましく、特定のf_nに集中するときに（これを**縮退**と呼ぶ）、その周波数が強調されるような音場となり、ブーミング現象に結びつく。ブーミングはオーディオルームや会議室などでは大きな障害となり、比較的小さい室においてとくに注意を要する。

6）音の仕掛け

以上で解説した音の特異現象は、スピーチや音楽のための空間では音響障害となりうるが、鳴き竜やささやきの回廊のように、音の名所や音を楽しむ仕掛けともなる。空間の用途に応じて、音響的な工夫を試みるのもおもしろい。

演習問題

問1 次の記述のうち最も不適当なものはどれか。

1. 音速は時速 1000km よりも速い。
2. 523 Hz（ピアノの中央のドの音）よりも 2 オクターブ高い音の周波数は 2000Hz よりも高い。
3. 同じ周波数の音ならば、気温が高いほど波長は短い。
4. 一般に、1000Hz で音圧レベル 60dB の純音の大きさは、125Hz で 70dB の純音よりも大きい。

問2 次の記述のうち最も不適当なものはどれか。

1. 音響パワーが 2 倍になると音響パワーレベルは 6dB 増加する。
2. 音圧が 2 倍になると音圧レベルは 6dB 増加する。
3. 点音源からの距離が 2 倍になると騒音レベルは 6dB 低減する。
4. 単層壁の厚みを 2 倍にすると透過損失は 6dB 上昇する。

問3 室内の騒音をオクターブバンドごとに測定したところ下表の値であった。このとき以下の問に答えなさい。

中心周波数 [Hz]	63	125	250	500	1k	2k	4k
音圧レベル [dB]	70	58	54	46	46	38	37

(1) N 曲線を用いて N 数を求めなさい。
(2) 各オクターブバンドのレベルを A 特性で重みづけし、以下のような表を作成しなさい。

中心周波数 [Hz]	63	125	250	500	1k	2k	4k
音圧レベル [dB]							

(3) この結果を合成して騒音レベルを求めなさい。

問4 遮音に関して以下の問に答えなさい。

(1) 透過率が 0.01 のとき、透過損失は何 dB か。
(2) 透過損失 50dB の 10m^2 の単層壁に 0.1m^2 の換気口（透過率 1）を開けたとき、この壁の総合透過損失を求めなさい。
(3) 以下の表は隣接する 2 室の室間音圧レベル差の測定結果である。これを遮音等級曲線にあてはめて D 値を求めなさい。

周波数 [Hz]	125	250	500	1k	2k	4k
音圧レベル差 [dB]	28	39	44	52	54	56

問5 下図のように騒音を発する点音源 S と受音点 A があるとき、騒音の伝搬について次の問に答えなさい。

(1) S の音響パワーレベルが 100dB のとき、A 点の音圧レベルは何 dB となるか。
(2) B の位置に高さ 3m の遮音塀を設置すると受音点の音圧レベルはどれだけ低減するか。ただし、点音源の周波数を 500Hz とする。

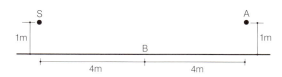

問6 次の記述のうち最も適当なものはどれか。

1. 室容積 400m^3 の講義室の最適残響時間は 0.7 秒程度である。
2. 同じ材質の室の場合、天井の高さを 2 倍にすると残響時間は理論上 2 倍になる。
3. 吸音率とは、壁面に入射した音波のエネルギーに対する、壁内に吸収されたエネルギーの比である。
4. 多孔質型吸音材は低音域の音をよく吸収する。

問1〈正解3〉

1. 音速を 340m/s として、3600 倍すると 1224km/h である。

2. 周波数が 2 オクターブ上がる 4 倍になることであり、523 × 4 = 2092 Hz である。

3. 気温が高いと音速は上がるので、式 6・2 より波長は長くなる。

4. 図 6・16 より、125Hz で 70dB の純音のラウドネスレベルは 60phon の等ラウドネス曲線より下にあることがわかる。

問2〈正解1〉

音響パワーが 2 倍になると定義より音響パワーレベルは 3dB 増加する。音圧は二乗値の対数変換なので、2 倍になると 6dB 増加する。3 と 4 は正しい。

問3

(1) 正解 N-50。以下のように図 6・20 にプロットして求める。1000Hz 帯域で N-45 を 4dB 超過しているため 1 ランク下がる。

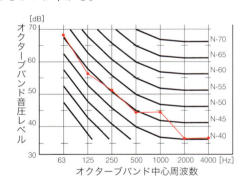

(2) 図 6・17 の重みをつけると以下の値になる。

中心周波数 [Hz]	63	125	250	500	1k	2k	4k
音圧レベル [dB]	44	42	45	49	46	39	38

(3) 正解：53 dB。式 6・10 により計算する。

$$10 \log_{10}\left(10^{\frac{44}{10}} + 10^{\frac{42}{10}} + 10^{\frac{45}{10}} + \cdots + 10^{\frac{38}{10}}\right) = 53.1$$

問4

(1) 正解：20dB。定義式 6・31 より。

(2) 正解：30dB。式 6・32 より 50dB の透過損失を持つ壁の透過率は $10^{-\frac{50}{10}} = 0.00001$ なので、総合透過損失は次式で計算できる。

$$10 \log_{10}\left(\frac{10}{0.00001 \times 9.99 + 1 \times 0.01}\right) = 29.95$$

このように、わずかな開口で遮音性能は大きく低下する。

(3) 正解：D-45。図 6・35 にプロットして求める。125、500、2000 Hz 帯域で D-45 を下回るが、2dB 以内なので許容される。

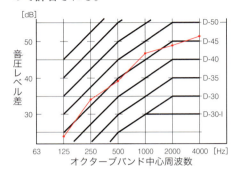

問5

(1) 正解：74dB。半自由音場なので式 6・21 より 100 − 8 − 18 = 74dB となる。

(2) 正解：17dB。音速を 340m/s として、500Hz の音波の波長は 0.68m、高さの 3m 塀による行路差は $2 \times \sqrt{4^2 + 2^2} - 8 = 0.94$m となる。図 6・26 において、N = 0.94 × 2 ÷ 0.68 = 2.76 となり、図から減衰値が約 17dB と読み取れる。

問6〈正解1〉

1. 正しい。図 6・22 から読み取る。

2. 天井の高さを 2 倍にすると室容積は 2 倍になるが、室表面積も増加するため予測式 6・29 または 6・30 により残響時間は 2 倍よりも短い。

3. 吸音率とは、壁面に入射した音波のエネルギーに対する{壁内に吸収されたエネルギー＋壁を透過するエネルギー}の比である（式 6・4）。

4. 多孔質型吸音材は高音域の音をよく吸収する（図 6・37）。

索引

著者略歴

【編著者】

松原 斎樹（まつばら なおき）1章(1・1、1・2、1・4・1、1・4・2、1・5、1・6)担当
京都府立大学大学院生命環境科学研究科特任教授
1977年京都大学工学部建築学科卒業。同大学院工学研究科修士課程を経て1983年同博士後期課程研究指導認定退学。三重大学助手、京都府立大学生活科学部助教授、同大学院生命環境科学研究科教授（2020年定年退職）等を経て現職。著書に『心理と環境デザイン』（共著、技報堂）、『からだと温度の事典』（共著、朝倉書店）など。

長野 和雄（ながの かずお）　　　　1章(1・4・3)、2章担当
京都府立大学大学院生命環境科学研究科教授
京都府立大学住居学科卒業。名古屋工業大学大学院社会開発工学専攻博士後期課程修了。九州芸術工科大学助手、島根大学助教授、奈良女子大学大学院准教授等を経て現職。

【著者】

芳村 惠司（よしむら けいじ）　　　　1章(1・3)担当
元竹中工務店 蓄熱本部副部長
1968年名古屋工業大学大学院修士課程修了。博士（工学）。サンウェル・ジャパン取締役大阪事務所長、関西ESCO協会理事・事務局長、近畿経済産業局委員会委員長、武庫川女子大学・精華大学の非常勤講師等を務める。一級建築士、設備設計一級建築士、建築設備士。著書に『図説建築設備』『産業と電気』『建築設備のリニューアル　計画と設計』。2024年1月逝去。

宮本 雅子（みやもと まさこ）　　　　3章担当
元滋賀県立大学人間文化学部生活デザイン学科教授
奈良女子大学家政学部住居学科卒業。滋賀県立短期大学助手・講師。1996年滋賀県立大学人間文化学部講師。助教授、准教授を経て教授。共著に『建築の色彩設計法』『健康と住まい』他。

宇野 朋子（うの ともこ）　　　　1章(1・3)改訂、4章担当
武庫川女子大学建築学部建築学科准教授
2004年京都大学大学院工学研究科博士後期課程修了、博士（工学）。東京文化財研究所、電力中央研究所を経て現職。著書に『図説 建築設備』（共著、学芸出版社）『設計のための建築環境学』（共著、彰国社）ほか。

甲谷 寿史（こうたに ひさし）　　　　5章(5・1、5・2)担当
元大阪大学大学院工学研究科地球総合工学専攻教授
1990年大阪大学工学部建築工学科卒業。1992年大阪大学大学院工学研究科建築工学専攻修了。同工学研究科助手・講師・准教授を経て教授。2017年12月逝去。

竹村 明久（たけむら あきひさ）　　　　5章(5・3、5・4)担当
摂南大学理工学部住環境デザイン学科准教授
2004年大阪大学大学院工学研究科建築工学専攻修了。2004年〜大林組、2010年大阪大学大学院工学研究科地球総合工学専攻修了、大同大学講師を経て現職。

川井 敬二（かわい けいじ）　　　　6章担当
熊本大学大学院先端科学研究部教授
1990年東京大学工学部卒業。1996年東京大学工学研究科博士課程修了。1996年熊本大学工学部助手、熊本大学大学院自然科学研究科助教、准教授を経て現職。

図説 建築環境

2017年12月 1日　第1版第1刷発行
2021年 1月20日　第2版第1刷発行
2025年 3月20日　第3版第1刷発行

編著者⋯⋯⋯⋯松原斎樹、長野和雄
著　者⋯⋯⋯⋯芳村惠司、宮本雅子、宇野朋子
　　　　　　　甲谷寿史、竹村明久、川井敬二
発行者⋯⋯⋯⋯井口夏実
発行所⋯⋯⋯⋯株式会社学芸出版社
　　　　　　　〒600-8216
　　　　　　　京都市下京区木津屋橋通西洞院東入
　　　　　　　電話 075-343-0811
　　　　　　　http://www.gakugei-pub.jp/
　　　　　　　E-mail:info@gakugei-pub.jp
編集担当⋯⋯⋯岩崎健一郎
装　丁⋯⋯⋯⋯KOTO DESIGN Inc. 山本剛史
印　刷⋯⋯⋯⋯シナノパブリッシングプレス
製　本⋯⋯⋯⋯シナノパブリッシングプレス
編集協力⋯⋯⋯村角洋一デザイン事務所

Ⓒ 松原斎樹・長野和雄ほか 2017　　　　Printed in Japan
ISBN 978-4-7615-2663-4